連帯と承認

グローバル化と個人化のなかの福祉国家

武川正吾

東京大学出版会

Solidarity and Recognition:
The Welfare State in Globalization and Individualization
Shogo TAKEGAWA
University of Tokyo Press, 2007
ISBN 978-4-13-050169-9

まえがき

　本書は，福祉国家の社会学のための試みである．とはいえ『連帯と承認』というこの風変わりなタイトルから，そのことを想像するのは難しいと思われるので，この点についての説明をしておきたい．

　福祉国家とは何らかの価値を含んだ概念である．福祉国家という言葉の成り立ちから考えて，福祉国家が福祉という価値の実現を目的としているということは容易に想像がつく．しかし誰のどのような福祉か．この点になると答えを見つけ出すのは容易ではない．すべての人間の福祉なのか，国民の福祉なのか，それとも国籍とは別の何らかの資格をもった人びとの福祉なのか．またそれぞれの場合の福祉は，純然たる私生活におけるものまで含むのか，あるいは特定の領域に限ったものなのか．

　この種の問いに対しては，何らかの公理や公準を設定して，そこからの精緻な演繹によって答えるということもできる．しかし本書の立場は現実に存在する福祉国家（really existing welfare state）から出発して，これらが暗黙のうちに何を目的としているのかということを探ることをつうじて，福祉国家が前提とする価値を明らかにしようというものである．

　現実に存在する福祉国家が社会保障をはじめとする再分配のための諸制度をそなえていることについての異論は少ないと思う．再分配は，ある主体が所有する資源を，第三者を介して別の主体に移転することを意味している．そのようなことが行われるのは，移転者も被移転者も同じコミュニティの構成員であって，相互に助け合うことが義務だと考えられているからである．このように考えると，現実に存在する福祉国家を支える価値のひとつは連帯であることがわかる．

　現実に存在する福祉国家にとって欠かせないもうひとつの領域は，労働基準法をはじめとする各種の規制立法である．労働市場に対する政府の規制は，工場法以来，社会政策の最重要課題のひとつであった．家賃統制や借地借家権の保護のような住宅市場に対する規制も，社会政策の歴史のなかでは比較

的古くから存在する．近年では，女性や障害をもつひとなど社会的マイノリティに対する差別禁止のための立法活動が行われるようになっている．DV法や児童や高齢者の虐待防止法のような形での特別な立法も制定されている．

これらの社会規制は何のために行われているのだろうか．おそらく個人の尊厳や自律を守るためのものであろう．これらの規制のない社会的レッセフェールの状態のなかでは，それらが脅かされることは必至であるからだ．近年，社会的公正のもうひとつの形として注目を集めるようになってきた，ヘーゲル哲学に由来する承認という考え方が，これらの社会規制が暗黙のうちに前提とする価値をよく示しているように思われる．このため本書では，現実に存在する福祉国家を支えるもう1つの価値を承認と呼んでいる．

承認は，ヘーゲル哲学に起源をもつが，20世紀末のアイデンティティをめぐる政治闘争における諸要求を概念化するものとして，多文化主義やフェミニズムにおける論争のなかで再発見された概念である．その意味では非常に新しい．しかしよく考えてみると，社会政策はジェンダーやエスニシティをめぐる問題が尖鋭化する以前から，クラスとの関係では承認の問題を扱ってきたのである．日本の労働基準法のなかで「人たるに値する生活」や「労働者と使用者の対等性」が強調されるのもそのためであろう．

承認をめぐる近年の議論のなかで，両者は「再分配と承認のジレンマ」という形で対立的に把握されることが多い．再分配と承認がジレンマの関係にあるか否かということについて今ここでは問わない．しかし再分配と承認を同格のものとして並列的に論じることは適切ではないと私は考えている．というのは承認が社会政策を正当化する価値であるのに対して，再分配の方は連帯をはじめとする諸価値を実現するための手段にすぎないからである．このため本書のタイトルは『連帯と承認』としてある．

連帯と承認が現実に存在する福祉国家を支える価値であるとして，これらの2つはどちらの方がより本質的であろうか．承認や相互承認が確立されないと，おそらく人びとは連帯のしようがないから，論理的には承認の方が連帯に先立っていると思われる．とはいえ承認は連帯に比べて日本ではまだ熟してない概念である．また歴史的順序としてみても，福祉国家との関連で明示的な形で主題化されるようになったのは，承認よりも連帯の方が先である．

このため本書は『承認と連帯』とはせずに『連帯と承認』とした．

　本書は，2つの部と序章・終章から成り立っている．
　序章「福祉国家とは何か」では，私の考える福祉国家の社会学の分析枠組みを示した．ここでは国家目標，給付国家，規制国家といった福祉国家の3つの側面を明らかにするとともに，福祉政治，再分配構造，規制構造といった経験社会学の3つの研究領域を示した．福祉国家は，資本制という生産レジームに対して商品化／脱商品化の効果を生み，家父長制という再生産レジームに対してジェンダー化／脱ジェンダー化という効果を生む，というのがここで提示された分析図式である．この図式が他の章の分析の共通の前提となっている．
　I部「社会変動と福祉国家」は，グローバル化と個人化という社会変動のもとでの福祉国家を扱う4つの章から成り立っている．1章「福祉国家と福祉社会の協働」では，福祉国家と福祉社会の研究史の整理を行いながら，両者の協働という視点を打ち出した．2章「福祉レジーム間のヘゲモニー競争」では，1990年代以降，グローバル化の進展によって英米モデルと欧州モデルという2つのモデルの対抗関係が形成されたことを明らかにした．3章「グローバル化と福祉国家」では，グローバル化が福祉国家の社会政策に対して及ぼす影響とそこからの打開策について模索した．4章「個人化と福祉国家」では，もうひとつの重要な社会変動である個人化によってもたらされた諸問題に対して，福祉国家がどのような適応を求められているか検討した．
　II部「福祉国家の比較研究」では，西ヨーロッパと東アジアを視野に入れた福祉国家の国際比較を行っている．5章「日本の福祉国家レジーム」では，序章の枠組みに照らして，20世紀後半の日本の福祉国家レジームの特徴づけを行った．6章「福祉オリエンタリズムの終焉」では，韓国での福祉国家性格論争に触発されながら，福祉国家の国際比較研究における新しい視点を打ち出した．7章「福祉レジーム論と東アジア世界」では，福祉オリエンタリズムを論駁し，東アジア諸国に福祉レジーム論を適用する意義と限界を指摘した．8章「福祉国家形成の国際環境」では，東アジア諸国を視野に入れ

ることによって（西欧を含む）各国の福祉国家の形成に対して国際環境の及ぼす影響がいかに大きいかということが明らかになる，ということを主張した．

終章「市民権の構造転換」では，これまでの市民権が前提としていた国民主義，国家主義，同化主義という3つの要素が20世紀第4四半期以来の社会変動のなかで挑戦にさらされており，こんにち旧来とは異なる新しい形態の市民権の確立が求められていることを示唆した．

本書は，冒頭にも述べたように，福祉国家の社会学のための試みである．現代の福祉国家が置かれている状況を，社会構造や社会変動との関係で多角的に明らかにしようとした．この試みが成功しているか否かについては，読者の自由な批判に委ねたい．

目　次

まえがき　i

序章　福祉国家とは何か———————————————1

1　福祉国家の社会学　1
2　国家目標としての福祉国家　3
3　給付国家としての福祉国家　6
4　規制国家としての福祉国家　13
5　資本制と家父長制　17
6　分析図式　27

I　社会変動と福祉国家
―――グローバル化と福祉国家―――

1章　福祉国家と福祉社会の協働———————————35

1　福祉国家と福祉社会の関係　35
2　福祉国家論の系譜――3つのパラダイム　36
3　福祉国家論の新しい地平　40
4　福祉社会論の系譜――不幸な歴史　42
5　福祉社会論の新しい地平　45
6　連帯と承認をめぐる弁証法　48

2章　福祉レジーム間のヘゲモニー競争―――――55

1　福祉国家の危機と繁栄の1980年代　55
2　1990年代の新保守主義戦略　57
3　1990年代のネオ・コーポラティズム戦略　61
4　英米モデルと欧州モデルの生成　64
5　英米モデルと欧州モデルのヘゲモニー競争　67
6　結びにかえて　73

3章　グローバル化と福祉国家―――――75

1　グローバル化とは何か　75
2　労働移動と社会政策　76
3　資本移動と社会政策　79
4　グローバリズムの社会政策　82
5　グローバルな社会問題と社会政策　88
6　コスモポリタニズムの社会政策　90

4章　個人化と福祉国家―――――95

1　2つの個人化　95
2　個人化の諸相――自立と排除　98
3　個人化の帰結――再編と包摂　104
4　21世紀型福祉国家の生成　111

II 福祉国家の比較研究
―― 福祉資本主義の3つの世界 ――

5章　日本の福祉国家レジーム―――117

1　日本型福祉社会論からの出発　117
2　脱政治化する福祉政治　123
3　国民負担の呪縛　125
4　護送船団方式の逆説　130
5　転換期にある日本の福祉国家レジーム　133

6章　福祉オリエンタリズムの終焉―――137
韓国福祉国家性格論争の教訓

1　韓国福祉国家性格論争　137
2　論争の構図　138
3　福祉国家研究におけるオリエンタリズム　141
4　グローバル資本主義と福祉国家形成　143
5　国際比較の方法論　146
6　比較研究からみた韓国と日本の福祉国家　151

7章　福祉レジーム論と東アジア世界―――159

1　東アジア世界への2つのアプローチ　159
2　福祉オリエンタリズムを超えて　162
3　福祉レジーム論の射程と限界　167
4　福祉レジーム論争の終焉　175

8章　福祉国家形成の国際環境 ─────181

　　1　福祉国家形成の要因　181
　　2　イギリス ── 埋め込まれた自由主義　190
　　3　日本 ── 福祉国家の危機　195
　　4　韓国 ── グローバル資本主義　201
　　5　福祉資本主義の3つの世界　209

終章　市民権の構造転換 ─────213

　　1　問題の所在と射程　213
　　2　市民権の内包と外延　216
　　3　市民権の広がりと国民国家形成　220
　　4　市民権の深まりと福祉国家形成　224
　　5　福祉国民国家の変容と市民権の限界　230
　　6　国家主義と同化主義の限界　234

文　献　239

あとがき　253

人名索引　255

事項索引　257

初出一覧　262

序章
福祉国家とは何か

1 福祉国家の社会学

　福祉国家という言葉は日常的によく用いられる．国民の福祉の向上をめざす国家が福祉国家だ，というのが普通の理解の仕方である．この言葉は，感情中立的な響きを持っているとはいえ，プラスないしマイナスの政治シンボルとして用いられることが多い．日本は福祉国家ではない．福祉国家は人間を怠惰にする．これからは福祉国家ではなくて福祉社会の時代だ．等々．このような言い方は，社会科学の研究者の間にも浸透している．

　福祉国家に関する社会科学の研究は，こうした俗耳に入りやすい見解から自由になるところから始まる．本書は，福祉国家を社会科学的に，とりわけ社会学の観点から分析することを目的としている．その意味で，本書の主題は，福祉国家の社会学である．そこには次の2つの課題が含まれる．

2つの課題
　第1は，福祉国家を社会構造と社会変動のなかに位置づけるという課題である（福祉国家の経験社会学）．それは，福祉国家を各論者の政治願望から切り離して，その客観的な構造や機能について把握することを意味する．そのためには社会構造に関する社会学理論の道具を駆使することが必要となるが，それだけではなく，経験調査の道具を駆使することも不可欠である．これらを用いることによって福祉国家の客観的な姿を明らかにすることは，福祉国家の社会学の主要な任務である．

第2は，福祉国家を社会的な価値の視点から位置づけるという課題である（福祉国家の規範社会学）．それは，現に存在する福祉国家が暗示的・明示的に前提している価値を明らかにすることを意味する．また，そこで見出された価値に立脚して，現に存在する福祉国家を批判することも，福祉国家の社会学の重要な仕事の一部である．それだけではない．福祉国家が前提とする価値それ自体の正当性を問うこと，言い換えれば，福祉国家を規範的に論じることも福祉国家の社会学の重要な任務となろう．

　本書を構成する諸章のなかには，第2の課題との関連がとりわけ強い章がある（たとえば，1章と終章）．また，すべての章は何らかの意味で社会的な価値の視点を含んでおり，その意味で，本書は第2の課題と密接に関連する．しかし本書に含まれる諸章の大部分は，主として，第1の課題に取り組むために書かれたものである（このことは第2の課題を軽視しているということを意味しない）．したがって，それらが前提とする分析枠組，すなわち第1の課題との関連で必要となる福祉国家の社会学の分析枠組を，この序章のなかで，あらかじめ示しておくのがよい．

福祉国家の制度と環境

　福祉国家を社会構造と社会変動のなかに位置づける，という第1の課題を達成するためには，これに先立って，対象としての福祉国家を規定しておかなければならない．そのためには次の2つの問いに答えておく必要がある．

　1つめは，福祉国家はどのような諸制度から成り立っているのか，という問いである．社会保障制度が福祉国家の中核的制度であることを否認するひとはまずいない．また完全雇用のための制度が福祉国家にとって不可欠であるとの主張も説得力をもつ．生存権が憲法のなかに規定されることをもって福祉国家の基準(メルクマール)とすることもできるだろう．しかし，それ以外の点となると，論じるひとによって見解が分かれるというのが実情である．そこで本書は，従来の福祉国家に関する議論を整理するところから始める．序章での検討をつうじて，福祉国家は，(1)国家目標としての福祉国家，(2)給付国家としての福祉国家，(3)規制国家としての福祉国家，といった3つの側面から定義することができる，ということを明らかにする．

2つめは，福祉国家はどのような環境に取り囲まれているか，という問いである．福祉国家を社会構造や社会変動のなかに位置づけるということは，単に福祉国家が何であるかということを示すだけでなく，福祉国家がその他の社会構造に対してどのような影響を及ぼし，反対に，福祉国家がその外側にある社会構造からどのような影響をこうむっているか，ということを明らかにすることを意味する．また，福祉国家がいかなる社会変動を引き起こし，反対に，社会変動が福祉国家に対してどのような変容を迫ってくるか，ということも解明しなければならない．これらの作業を遂行するためには，福祉国家の環境のうち，福祉国家にとってとりわけ重要な意味を持っているものが何であるかということについて，あらかじめ見通しを立てておく必要があるだろう．近年の福祉国家に関する社会科学の研究の蓄積を踏まえると，福祉国家の環境は，資本制と家父長制という2つのシステムとして整理することができるのではないかというのが，本書の序章におけるもうひとつの結論である．

2　国家目標としての福祉国家

福祉国家の当為概念と存在概念

福祉国家をめぐる研究史のなかで，福祉国家に関する理解の仕方は大きく2つに分類することができる．当為(ゾレン)としての理解と存在(ザイン)としての理解である．前者は，福祉国家を何らかの目指すべき目標のひとつとしてとらえる規範的な立場である．この立場が前提とする福祉国家の概念を，ここでは福祉国家の当為概念と呼ぶことにする．これに対して，福祉国家を，現実に存在する事象を記述・分析するための概念として理解する立場もある．福祉国家を研究対象として扱ってきた社会科学の多くは，この立場に立脚している．この立場が前提とする福祉国家のとらえ方を，ここでは福祉国家の存在概念と呼ぶことにする．

こんにち一般に用いられている意味での「福祉国家」(Welfare State)という言葉の起源について，ブルースは，次のように説明している（Bruce, 1968: 31）．すなわち，この言葉はツィンメルンの造語であって，1930年代

の終わりのイギリスで，ファシズムのいわゆる「権力国家」（Power State）との対比を強調するために生まれた[1]．これが，1941年に刊行されたテンプル僧正の『市民と聖職者』のなかで初めて活字となり，1942年の『ベヴァリジ報告』とともに世界中に普及した．この有名な逸話からわかるように，福祉国家という言葉は，本来，イギリスの国家目標を示す当為概念として生まれたのである[2]．

　第2次大戦後しばらくのあいだ，福祉国家が語られるとき，それは，当為概念としてであった．ティトマスが福祉国家に関する自著を『福祉国家論集』（*Essays on the Welfare State*）とせずに，『「福祉国家」論集』（*Essays on 'the Welfare State'*）とすることによって，現に存在する福祉国家が福祉国家たりえていないということを暗に示そうとしたのは，こうした事情をよく物語っている（Titmuss, 1963）．福祉国家の生成期において，福祉国家の当為概念が支配的となるという現象は，次章でも見るように，わが国においても生じている．戦後の一時期，わが国では，マルクス主義に与しない社会主義者（と保守主義者）の多くが，福祉国家をわが国が目指すべき国家目標として掲げた．20世紀の第3四半期において福祉国家が語られるとき，それは，欧州においても日本においても，国家目標としての福祉国家であることが多かったのである．

　当為概念としての福祉国家には，国家は国民の福祉に対して責任を持つべきである，あるいは，国家には国民の福祉を実現する義務がある，といった意味が込められている．このため国家目標としての福祉国家を価値中立的に論じることは困難である．たとえばわが国では，「日本は福祉国家ではない」といった類の言明が，これまでしばしばなされてきたが，それらは単純な事実命題の表明というよりは，「日本は福祉国家となるべきだ」といった規範命題の表明を暗黙のうちに含んでいることが多かった[3]．

福祉政治

　福祉国家の当為概念は，このように福祉国家を規範的に論じることと深く結びついている．しかし他方で，この当為概念としての福祉国家から，経験的分析の対象としての福祉国家の存在も浮かび上がってくる．福祉国家の社

会学の第1の課題にとっては，こちらの方がより重要である[4]．

　その1つは，政治イデオロギーの布置連関(コンステレーション)である．国家目標としての福祉国家のなかに盛り込まれるのは，それぞれの社会のなかに存在する価値や規範，とりわけ再分配や承認に関する価値や規範であるが，それらは社会構成員から全員一致で支持されているわけではない．「神々の争い」の様相を呈しているのが通常の姿である．そうした相争われている価値や規範がどのような布置連関の下に置かれているかということは，福祉国家の社会学の重要な関心事である．それぞれの社会における政治イデオロギーの布置連関に応じて福祉国家のありかたは変化するし，また，福祉国家の存在それ自体が政治イデオロギーの布置連関に影響を及ぼす．こうした政治イデオロギーの布置連関は，福祉国家が望ましいか否かといったことから離れて，福祉国家の社会学の第1の課題として，客観的に論じることが可能である．

　また，それぞれの社会における政治権力の布置連関(コンステレーション)も，福祉国家の当為概念との関連で，経験的分析の対象として焦点化される研究領域である．国家目標としての福祉国家は，各党派間の理念や利害をめぐる闘争をつうじて具現されるから，福祉国家が置かれるそれぞれの社会において，政治権力がどのように配置されているかということが，福祉国家を理解するうえでの不可欠な要素となる．たとえば新制度学派のいう「拒否点」(veto points)の構造は，社会政策の決定についての制約条件を示しており，ここでいう政治権力の布置連関に関するひとつの指標といえる．政治権力の布置連関は福祉国家のありかたに影響を及ぼすし，反対に，福祉国家の存在それ自体が政治権力の布置連関を変える．政治権力の布置連関もまた，各党派の政治イデオロギーを受け入れるか否かということとは別に，福祉国家の社会学の第1の課題として，客観的に論じることができる領域である．

　これらの政治イデオロギーと政治権力の配置状況は「福祉政治」(welfare politics)といった概念によって総括されるのがよいと思われる．ここで福祉政治とは，国家目標としての福祉国家が，現実世界のなかでいかに実現されていくか，あるいは，その実現を阻まれるかといったことを指示するための概念である．福祉政治という言葉は，社会学者のあいだでは一般的なものとなっていないし，ましてや日常言語の世界では熟した表現となっていない．

しかし政治学者のあいだでは，福祉をめぐるポリティクスを表現する用語として，近年，次第に市民権を獲得するようになっている（宮本編，2002；2006）．本書でも，政治構造や政治過程との関連で浮上してくる福祉国家の研究領域を示すものとして，この福祉政治という術語を用いることにしたい．

福祉国家の当為概念である，国家目標としての福祉国家からは，このような福祉政治といった領域が，福祉国家の社会学の経験的分析の対象として浮かび上がってくる．

3　給付国家としての福祉国家

当為概念としての福祉国家と異なり，存在概念としての福祉国家は，必ずしも「福祉国家は望ましい」といった価値判断を前提としない[5]．ある国家が本当に国民の福祉を追求しているか否かといったことに関する直接的な言明は避け，国家がどのような活動を行っているかといった点から福祉国家を理解しようとするのが，ここでいう存在概念の立場である．福祉国家の当為概念が国家行為の目的に着目したものだとすると，存在概念の方は国家行為の手段に着目したものだと言うことができる．

ところで福祉国家がその目標を実現するために行う活動には，少なくとも2つの種類のものがある．1つは給付であり，他の1つは規制である．給付一般，規制一般というよりは，社会的という限定を付した「社会給付」（social benefits）や「社会規制」（social regulations）といった表現の方が，この場合は正確かもしれない．ここでは社会給付といった観点からみた福祉国家を「給付国家としての福祉国家」，社会規制といった観点からみた福祉国家を「規制国家としての福祉国家」と呼ぶことにする（図序-1参照）．

給付国家の量的側面

給付国家としての福祉国家は，少なくとも2つの観点から分析することが可能である．1つは，社会給付がどれくらいの規模に達しているかといった観点であり，他の1つは，社会給付がどのように用いられているかといった観点である．前者は給付国家（としての福祉国家）の量的側面，後者は給付

```
          ┌ 当為概念(福祉国家の目的)   国家目標としての福祉国家
          │
          │                        ┌ 給付国家としての福祉国家
          └ 存在概念(福祉国家の手段) ┤
                                   └ 規制国家としての福祉国家
```

図序-1　福祉国家の当為概念と存在概念

国家(としての福祉国家)の質的側面と呼ぶことができる.

　給付国家の量的側面は,通常,分子に「社会保障給付費」,あるいはさらにそれより広範な支出項目を含む「社会支出」(social expenditure)などを置き,分母に「公共支出」「国民所得(NI)」「国内総生産(GDP)」「国民総生産(GNP)」などを置いて得られた比率によって測定される.ウィレンスキーは社会給付の量的側面に着目した研究者の代表格であり,社会保障費の国民総生産に対する「社会保障比率」を各国政府の「社会保障努力」の表れとみなしたうえで,これを被説明変数とするパス・モデルを構築した(Wilensky, 1975).そこでは経済発展が高齢化をもたらし,高齢化は社会保障制度の成熟を促し,さらに高齢化と社会保障制度の成熟によって,社会保障比率が高まるといった因果経路が前提にされている.彼は1966年当時の世界60カ国のクロスセクション・データを分析した結果,社会保障比率の分散の83%をこのモデルによって説明できることを明らかにした(ibid.: 66).

　社会給付の量的側面は連続的に変化するから,これを福祉国家の指標として採用した場合,ある国が福祉国家であるか否かの基準を示すことがはたしてできるのだろうか,といった疑問が生じる.これに対する1つの解答は,どのような基準の設定も恣意的なものとならざるをえないから,それは不可能であり,量的側面から判断可能なことは,せいぜいある国がどのくらい福祉国家化しているかを示すことだけだ,というものである.一般には,経済発展の基準として1人当たりGDP1万ドルが用いられたり,高齢化社会の基準として65歳以上人口比率7%が用いられたりすることがあるが,これらはいずれも便宜的に設定された基準であって,1万ドルや7%といった数値に何らかの理論的な根拠があるわけではない.1人当たりGDPが1万ド

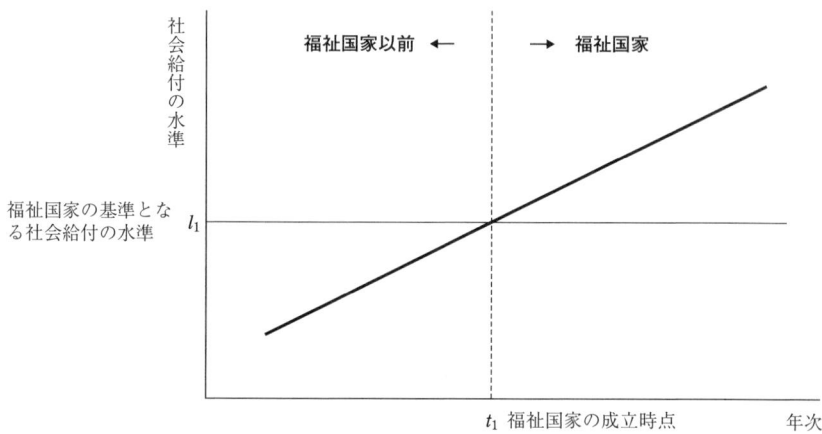

図序-2 連続的変化説からみた福祉国家の成立

ルに達した途端に社会が豊かになるというわけではないし，65歳以上人口比率が7％に達した時点で社会が突然高齢化社会に変わるわけではない．また経済発展の基準が1万1000ドルだったとしても，高齢化社会の基準が8％だったとしても，そのことによって特段の支障がでるというわけでもない．福祉国家の基準の設定についても，これと同様な恣意性が免れないというわけである．

福祉国家の基準

とはいえ，ある種の経験的一般化から，ある国が福祉国家であるか否かの基準(メルクマール)を設定することは可能である．

たとえば第2次大戦後の欧州諸国の上記指標（社会保障比率や社会支出の対GDP比など）の水準をもって，福祉国家成立の基準と考えることができる．福祉国家が本格的に確立したのはこの時期だと一般に考えられているから，こうした基準の設定の仕方にはある種の説得力がある．福祉国家の起源がいつであるかという点に関しては諸説あるが（武川，1999a: 36-37），遅くともこの時期までには，最初の福祉国家が成立していたことを疑うひとは少ないだろう．また，現在，ヨーロッパの福祉国家と一般に考えられている

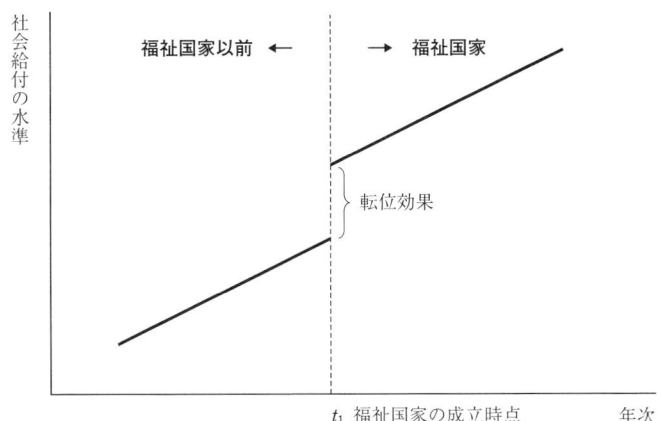

図序-3 転位効果説からみた福祉国家の成立

諸国の社会的移転の対 GDP 比がおおむね 20% を超えているところから，この数値をもって福祉国家の基準と考える学説も存在する（Lindert, 2005: 3）．いずれにせよ，何らかの合理的な理由によって福祉国家の量的基準を設定することができるなら，この基準を超えているか否かによって，ある国が福祉国家であるか否かを定めることができるかもしれない（図序-2 参照）．

他方，福祉国家の形成過程における社会給付の量的変化のなかに不連続な点が認められるならば，そこに福祉国家の成立を求めることも可能である．ピーコック＝ワイズマンによって明らかにされた「転位効果」の存在は，その可能性を示唆する（図序-3 参照）．彼らは，大戦時に戦費調達のため政府の財政支出は著しく膨張するが，一度増加した支出は戦争が終わっても元には戻らず，戦後の社会的安定のために，その支出水準が維持されるという現象の存在を明らかにした．財政学者の林健久は，こうした観点に立って，福祉国家は財政学的にみると第 1 次世界大戦後に成立したとの主張を行っている．ヨーロッパ諸国では第 1 次大戦時に財政支出が「不連続的」に増加し，戦後においても，「内部構成の変化」を遂げながら，その水準が維持されたからである（林，1992: 10）．

また三重野卓が明らかにしたところによると，社会保障給付費は単調に増

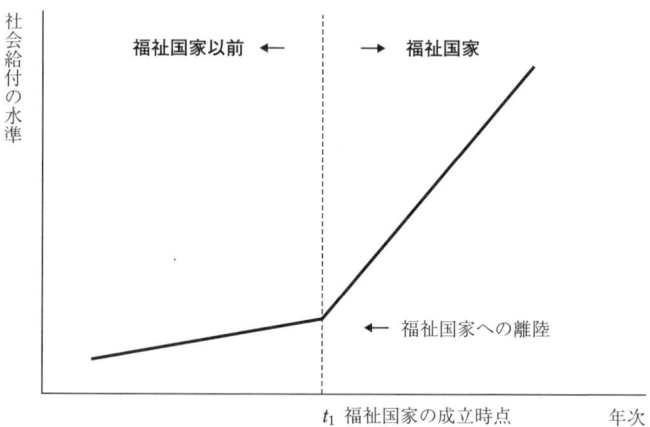

図序-4 加速化原理説からみた福祉国家の成立

加するのではなく,しばらく漸増が続いたあと,ある時点から加速度的に増加する(三重野,1987).この加速度的変化が開始する時点に福祉国家の成立を求めることもできるだろう(図序-4参照).ロストウの用語法を転用するならば,こうした社会給付の加速度的増加の時点を「福祉国家への離陸」の時期と見なすこともできる.こうした観点からみると,給付国家としての福祉国家の成立は,本書の第II部で見るように,ヨーロッパの場合は1940年代後半,日本の場合は1973年前後ということになる.これらの時期に,それぞれ社会保障費の急増が始まっているからである[6].

給付国家の質的側面

給付国家の量的側面は,一国の社会支出の規模を示すだけで,それがどのような使われ方をしているか,あるいは,社会支出が社会構造に対してどのような影響を及ぼしているかといった点を示していない.このため給付国家としての福祉国家は,量的側面からの観察だけでなく,質的側面からの観察によって補足されなければ,その正確な姿を知ることができない.

社会給付の存在は,当該社会において,所得をはじめとする諸資源の再分配が行われていることを意味する.所得の再分配は,一般には,貧困をなく

し社会的不平等を緩和する役割を果たすものだと理解されている．したがって社会給付による再分配効果がどれくらいあるか，たとえば不平等の程度を表すジニ係数が，社会給付の存在によってどれくらい減少したかといった見地から，ある国の福祉国家化の程度を評価することが可能である．

しかし，ここで注意しなければならないのは，以上のような常識的理解とは異なり，社会支出をつうじた所得再分配が社会的不平等を緩和するのではなく，かえって社会的不平等を拡大することがありうるという点である[7]．この点に関する経験的データが，これまでの社会政策研究のなかで積み上げられてきた．ここから福祉国家の受益者は労働者階級ではなくて中産階級である，といった主張も生まれることになるのである（Le Grand, 1982；Goodin et al., 1987；星野，1988；藤村，1998）．

このため給付国家（としての福祉国家）の質的側面を分析するにあたっては，次のような再分配効果，あるいは「階層化」の視点が重要な意味をもつ（Room, 1979；武川，1981；1983；Esping-Andersen, 1990）．社会支出による再分配は累進的に行われているのか，逆進的に行われているのか．前者の場合には，社会階層間の不平等が社会給付の存在によってどの程度緩和されているのか．後者の場合には，社会階層間の不平等が社会給付の存在によってどの程度拡大されているのか．すなわち（給付国家としての）福祉国家が（階級・階層構造としての）社会構造に対して，どのような影響を及ぼしているのか，といった視点である．

脱商品化と脱ジェンダー化

給付国家の質的側面における，より重要な指標は「脱商品化」である．一般に，5節で再論するように，資本制経済は労働力の商品化を前提としてはじめて存立することが可能であり（宇野，1950），社会政策は，1834年のイギリスの新救貧法にみられるように，資本制の確立期において，労働力の商品化を促進するうえで重要な役割を果たした（Polanyi, 1957）．しかし他方で資本制が高度に発達した段階になると，社会政策が労働力の脱商品化（すなわち労働者の生活が労働市場へ依存する度合いが弱まること）を促進することがある．たとえば，こんにち労働者は社会保障給付の存在によって療養

期間中も一定の所得が保障されるが，これは，労働力商品化の大前提である，いわゆる no work, no pay の原則を一時的に停止し，労働と賃金との関連を切断することを意味する．給付国家としての福祉国家は，社会支出のこの側面に着目して分析することも可能である．

このような脱商品化の概念を操作化することによって，脱商品化の定量分析を可能としたのは，エスピン゠アンデルセンの功績である（Esping-Andersen, 1990）．彼の研究は，計量社会学の手法を用いたという点では，ウィレンスキーの研究と共通するが，社会給付の量的側面ではなくて，質的側面に焦点を当てているという点で，ウィレンスキーの研究にはない新しさがあった．彼の研究は 1990 年代の福祉国家研究に多大な影響を与え，パラダイムとしての地位を獲得し，その後の福祉国家研究は彼が設定したプロブレマティークのなかで展開した（1 章を参照）．

同様に，「脱ジェンダー化」も，給付国家（としての福祉国家）の質的側面を観察するにあたっての重要な指標である[8]．5 節で詳しく検討するように，福祉国家は，資本制との関連で理解されなければならないのと同様，家父長制との関連でも理解されなければならない．この点は，1980 年代から 90 年代にかけてフェミニストによる社会政策研究が指摘し続けてきた点である（武川，1999a: chap. 3）．福祉国家は性分業を強化し近代家父長制を再生産する方向に作用することがある一方（ジェンダー化），そこから乖離する方向に作用することもある（脱ジェンダー化）．給付国家としての福祉国家は，社会支出のこの側面に着目して検討することが可能である．

このように給付国家の質的側面が福祉国家の社会学において重要な意味を有するのは，それが，規模がまったく同じ社会給付であっても，社会構造に対してまったく異なった効果を生むことがありうる，ということを示唆しているからである．当初所得の分配が平等な国は，そうでない国よりも少ない社会給付で再分配効果を上げることができる．また，高福祉高負担の国の社会給付が必ず脱商品化的であるという保証はない．同様に，社会給付の規模が大きければ自動的に脱ジェンダー化が進むというわけでもない．社会給付の規模だけを指標として福祉国家を見ることには一定の限界があることに注意しなければならない．

「国家目標としての福祉国家」という側面からは福祉政治という経験的分析の領域が浮かび上がった．これに対して「給付国家としての福祉国家」という側面からは，社会給付の規模はどれくらいであるか，社会給付の使途はどのようになっているか，といった福祉国家による再分配のありかたに関する問いが導き出される．福祉国家のこの側面からは再分配構造という，福祉国家の社会学におけるもう1つの経験的分析の領域が浮かび上がってくる．

4　規制国家としての福祉国家

給付と並んで重要な福祉国家の手段は規制である．規制とは，一定の規則に基づいて一定の行為に対して行われる禁止・制限である．ただしここで問題となる規制とは，規制一般ではなくて，公権力を介して行われる政府による規制である．現代国家は，食品衛生基準や建築基準から経済取引の規制にいたるまでさまざまな規制活動を行っているが，それらのうち市民生活の安定や向上に寄与することを直接の目的とした規制を，ここでは「社会規制」と呼ぶことにする．

社会規制が疎かにされた理由

福祉国家に関する従来の研究のなかでは，福祉国家のこの側面についての関心が薄かった．上述のウィレンスキーやエスピン＝アンデルセンをはじめとして，これまでの福祉国家研究の主流は，社会支出の規模や機能・効果に焦点を定めたものだったからである（Wilensky, 1975；Esping-Andersen, 1990）．また福祉国家の中核的制度である社会保障についても，これまでは給付を伴うものに限定して考える傾向が強かった．たとえば，ある社会保障法の教科書は，「給付を行うことを社会保障の要件と考えている」と書いている（堀，1994: 6）．

このように規制への関心が福祉国家の研究のなかで疎かにされてきた理由の1つは，規制という手段と福祉という目的との間に存在する齟齬に求めることができる．なぜなら，「拘束の欠如」という自由に関する古典的定義に照らして考えるならば，「国家介入」（state intervention）は，すべて個人の

自由や幸福追求の権利への侵害を意味するからである．規制は国家介入の一種であるから，規制もまた個人の自由の侵害である．したがって，市民権が，T. H. マーシャルいうところの「公民権（あるいは市民的諸権利）」(Marshall, 1992)の段階にあるとき，福祉国家という表現は，ある種の形容矛盾を含むものとなってしまう．

ところが市民権が「社会権（あるいは社会的権利）」の段階に到達すると，そうした事情は一変する．年金や医療をはじめとする諸社会給付が国家の手によって導入されるようになるからである．これらは一般に国家介入の一種と見なされているにもかかわらず，個人の幸福追求の自由を妨害するものというよりは，これを保護し拡大するものとして受け取られている．この段階になると，国家介入の拡大は，社会権の実現としてむしろ歓迎される．しかしそうした場合であっても，歓迎されたのは給付という国家介入であって，規制という国家介入ではなかった．

社会規制に関する研究がこれまで疎かにされてきたもう1つの理由は，規制の測定が著しく困難だという点にある．給付は金銭的に表示することができるため，容易に計量分析の対象となりうる．これに対して規制の量的把握は困難を極めるため，計量社会学の分析のなかで，規制が被説明変数とされることは少ない．説明変数として用いられることはあるが，その場合でも，その値は往々にして研究者の主観的判断によって割り当てられる[9]．

社会規制に着目すべき理由

しかし福祉国家の社会学が社会規制に着目すべき理由は確かに存在する．

第1に，社会政策の源流の1つが工場法に求められることからも明らかなように，社会規制の歴史は古い．イギリスで世界最初の工場法が制定されたのは1802年のことであり，日本の工場法の制定も1911年にまで遡ることができる．それどころか伝統的な社会政策学のなかでは，社会規制の一種である「労働者保護」こそが，社会政策の典型であると考えられてきたのである（大河内，1963）．工場法を端緒とする労働基準に関する社会規制は，現在，大多数の国において制度化されており，これを抜きにして現在の福祉国家を考えることはできない．また経済史学では，一般には「自由放任の時代」と

見なされることの多い19世紀イギリスにおいて，各種社会規制をつうじた「行政革命」が進行したことが指摘され，このことが福祉国家のビクトリア朝起源説の根拠となっている（岡田，1987）．つまり社会規制こそが，福祉国家の端緒と考えられることもあるのである．

第2に，20世紀の第4四半期には，ニューライトのイデオロギーが各国政府の政策決定に影響を及ぼすようになり，規制撤廃（デイレギュレーション）の動きが強まってきた．しかし規制がすべて個人の自由を抑圧するという考え方は誤っている．社会学の伝統のなかでは，規制がすべて悪であるという考え方は注意深く退けられてきた．古くは，国家の本質的機能を個人の人格の解放に求めたデュルケムがいる．彼は，中間集団による国家への拮抗力の必要性を主張するが，他方で，その前提として，個人の諸権利が国家の所産であることを認めている（Durkheim, 1928）．近年では，エツィオーニが，コミュニタリアンとして次のように述べている．「最も重要な点は，規制は自由社会にとって決して脅威ではなく，ある程度までは善の社会構成物を支えるが，しかし，行きすぎれば善き社会を次第に衰弱させていく，ということである」と（Etzioni, 1996: 78）．

第3に，社会規制は，小規模な財政支出で実行可能という意味で，社会給付に比べて費用対効果が大きい．2章および3章で検討するように，グローバル資本主義が擡頭するなか，各国政府は社会給付の削減圧力にさらされており，このような状況のもとでは社会給付の著しい改善を図ることはむずかしい．このため福祉国家の目的を実現するためには，社会規制という手段に頼らざるをえない状況が形成されつつある．

第4に，ある福祉国家の全体像を把握するためには，規制的手段と給付的手段について，当該の福祉国家がどのような政策の組み合わせ（ポリシーミックス）を採用しているかについて知っておくことが不可欠である．たとえば，社会規制は「機会の平等」という政策目的と，社会給付は「結果の平等」という政策目的とのあいだに親和性がある[10]．したがって，ある福祉国家が規制と給付のいずれを優先させているかということは，当該の福祉国家がいずれの価値を優先しているかを知るための1つの指標となりうる．アメリカの福祉国家は機会の平等という価値を重視しており，そのための社会規制を広範に制度化して

いる．他方で，社会給付と社会規制が機能的に等価となる場合もある．公的扶助によって貧困を減らすこともできるが，労働市場の規制によって貧困を減らすこともできる．その場合，給付と規制のいずれか一方だけをみていると，福祉国家の最終状態(パフォーマンス)についての判断を誤ることになる．給付の不足を規制で補う，あるいは，規制の不足を給付で補うということがありうるからである．

経験社会学の研究領域

　以上の理由から明らかなように，福祉国家の社会学は，給付国家の側面を扱うだけでは不十分であり，規制国家の側面についても十分視野に入れなければならない．「規制国家としての福祉国家」は，各種の規制活動によって，福祉国家が前提とする価値の具体化をはかろうとする国家である．給付国家が再分配構造という経験研究の領域を浮上させたとするならば，規制国家は規制構造という経験研究の領域を浮上させる．そこでは，各種の社会規制（たとえば，労働基準，雇用の機会均等，差別撤廃，等々）に関する法令が存在しているか否か，もし存在しているとしたら，それらの規制の広さと深さはどのくらいか，また，社会規制に関する法令は当該社会においてどれくらい遵守されているのか，といった点が問われることになる．

　給付国家の質的側面について前節で検討したさいに，社会給付が社会構造に対してどのような影響を及ぼしているか，といった点に言及した．同じことは，社会規制に関しても当てはまる．社会給付だけでなく社会規制も階級・階層構造，資本制，家父長制などの社会構造に対して，重要な影響を及ぼしているからである．福祉国家の規制活動によって社会的不平等が縮小する場合もあれば拡大する場合もある．社会規制が労働力の商品としての性格を弱める場合もあれば，強める場合もある．またジェンダー平等を社会規制が促進する場合もあれば，後退させる場合もある．福祉国家の社会学は，規制国家のこうした側面についても十分な分析を進めるべきであろう．

　以上の2～4節までの検討の結果，福祉国家の経験社会学の3つの研究領域が明らかとなった（表序-1参照）．

表序-1　福祉国家の経験社会学の研究領域

福祉国家の定義	研究領域	分析の焦点
国家目標としての福祉国家	福祉政治	政治イデオロギー 政治権力
給付国家としての福祉国家	再分配構造	再分配の規模 再分配の効果
規制国家としての福祉国家	規制構造	規制の形態 規制の効果

5　資本制と家父長制

　福祉国家はどのような諸制度から成り立っているか，という冒頭の1つめの問いに対する答えは，これまでの3つの節のなかで，その概略を示すことができた．次は，2つめの問い，すなわち，福祉国家はどのような環境のなかに置かれているのか，という問いに対する解答を試みる番である．この問いに対する答えも，いきなり何らかの抽象的な理論を設定してそこから解答を導き出すというのではなく，これまでの研究の蓄積を整理するところから始めることにしたい．

サンクションとパフォーマンス

　前節までの検討から，福祉国家という概念は，国家目標・給付国家・規制国家といった3つの局面においてとらえることができる，ということが明らかとなった．これら3つのうち国家目標は，福祉国家の価値・規範と関連するものである．ところでパーソンズとスメルサーは，「社会システムの一般的パラダイム」を論じるなかで，社会的相互行為をサンクションとパフォーマンスの2つに分析的に区別することを提案している（Parsons and Smelser, 1956: I, 16）．もちろん社会的相互行為の前提には価値・規範が存在する．彼らの機能主義社会学の用語法を借用するならば，ここでいう国家目標は福祉国家の価値・規範に，給付と規制は福祉国家のサンクションに対応させて考えることができる．さらに言うと，これらのうちの社会給付は，

対象者に便益を付与するという意味で正のサンクションであり，社会規制は，対象者の行為を制限するという意味で負のサンクションである．とすると，「給付国家としての福祉国家」とは正のサンクションを行使する福祉国家のことを意味し，「規制国家としての福祉国家」とは負のサンクションを行使する福祉国家のことを意味することになる．あるいは，前者を「奨励（促進）的福祉国家」，後者を「禁止（制限）的福祉国家」と表現することもできるだろう．

　このように考えることが許されるならば，次に問題となるのは，福祉国家のパフォーマンスとは何かということである．この問題を考えるうえで参考になるのは，給付国家の質的側面について行った3節（および4節）における考察である．そこでは先行研究を踏まえて，福祉国家の給付活動（と規制活動）が，階級・階層構造や労働力の商品化に対して影響を及ぼしている点が指摘された．同様に，福祉国家の給付活動（と規制活動）は，脱ジェンダー化の効果も持っていることが示唆された．これらの給付や規制（といった正負のサンクション）が社会構造に対して及ぼす効果は，機能主義社会学の用語法でいう（福祉国家の）パフォーマンスと見なすことができるのではないだろうか．福祉国家のパフォーマンスをこのように考えることが許されるならば，「福祉国家の環境（として注目すべきもの）は何か」という冒頭の問いに対しては，さしあたり，福祉国家のパフォーマンスが重要な影響を与えるとともに，そこから重要な影響をこうむることになる社会構造である，と答えることができるだろう．

資本制と福祉国家

　福祉国家のパフォーマンスのうち，先行研究が注目してきた階級・階層構造への影響や脱商品化は，福祉国家が資本制に対して及ぼしている影響の一部であると考えることができる．ここから福祉国家の環境の第1は資本制である，と言うことが許されるだろう．

　福祉国家が，資本制という経済システムの枠組のなかで成立した，という点について異論の余地は乏しい．じっさい研究史のなかでも，資本制との関連で福祉国家を論じる研究者は多かった．たとえばT. H. マーシャルは，

福祉国家を資本制との関連で論じてきた（Marshall, 1992）．彼の古典的な講演「市民権と社会階級」は，市民権の制度化によって社会階級にどのような変化が生じたかということを主題としているが，これはまさに福祉国家の登場が資本制（の一部である階級構造）に対してどのような影響を及ぼしたか，という問題を解明しようとしたものである．T. H. マーシャルは，その後，福祉国家と民主主義と資本主義を三位一体的に把握する「民主的福祉資本主義」なる概念を提案したが（Marshall, 1972），この概念も現代資本主義が福祉国家と不可分の関係にあることを示唆したものである．また，エスピン＝アンデルセンが「福祉資本主義」の用語を好んで用いたことは知られているとおりであるが（Esping-Andersen, 1990），これも彼が福祉国家の本質を労働力の商品化との関係で理解していることを示唆している．さらに，レギュラシオン派の人びとは，フォーディズムに対応する福祉国家の特徴づけとして，しばしばKWS（ケインジアン福祉国家）といった概念を使用しているが（田口編，1989），このKWSも福祉国家と資本制との密接不可分な関係をよく物語っている．

労働力の商品化と脱商品化

このように資本制が福祉国家の環境として重要な意味をもつのは，すでにふれたように，福祉国家が資本制の成立条件である労働力の商品化と抵触するおそれがあるからである．この点を理論的に再定式化してみよう．

資本制が労働力を「擬制商品」として扱うことによってはじめて存立することが可能なシステムであることについてはすでに述べた（宇野，1950；Polanyi, 1957）．ところが，労働力は，一般の商品とは異なり，もともと商品として生産されたものではないために，市場で自由に売買するには非常な困難が伴う．また，商品として実際に売られる場合であっても，それは一般の商品からは区別される，特殊な商品である．このため資本制の初期の段階において，近代国家は，資本制の円滑な発達を保障するため，のちに「残虐立法」（マルクス），あるいは「労働力の創出・陶冶」（大河内，1963）などと呼ばれることになる，労働力商品の特殊性を払拭するためのさまざまな措置を講じることになったのである．

とはいえ労働力の商品としての特殊性をいかに払拭しようとして努力しても，そこには自ずと限界がある．ひとつの限界は，労働力の担い手が人間であることに由来する限界である．マルクスは『資本論』のなかで，労働時間には「物理的限界」と「道徳的限界」があって，それを超えることはできないと指摘しているが，これらの限界は，労働力を行使するのが生身の人間であるという事実から派生する限界である．資本制の初期の段階において，国家は，一方で，労働力の商品化を推し進めながら，他方で，それがこの限界を超えて資本制の再生産が危ぶまれることがないように，換言すれば，資本制の存立を危機に陥れることのないように，工場法のような「労働者保護」のための措置を導入した．これらは大河内によって「労働力の保全」のための社会政策として理解された（大河内，1963）．

 ところが資本制が不可逆的に確立して，もはや労働力が商品化以前の段階へと後退し，資本制以前の経済システムが復活する懸念がなくなると，労働力の商品化をめぐる事情は変化する．労働階級の成長によって政治権力の均衡に変化が生じ，支配的な政治イデオロギーも変化を来す．市民権は社会権の段階に到達し，労働力商品化に対して社会的な限界が新たに課されるようになる．もちろん初期資本主義の段階においても，労働力商品の取引には一定の制限が課されていた（とりわけ労働時間）．しかしそれは労働力が摩滅して資本主義の再生産が支障を来すことのないようにするための配慮であって，それ以上のものではなかった．ところが，この段階における制限は単に労働力の摩滅を防止するためのものではない．それは，一面からすると，労働者の生存権を保障するためのものであり，他の一面からすると，資本主義の危機管理を行うためのものであるが，いずれにせよ，単なる「労働力の保全」を超えている．そこでの労働力商品化への制限は，以前のように労働環境に対して規制を行うだけでなく，傷病手当金や失業手当などのような社会給付を用いて，そもそも労働と賃金との関係を，部分的ではあるにせよ，切断しているのである．これは労働力の脱商品化と呼ぶにふさわしい措置である．とはいえ労働力の脱商品化がどの程度行われるかという点は，それぞれの社会の状況によって異なる．労働に有利な政治権力の布置連関(コンステレーション)の下では社会政策による脱商品化が推進されるだろうが，反対に，資本に有利な政治

権力の布置連関の下では社会政策による脱商品化は後退を余儀なくされる．場合によっては再商品化へと向かうこともある．

脱商品化概念の不当な拡張

労働力の商品化は資本制の存立にとっての条件である．この条件を欠いて資本制は成立しない．したがって福祉国家による脱商品化が，資本制のありかたに対する影響としては決定的である．その意味で，エスピン＝アンデルセンが福祉国家の分析にあたって脱商品化の指標を重視したのはまさに正鵠を射ている．ところが，現在の福祉国家研究のなかでは，せっかく発見したこの脱商品化という概念を矮小化して理解する傾向も見られる．ここでは，そうした2つの傾向について反駁しておきたい．

1つめは，脱商品化と階層化との関係についてである．先行研究では，これらの2つが，資本制との関連でみた福祉国家の2つの独立した指標として，2次元的に扱われる傾向があった．たとえばエスピン＝アンデルセンも，これら2つを別々のものとして扱っている．新川敏光になると，さらに進んで，脱商品化と階層化を論理的に独立した軸と見なしたうえで，2次元の分類表まで作成している（新川，2005: 273）．しかし脱商品化と階層化を独立した同格の軸とみなすのは正しくない．すでに指摘したところから推察されるように，資本制にとっては，脱商品化の方が階層化よりも本質的であるからだ．労働力の商品化は資本制と不可分の関係にあるが，階層化はいかなる経済体制においても存在する現象である．また脱商品化がどのような状況にあるかによって，それぞれの社会の階層化の状況も変わってくるのであって，階層化が脱商品化から独立して存在するわけではない．さらに言えば，脱商品化が原理的な水準における概念であるのに対し，階層化は現象的な水準における概念であって，両者は同一平面上に置かれるべきではない[11]．商品化と脱商品化を正しく理解するならば，このように抽象度の異なる概念を並置するということは，理論的にはありえないはずである．

2つめは，脱商品化の概念の必要以上の拡張についてである．脱商品化の概念はしばしば社会的市民権の概念と等置されることがある．両者はもともと別の概念であるが，無関係のものとは言えない[12]．脱商品化が社会的市

民権の指標の1つであると見なしている限りにおいて，こうした等置による理論的混乱は小さい．ところが脱商品化が社会的市民権そのものであるとか，さらに拡張されて，人間主義的な概念であるかのごとく扱われるようになると理論的に看過できない問題が生じる．そこではもはや脱商品化が資本制（における労働力の商品化）とは無関係のものとして理解されるからである．たとえばグレハム・ルームは「自己発達」(self development) や「自己創造」(self creation) まで視野に入れた脱商品化の概念を提案しているが (Room, 2000)，これは明らかに行き過ぎである．ここまでくるともはや脱商品化の概念と自律や自己決定の概念との区別がつかなくなってしまう．これは抑圧からの解放をすべて脱商品化によって表現しようとする態度の現れであるが，脱商品化の概念をこのように労働力商品化との対応を欠いたところにまで拡張することは，理論的な自殺行為である．脱商品化によってなるべく多くのことを説明しようというルームの意図は理解できるが，福祉国家と資本制との関連を分析しようとする福祉国家の社会学は，このような概念化を受け入れることはできない．脱商品化はあくまで労働力商品化との関連で，資本制へのパフォーマンスに限定して考えるべきである．

家父長制と福祉国家

これまでの福祉国家に関する社会科学的な研究の流れのなかでは，福祉国家を家父長制やジェンダー化された社会関係との関連でとらえようとする動きが一定の影響力を持ってきた．エスピン＝アンデルセンの福祉国家類型論が発表されたときも，ただちにフェミニストたちの間から「ジェンダーを無視している」(gender-blind) といった批判が沸き起こり (Lewis, 1992；Orloff, 1993；Sainsbury, 1996；Sainsbury, ed., 1994；大沢，1995)，彼の「3つの世界」論に対する代替的なモデルの模索が始まった．

たとえばセインズベリーは，脱商品化とは別の観点から，社会政策の「(男性) 稼ぎ主モデル」(breadwinner model) と「個人モデル」(individual model) を区別して，その後の研究の流れを方向付けた (Sainsbury, ed., 1994: 152-153；Sainsbury, 1996: 42)．前者のモデルでは，夫が稼ぎ，妻が家事・育児・介護に従事するという家族イデオロギーに基づいて，社会政策

の給付・拠出や課税が世帯単位で行われるのに対し，後者のモデルでは，夫婦がともに稼ぎ主であると同時に世話人(ケアラー)であるという家族イデオロギーに基づいて，社会政策の給付・拠出や課税は個人単位で行われる．「稼ぎ主モデル」では，ケアが私的な領域に置かれ，無償労働(アンペイドワーク)として提供されるのに対して，「個人モデル」では公的な領域に置かれ，有償労働(ペイドワーク)として提供される．前者の雇用政策が男性を優先するのに対して，後者のそれは両性を視野に入れている[13]．

これに対してシーロフは，「女性の労働条件の良好度」と「家族向け福祉政策の充実度」といった2つの観点から福祉国家の類型化を行っている(Siaroff, 1994)．この類型化は，家族政策に対する社会給付をその目的や効果を無視して一括しているという点で難点があるが（武川，1999a: 239-240），ジェンダー視点の福祉国家論とエスピン＝アンデルセンの図式との接合を試みているという点では評価できる．

さらにフレイザーは，セインズベリーの図式を洗練させて，「男性稼ぎ主モデル」の代替モデルを「個人モデル」として一括するのではなく，「総稼ぎ手モデル」(universal breadwinner model)，「ケア提供者対等モデル」(caregiver parity model)，「総ケア提供者モデル」(universal caregiver model) の3つに分節化した (Fraser, 1997)．「総稼ぎ手モデル」では，男女がともに稼ぎ，ケアは市場や社会サービスに委ねられるのに対して，「ケア提供者対等モデル」では，家庭内のケア提供者に社会給付（例えば育児手当や介護手当）を与えることで，彼ら彼女らは稼ぎ手と対等の立場に引き上げられる．3番目の「総ケア提供者モデル」では，男女がともに稼ぎ手とケア提供者の役割の双方を遂行する．フレイザーの議論は，現実を分析するためのものというよりは，社会政策の目標に関するもので，現に存在する福祉国家の分類ではない[14]．しかし，フェミニストが福祉国家について論じるとき，資本制とは異なる何を問題としているかということを知るうえで，彼女の議論は有益である．

賃労働と家事労働

このようにフェミニストたちは，福祉国家を労働力の商品化ではなくジェ

ンダー化された社会関係との関連で問題としてきた．言い換えると，福祉国家のパフォーマンスを（脱）商品化ではなく，ジェンダー化のなかに見出したのである．ジェンダー化された社会関係を再生産するメカニズムをここで家父長制と呼ぶならば，フェミニストたちにとって，福祉国家の環境として注目すべきは家父長制であった．

家父長制が福祉国家の分析にとって重要な意味を持つのは，それが資本制とともに現代の社会システムの前提をなしているからである．この点を理論的に再整理しておこう（武川，1999a: 146-155）．

労働力の商品化が資本制の前提であることについては繰り返し述べた．とはいえ資本制の下でも，すべての人間労働が商品化されるわけではない．一方で，経済的な理由から商品化されない労働がある．サービス労働の多くは低生産性のために高価格であり，労働力需要が形成されにくい（標準的な労働者が家政婦を雇うことは困難である）．他方で，道徳的な理由から商品化が妨げられたり禁止されたりする労働もある．一昔前までは育児や介護は家庭内で対応すべきだとの社会規範が強く，これらの労働が商品化されることは少なかった．また売春は資本制経済の下にあっても道徳的な理由から，商品化が禁止されることが多い．

他方，資本制は，労働力を含め万物が商品化へと向かう経済システムである（Wallerstein, 1983）．伝統社会とは異なり，そこでは生活必需品の多くは市場から入手しなければならない．労働者は，商品化された労働力を販売する——すなわち賃労働に従事する——ことによって，その対価としての賃金を獲得し，これを用いて生活必需品を購入する．その意味で，賃労働は労働者が生活するうえで不可欠である．とはいえ万物を商品化する資本制の下でも，生活に必要なものがすべて市場から入手できるわけではない．とくに19世紀段階の資本制の下では，こんにちから考えると商品化の範囲は限られていた．このため労働者が生活を維持するためには，賃労働だけでなく，家事労働も必要としていた．

このように資本制の下での商品化の限界——人間活動が労働力として商品化される範囲の限界と一般の財・サービスが商品化される範囲の限界——から，商品化されない労働としての家事労働が必然化した．賃労働と家事労働

は概念的に区別されるが，人間の活動のうち何が商品化され何が商品化されないかということは，そのときの経済的ないし道徳的な状況によって異なってくるから，両者を実体的に区別することはできない．まったく同じ人間活動が賃労働になったり家事労働になったりする——サービス労働の多くにこのことが当てはまる——のであって，賃労働に属する人間活動と，家事労働に属する人間活動との間に実体的な区別があるわけではない．

賃労働と家事労働は資本制の成立当初から存在していたが，単に併存していたわけではなく，両者は相互に前提しあっていた．資本制のもとでは，家事労働が賃労働との関連を欠いて，単独で存在することはできない（独身の専業主婦はありえない）．その意味で，家事労働は賃労働の存在を前提としている．しかし他方で，家事労働が存在していなければ，賃労働も成立することができないのも事実である．資本制の下でも，賃金によって生活に必要なものすべてが入手できるわけではないから，家事労働による支えがなければ，労働力の再生産はおぼつかない．そもそも労働力人口の再生産は家事労働の介在なしに遂行されることはない．その意味で，労働力の商品化は，公領域の社会政策によって担保されているだけでなく，私領域の家事労働によっても担保されていた．

家父長制はこのような賃労働と家事労働の関係を調整するためのメカニズムである．そこでは，第1に，賃労働が家事労働に対して優位な位置に置かれる．第2に，人間が，ジェンダーに基づいて，これら2つの労働へと固定的に配分される．労働力の商品化が始まる以前の伝統家族においては，男女がともに生産労働と家事労働に従事しており，両者の境界は曖昧だった．ところが労働力の商品化以降の近代家族においては，生産労働が賃労働という形態をとるようになり，生産労働（賃労働）と家事労働は峻別され，両者への男女の配分も固定的となった．

ジェンダー化と脱商品化

福祉国家はこのような家父長制の下で成立した[15]．しかも成立当初の福祉国家の社会政策は，これを前提にして設計された．『ベヴァリジ報告』では，賃労働と家事労働の性分業に立脚した近代家族を再生産すべく社会保険

制度が設計されていたことについては，すでに多くのひとが指摘している（Wilson, 1983；大沢，1999）．これは成立当初の福祉国家が，資本制に対してはただちに脱商品化の効果を持ったのと異なる点である．成立当初の福祉国家は，一方では脱商品化を行いながら，他方では，ジェンダー化を行っていたのである．

このためフェミニストの多くは，福祉国家のこの点について批判した．たとえば福祉国家の制度は，夫が賃労働に従事し妻が家事労働に従事する「標準世帯」を前提に設計されているために，そこから逸脱する離別母子世帯や高齢女性の単身世帯に対する生活保障を疎かにしているとの批判がある．また福祉国家の制度は，育児や介護などのケアワークが家事労働の一部として女性によって遂行されることを自明視しているとの批判もある．さらに労働市場における雇用機会の男女間の不均等を福祉国家が放置しているとの批判もある．要するに，フェミニストの批判の眼目は，福祉国家が「標準世帯」を優遇し，それを再生産する役割を果たしている，言い換えると，家父長制を再生産している，ということである．

福祉国家がこのような役割を果たしてきたことは事実だが，他方で，脱ジェンダー化の役割を果たす可能性があることについても注意すべきである．福祉国家はジェンダー化された労働市場を放置することもできるが，男女の雇用機会の均等化のための社会規制を導入することもできる．税制や社会保障制度を世帯単位で運営することもできるが，個人単位で運営することもできる．家庭に委ねられているケアを放置することもできるし，ケアに関する社会給付を導入することもできる．ケアに関する社会給付についても，家父長制を緩和するために用いることもできるし，反対に強化するために用いることもできる．要するに，現在の福祉国家の主要なパフォーマンスがジェンダー化にあるとしても，脱ジェンダー化を遂行する可能性もあるということである．

実際，20世紀の後半には，多くの国で「標準世帯」が揺らいで家族の多様化が進み，また，政治イデオロギーの布置連関（コンステレーション）が変化を遂げたこともあって，福祉国家による脱ジェンダー化が一定程度進んだことは否定できない．もちろん脱ジェンダー化が進んだからといって，家父長制が廃止されたわけ

ではないことは,脱商品化が進んだからといって資本制が廃止されたわけではないのと同じである.また福祉国家が脱ジェンダー化の効果をもつからといって,これが一方向的に進むものでないことは,福祉国家が現実政治のなかでつねに脱商品化と再商品化のせめぎ合いのなかに置かれているのと同じである.しかし福祉国家が家父長制に対して,ジェンダー化と脱ジェンダー化の双方のパフォーマンスをもちうるということを知ることは,福祉国家の社会学の出発点になるだろう[16].

6 分析図式

冒頭の問いに立ち返ろう.「福祉国家はどのような諸制度から成り立っているのか」という最初の問いに対しては,2～4節で,福祉国家に対する既存の定義を整理することから解答を試みた.従来の用語法は,福祉国家をその目的からとらえる当為概念と,手段からとらえる存在概念に区分することができた.前者は,福祉国家をめざすべき国家目標として把握する立場である.この立場にたった福祉国家の定義は,「国家目標としての福祉国家」と呼ぶことができる.後者の概念では,通常,福祉国家は社会支出の規模によって定義される.しかし,福祉国家は,社会給付によって,その目的を実現するだけでなく,社会規制によっても目的を実現することができる.したがって,福祉国家の存在概念は,「給付国家としての福祉国家」と「規制国家としての福祉国家」に分けて考えることができる.以上の検討から,福祉国家には,3つの定義の仕方があることが分かる(図序-1参照).

これら3つの福祉国家の定義は,現実の福祉国家の3つの側面を表したものである.ここから福祉国家の経験社会学の研究領域が示唆される(表序-1参照).

国家目標は価値・規範に関することがらである.その意味で,国家目標は主として福祉国家の規範社会学の領域に属する.しかし経験社会学がまったく関係ないわけではない.国家目標としての福祉国家をめぐって現実政治のなかで絶えず紛争が生じるからである.この部分は,規範社会学というより経験社会学の領分である.したがって福祉政治が福祉国家の経験社会学の重

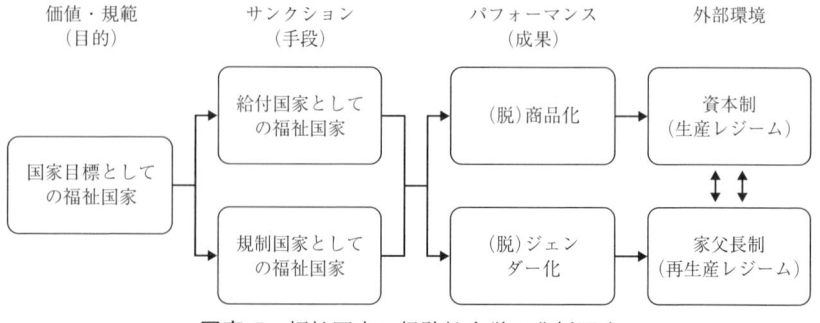

```
価値・規範        サンクション       パフォーマンス      外部環境
 (目的)           (手段)            (成果)
                ┌─────────┐      ┌─────────┐      ┌─────────┐
                │給付国家として│ ───→ │(脱)商品化  │ ───→ │資本制   │
                │の福祉国家  │      │         │      │(生産レジーム)│
┌─────────┐ ─→ └─────────┘      └─────────┘      └─────────┘
│国家目標として│                                           ↕
│の福祉国家  │                                        
└─────────┘ ─→ ┌─────────┐      ┌─────────┐      ┌─────────┐
                │規制国家として│ ───→ │(脱)ジェン │ ───→ │家父長制  │
                │の福祉国家  │      │ダー化    │      │(再生産レジーム)│
                └─────────┘      └─────────┘      └─────────┘
```

図序-5　福祉国家の経験社会学の分析図式

要な研究領域となる．そこでは政治権力や政治イデオロギーの布置連関(コンステレーション)が，分析の焦点となる．

　他方，給付国家としての福祉国家という規定からは，当該福祉国家の再分配構造が研究領域として浮上した．そこでは再分配の規模と効果が分析の焦点であった．また規制国家としての福祉国家という規定からは，当該福祉国家の規制構造が研究領域として浮上し，そこでは規制の形態と効果が分析の焦点であった．

　「福祉国家はどのような環境に取り囲まれているか」というもう1つの問いに対しては，以上のように規定された福祉国家がどのようなパフォーマンスを生んでいるか——より正確には，先行研究ではどのようなパフォーマンスが注目されてきたか——といった観点からの解答を試みた．その結果，福祉国家が重要な影響を及ぼし，またそこから重要な影響をこうむる環境は，資本制と家父長制であることが明らかとなった[17]．資本制に対して福祉国家は，社会給付と社会規制といった手段を用いて商品化／脱商品化の効果をもたらし，家父長制に対して福祉国家は同様の手段を用いてジェンダー化／脱ジェンダー化の効果をもたらす．

　以上を総括すると，福祉国家の社会学の分析図式は，図序-5のようになるだろう．本書はこのような分析図式を前提にしながら，以下の諸章で，福祉国家の社会学の探究を行っていきたい．

　1)　もっともドイツ語のWohlfahrtsstaat（福祉国家）という言葉の用例の方が，

ツィンメルンによる Welfare State の造語よりも古い．しかし，フリードリッヒ大王の啓蒙絶対主義の国家が Wohlfahrtsstaat と呼ばれたり，マックス・ヴェーバーが『支配の社会学』のなかで「家父長制的家産制」を Wohlfahrtsstaat と呼んでいることからも推察されるように (Weber, 1956)，それらは今日的な意味での福祉国家とは似て非なるものであった．このため英語圏の Welfare State に対応するドイツ語としては，ボン基本法に由来する Sozialstaat（社会国家）の概念の方が頻繁に用いられてきた．ただし現在のドイツでは，Wohlfahrtsstaat と Sozialstaat が互換的に用いられるようになっているようである（森，2007）．

2) 日本の教科書や事典のなかでは，「福祉国家」(Welfare State) が「戦争国家」(Warfare State) の対立概念として生まれたといった類の解説が，おそらくブルースのこの箇所を典拠にしてなされることがある．しかしブルース自身は，Welfare State が Warfare State との対比において造語されたということを，この箇所で述べているわけではない．

　Warfare に対抗して Welfare が成立したという説が一般化している事情について，著者は次のように推理している．すなわちアメリカの軍産複合体か何かの時代に，Warfare State の方が Welfare State との語呂合わせとして後に用いられるようになり，それが1930年代のイギリスに投射されたというのが，ことの真相ではないかという推測である（ただし証拠はまだ見つかっていない）．もしこの推測が正しいとすると，「福祉国家」が「戦争国家」の対立概念として生まれたというのは，一種の「神話」ということになるが，あらゆる神話がそうであるように，そこには，ある種の真実が含まれている，ということは言える．

3) 当為概念としての福祉国家は，それが主張される文脈に応じて，その暗示的意味(コノテーション)が変化する．福祉国家のそもそもの始まりは「権力国家」の反対概念であったが，その後の半世紀以上の歴史のなかで紆余曲折を経た．たとえば冷戦時代には，「福祉国家」が「共産主義」でもなく「資本主義」でもない「第3の道」としての意味を持つようになった．同様に，福祉という言葉の暗示的意味も使われる文脈で異なってくる．たとえば「福祉」には経済優先主義への批判的意味が込められることもある．「経済大国」に対して「福祉大国」（福武，1977: 206）や「福祉社会」（馬場啓之助，1980）が対峙されるとき，そこには経済至上主義への批判が込められていた．

4) ありうべき誤解を避けるためにここで再確認しておく必要があるのは，国家目標としての福祉国家は，規範社会学の研究対象であると同時に，経験社会学の研究対象でもあるという点である．同様に，後述の給付国家としての福祉国家と規制国家としての福祉国家は，経験社会学の研究対象であるとともに規範

表序-2 規範社会学と経験社会学の研究対象

	規範社会学	経験社会学
国家目標としての福祉国家	(1)	(4)
給付国家としての福祉国家	(2)	(5)
規制国家としての福祉国家	(3)	(6)

社会学の研究対象である（表序-2を参照）．福祉国家の経験社会学の分析図式を提示することを主要な目的としている本章では，表序-2のうちの(4)～(6)に焦点を置いて議論を展開している．したがって国家目標としての福祉国家との関係で問題となる研究対象についても，(1)社会的価値そのものではなくて，(4)福祉政治に重点を置いているが，(1)を軽視しているわけではない．なお，存在概念としての福祉国家との関係で浮上する規範的な問題については，再分配の規模（大きな政府／小さな政府），再分配の方法（普遍主義／選別主義，必要原則／貢献原則）などが考えられる．これらは価値と社会政策を媒介する位置にあるところから，私はこれらを「媒介原理」と呼んで分析したことがある（武川編，2006: chap. 10）．

5) 社会科学の場合，価値判断から完全に自由な概念というのは存在しないから，こうした表現は正確さを欠くかもしれない．価値判断が明示化されていない，あるいは価値判断に対する関心が二義的である，といった方が正確であろう．
6) ただし一般政府支出の対GDP比の伸びで見るならば，これより若干遡る1969年頃がこのような転換点にあたる．
7) たとえば，しばしば言及される事例は，公的年金制度の逆進性である．一般に高所得者の方が低所得者よりも平均余命が長いため，低所得者の支払った保険料は，高所得者の年金給付に利用されることになる．
8) ジェンダー化という用語は，ジェンダー視点を持ち込むといった意味で用いられることがあるが（たとえばSainsbury, ed. (1994)），本書では，他に適当な用語が見つからないので，ジェンダー（社会的・文化的性差）に基づいた社会関係が維持・強化されていく過程を「ジェンダー化」と呼び，反対に，そうした社会関係が弱められていく過程を「脱ジェンダー化」と呼ぶことにする．
9) 量的把握が困難というだけでなく，そもそも規制の実態を把握することが難しいといった事情もある．規制を測定する指標の1つは，当該規制に関する法が存在するか否かということであるが，法が存在するということとそれが守られていることとは同じではない．日本の場合で言えば，道路交通法や建築基準法を見よ．
10) 前者の場合，競争条件の均等化（71ページを参照）を実現することが課題

となり，そのためには差別禁止の規制措置が有効となる．また，後者の場合，再分配を通じた最終所得の均等化が課題となり，そのためには所得保障のための給付が有効となる．もちろんここで競争条件均等化のための給付や，所得再分配のための規制の可能性を排除しているわけではない．目的と手段の結びつきの容易さの違いを述べているのである．それがここでいう「親和的」ということの意味である．
11) この点に関して，『資本論』の第1巻が「商品」（という抽象的なもの）から始まって「諸階級」（という具体的なもの）にまで上向して終わっているのは示唆的である．
12) 脱商品化は，労働力の商品化が部分的に解除されることを意味するが，社会的市民権の方はもう少し射程の広い概念である．言い換えると，脱商品化は社会的市民権の必要条件であるが，十分条件ではない．かりに労働力の商品化がなくなったからといって，それによって社会的市民権が自動的に確立されるというわけではない．労働力の商品化に由来しない権力や抑圧の問題──たとえばジェンダーやエスニシティの問題──が労働力の脱商品化によって解決される保証はないからである．

　同様に，以下で述べる脱ジェンダー化も社会的市民権にとって必要条件であろう．ただし脱商品化と脱ジェンダー化の条件が充たされれば社会的市民権が確立されるか否かという点については，今のところ判断を保留する．
13) その後，セインズベリーはジェンダー政策レジームを「男性稼ぎ主」「分離したジェンダー役割」「個人的な稼得者・ケアラー」の3つに分類した（Sainsbury, ed., 1999: 78）．
14) 大沢真理は，ジェンダー視点に立った生活保障システムの類型として，「男性稼ぎ主」型，「両立支援」型，「市場志向」型といった3つを提案している（大沢，2007）．このうち「両立支援」型はおそらく「総ケア提供者モデル」に，「市場志向」型は「総稼ぎ手モデル」に対応するものと思われるが，大沢の類型のなかでは「ケア提供者対等モデル」に対応するものは存在しない．ドイツの介護保険における現金給付をめぐる状況を考えるならば，このモデルも無視することはできないように思われる．
15) より正確には，資本制と家父長制との「ビクトリア朝の妥協」によって成立した「家父長制的資本制」（patriarchal capitalism）の下に成立したと言うべきである（Sokoloff, 1980）．上野千鶴子によれば，「このシステムは予め二元的である．家父長制的な近代家族は，あくまで資本制下の家族であり，逆に資本制は，その補完物としての家族を市場の〈外部〉に前提している」（上野，1990: 180）．
16) かつて私は，脱商品化に対応する概念として，「脱家父長制化」という概念

を提唱したことがある（武川，1997；1999a）．家父長制との関連で福祉国家をみることの意義を強調するというこのときの基本的立場は現在でも変わっていないが，ただ現在からふりかえると，当時は，若干概念的混乱に陥っていたことを認めざるをえない．おそらく家父長制は資本制との対応でとらえられなければならない概念であって，商品化／脱商品化に対応するのは，家父長制化／脱家父長制化というよりは，むしろジェンダー化／脱ジェンダー化ということになるのではないかと現在では考えている．このため本書では前著と用語法を変えた．

17) 近年，資本制に関して，生産レジームという考え方が注目されるようになっている（Soskice, 1999）．この概念は，福祉国家レジームのあり方を考えるうえで重要な意味を持っていると思われる．また，これとのアナロジーで考えるならば，家父長制に対しては，新たに「再生産レジーム」といった概念が確立されるべきであろう．再生産レジームの形態が各国の社会政策に影響を及ぼしていることは想像に難くない．その意味で，再生産レジームの理論的洗練が必要だが，この点については，今後の課題としておきたい．

I 社会変動と福祉国家
―― グローバル化と福祉国家 ――

1章
福祉国家と福祉社会の協働

1 福祉国家と福祉社会の関係

　こんにち先進社会の国家は，政府の社会支出が国内総生産（GDP）の相当な規模を占めるにいたっているという意味では，20世紀初頭までの国家と異なり，いずれも福祉国家である．このため，ある国が福祉国家であるか否かということよりは，いかなる福祉国家であるかということの方が問いとして重要である．「福祉資本主義」（Esping-Andersen, 1990）といった概念による国際比較分析は，こうした前提に立つものだといえる．

　とはいえ21世紀初頭の現在，いかなる形態の福祉国家であるにせよ，そのあり方が改めて問われていることはまちがいない．ただし，こんにちにおいて福祉国家のあり方を問うというとき，それは1980年代初頭にみられたような「福祉国家の危機」を想定したものではなくなっている．むしろ，高齢化，グローバル化，情報化といった新たな趨勢に対して，福祉国家をどのように適応させていくか，といったことが問われている．そして，こうした問題設定のなかで，福祉国家とは区別されたものとして，福祉社会といった考え方が提唱されるようになってきている．

　ところで福祉国家と福祉社会との関連づけの仕方については，後者は前者を否定すべきものであるという考え方や，そこまではいかなくとも，後者は前者の次の段階に来るべきものだとの考え方が，現在，支配的であるように思われる．これらに共通しているのは「福祉国家から福祉社会へ」といった図式である（高島，1982；正村，2000）．これに対して本章では，「福祉国家

と福祉社会の協働」といった考え方の提唱を試みたい．そのうえで今後の社会政策研究の課題を示すことをめざす．

以下，本章では，最初に，福祉国家について，これまでどのような研究が行われてきたか（1節），現在，どのようなことが新たな問題として提起されているか（2節）といった点について論じる．次に，福祉社会について，これまでどのようなことが議論されてきたか（3節），現在，どのような視点に立って福祉社会を考えるべきか（4節），といった点について論じる．最後に，「福祉国家と福祉社会の協働」という視点に立ったとき，今後の社会政策研究における理論的実践的課題がどこにあるか，といった点についてのひとつの考えを示したい．

2 福祉国家論の系譜——3つのパラダイム

福祉国家の成立時期に関しては諸説がある．最も遅くとる考え方でも，欧州諸国の場合，第2次大戦直後にはすでに福祉国家が成立していたと考えられている（藤村，1999：2；武川，1999a：36-37）．その後，半世紀以上にわたって福祉国家に関する研究が行われてきた．その研究史は，大きく分けると，(1)1975年以前，(2)1975-1990年，(3)1990年代以降といった，3つの段階に区分することができるだろう．

ウェッブ＝ベヴァリジのパラダイム

第1段階は，ウェッブ夫妻やベヴァリジの名前に帰されるようなパラダイムが支配的だった時期である．大河内一男はドイツの社会政策論の歴史を「道義論」「政治論」といった観点から整理しているが（大河内，1963），20世紀の第3四半世紀における福祉国家研究は，その対象とする時期や学派が大河内の扱ったものとまったく異なるとはいえ，まさに「道義論」や「政治論」が支配した時代だったといえる．

福祉国家の成立に関しては，労働者階級の窮状がミドルクラスの良心を突き動かした結果だとする「社会的良心」説が存在するが（Baker, 1979），20世紀の第3四半世紀は，この「社会的良心」説が支配的な時期であった．福

祉国家の通史を扱ったブルースの古典的テキストは，この道義論＝社会的良心説に立った典型事例であろう（Bruce, 1968）．

他方，この時期は米ソによる冷戦の時代である．冷戦は単なる軍事的な対立ではなく，2つの異なった体制の対立であった．マルクス経済学者は「資本主義が世界経済の唯一の，またすべてを包括する体制ではなくなった時期」という意味で，第3四半世紀を含む1917年以降を「全般的危機」の時代とみなしている（大内，1970）．このような対立構造のなかで，福祉国家は「第3の道」として，「政治論」的に理解された．

ウィレンスキーのパラダイム

以上のような研究動向に対して，社会科学の世界における福祉国家研究のパラダイム・シフトを導いたのが，ウィレンスキーであった（Wilensky, 1975）．彼以前にも類似の研究は存在したが，その影響力の大きさという点で彼の仕事は決定的であり，1975年から1989年までの間，彼の研究はパラダイムとしての地位を保持した．

ウィレンスキーの仕事の意義は，第1に，福祉国家研究における方法論的な革新にあった．当時の社会学のなかでは社会階層研究が方法論的に最先端の分野であり，ブラウ＝ダンカンの『アメリカの職業構造』が影響力をもっていた（Blau and Duncan, 1967）．日本のSSM（社会階層と社会移動）研究もその影響下にあった（富永編，1979）．ウィレンスキーは，階層研究で用いられていたパス解析の手法を，ミクロデータとマクロデータの違いはあるが，福祉国家研究に応用して，学界に新鮮な影響を与えたのであった．

第2の意義は，福祉国家の「道義論」的理解や「政治論」的理解を排して，福祉国家を社会科学的な分析の対象として確立したということである．彼は，社会保障費によって測られる福祉国家の発展が，各国政府の政治イデオロギーによってではなく，経済成長，高齢化，制度の経過年数といった3つの変数によって説明されることを発見し，このことによって，福祉国家を規範的に解かれるべき問題から実証的に解かれるべき問題へと転換した．

ウィレンスキーの仕事がパラダイムである所以は，彼の仕事をきっかけとして，いわゆる「パズル解き」が始まったということである．一般に，

通常科学(ノーマルサイエンス)が成立すると，それがパラダイム（範例）としている枠組では解けない問いを発見し，これを解決するという作業が始まる（Kuhn, 1970）．ウィレンスキー以降，福祉国家研究の流れは，彼の研究では用いられなかった新変数（貿易依存度，保守党議席数，コーポラティズム指標，等々）を導入して，モデルの決定係数を高めていくという方向に進んだ（下平，1985）．

エスピン＝アンデルセンのパラダイム

次のパラダイム・シフトは，エスピン＝アンデルセンであった（Esping-Andersen, 1990）．そこで用いられた統計的手法は，ウィレンスキーのものに比べると単純であり，方法論的に目新しいところは少ない．むしろ後退の印象すら受ける．しかし彼の仕事のもっている理論的意味合いについては十分注目してよい．

第1は，ウィレンスキーの仕事がある種の経済決定論であったのに対して，エスピン＝アンデルセンのそれは，政治学的，あるいは，政治社会学的なアプローチに立脚していたという点である．しかもそれは単に政治学的・政治社会学的であったというだけでなく，「多元主義モデル」の登場によって，一時，影をひそめていたかに思われた「階級モデル」を復活させた，という点で，1つの理論的革新であった[1]．

第2は，エスピン＝アンデルセンが脱商品化の理論を再定式化した，という点である．これは社会学，経済学，経済人類学，社会政策学，社会福祉学などの各分野で別個に発達してきた諸理論を統合するという意味をもっている．

一方の極に，労働力の商品化と脱商品化をめぐるマルクス以来の理論の流れがある．たとえば資本制の存立にとっての労働力商品化の意義については，マルクス経済学や経済人類学が強調してきたところである（宇野，1950；Polanyi, 1957）．また，フランクフルト学派の後継としての批判理論のなかでも，後期資本主義社会のなかで商品化と脱商品化の傾向が存在することが，かねてから指摘されていた（Offe, 1984）．

他方，社会政策研究のなかに，商品化や脱商品化といった概念と深いつながりをもつ一連の理論の系譜が存在する．たとえばウィレンスキーとルボー

の研究以来，社会政策のモデルとして「制度モデル」や「残余モデル」といった定式化がなされてきた（Wilensky and Lebeaux, 1965）．また，社会政策の原理論的なレベルでは，必要（need）に関する理論が展開されていた．

　エスピン＝アンデルセンの仕事は，本人の意図がどこにあったかということは別として，これらすべての諸理論を商品化・脱商品化の視角から一望のもとに総合する可能性を秘めている，という点で評価できるだろう．さらにまた，ILO憲章の労働力の非商品性のテーゼのような実践的主張との接合の可能性をもっている，といった点にも注目しておいてよい．

　第3は，彼の仕事のなかで最も有名となった部分であるが，福祉国家に関する3つの類型を構成したという点である．とりわけ「保守主義」ないし「コーポラティズム」と呼ばれる福祉国家レジームを定式化したことの意義は大きい．従来，福祉国家は団体主義（collectivism）や社会民主主義と等置される傾向にあったわけだが，彼は，これらとは異なるイデオロギーと福祉国家との結びつきに光を当てた．

　エスピン＝アンデルセンの研究もまた，その後に「パズル解き」を誘発したという点で，ウィレンスキーの仕事と同様に，ひとつのパラダイムであった．その意味で90年代以降の福祉国家研究は，彼の影響のもとにあったといえる．たとえば，エスピン＝アンデルセンの立論は主として所得保障プログラムのデータに立脚していたが，これを社会サービスにまで拡張することが試みられた．3つのレジームに加えて第4のレジームが存在するのではないかといった探索が始まった（Mitchell, 1991）．「ジェンダーを無視している」（gender-blind）ということで，ジェンダー変数の導入がはかられた（Lewis, 1992；Siaroff, 1994；Sainsbury, ed., 1994；Sainsbury, 1996；大沢, 1995）．これらはエスピン＝アンデルセンの研究に対する批判として始まったが，彼の仕事のパラダイムとしての地位を脅かすものというよりは，彼のパラダイムのなかでの「パズル解き」としての性格もあった．

　しかし，彼の仕事が登場してからすでに10数年が経過している．また，単行書として刊行される以前の論文から数えると，さらに長い年月がたっている．しかも彼の仕事が登場してから先進社会における福祉国家のあり方は大きく変貌を遂げているわけであるから，新たなパラダイム・シフトの時期

にきているといえるかもしれない．

3　福祉国家論の新しい地平

　21世紀の初頭に福祉国家の研究を行っていくうえで，私たちは，以上のような福祉国家の研究史を踏まえなければならない．と同時に，こんにちにおいて福祉国家を考える場合には，これまでないがしろにされてきた，以下のような点についての考慮が払われなければならない．

福祉国家における資本制と家父長制
　第1は，福祉国家における資本制と家父長制の問題である．
　これまでの福祉国家は，序章において示したように，資本制との関連において論じられることが多かった．しかし，福祉国家は家父長制との関連においても論じられてしかるべきであろう．そうすることによって，これまで見えていなかったことが見えるようになる（武川，1999b：chap. 3）．序章において述べたように，福祉国家は生産の領域だけでなく，再生産の領域に対しても作用・反作用の関係を有しているからである．こんにち家族については，福祉国家の諸制度を抜きにして考えることができない．
　他方，資本制との関連でみた場合にも，まだ十分に論じられていない点が残されている．労働力以外の商品化・脱商品化についてである．
　エスピン＝アンデルセンは，労働力の商品化・脱商品化を取り上げているが，「擬制商品」は労働に限定されるわけではない．貨幣や土地もまた，資本制のもとで商品化された擬制商品である．これらの脱商品化といった分析視角は，福祉国家の研究に対して，新たな論点を付け加えることになるだろう．たとえば住宅政策，都市計画，環境政策の国際比較は，土地の脱商品化といった点から論じることが可能である．また金融の自由化にともなって，各国政府が社会政策に対する自由裁量を奪われつつある現在，貨幣の再商品化，あるいは金融システムのあり方は，グローバル化された世界における福祉国家を考える場合に非常に重要な論点を構成する．福祉国家の存在がブレトン＝ウッズ体制における為替の管理によって可能となったことを考えるな

らば，福祉国家は貨幣の脱商品化によって成立したと言えなくもない．

グローバル化のなかの福祉国家

第2は，グローバル化のなかでの福祉国家という問題である．

詳しくは3章で検討するが，経済のグローバル化が進むなかで，各国政府による社会政策の裁量の余地は狭まり，福祉国家間の収斂の圧力が強まっている．しかし，他方で，グローバル化が斉一で単一の世界市場を生成したわけでもない．むしろ日・米・欧といった三極構造が形成されてきた．その意味で福祉国家は，三極化の圧力にさらされているとみることもできる[2]．

このようなコンテクストのなかでは，福祉国家レジームの類型化についても，エスピン＝アンデルセンの3類型とは異なったものを考えることが可能である．従来の福祉国家研究のなかで，日本とアメリカは，それぞれ一国として扱われたうえで，福祉国家の例外とみなされることが多かった．しかしアメリカの50州や日本の47都道府県を分析の単位として考えるならば，そうした結論は出なかったはずである．実際，アメリカの州政府や日本の都道府県は，財政や擁する人口の規模において，ヨーロッパの小国の中央政府と同じかそれ以上の規模を有している．また，所得保障についてはともかく，社会サービスについてみると，アメリカの場合，州政府が相当な権限を有していて分散が大きいから，こうした分析もあながち無謀とはいえないだろう．

福祉国家研究における従来のスウェーデン中心主義やヨーロッパ中心主義を清算するならば[3]，エスピン＝アンデルセンの自由主義・保守主義・社会民主主義といった3つのレジームとは別に，アメリカ・EU・日本といった3つのレジームを新たに再定式化することができるかもしれない（渋谷・井村・中村編，1997）．人口規模からいうと，アメリカが2.7億人，ユーロランド（ユーロを採用している地域）が2.9億人，日本が1.3億人である．また，経済規模からいうと，GDPでアメリカ8.1兆ドル，ユーロランド6.3兆ドル，日本4.2兆ドルであり，日米欧で世界経済の4分の3を占めている．人口や経済の規模からみると，これら3つの地域はそれぞれ拮抗している．

規制国家としての福祉国家

第3は，規制国家としての福祉国家という問題である．

これまで私たちは，ヨーロッパ中心主義やスウェーデン中心主義にとらわれていたため，福祉国家の典型を北欧諸国に求める傾向があった．スウェーデンは，世界中で最も社会保障の充実した国であるとみられてきた．これに対してアメリカは，福祉国家から程遠い存在であると考えられがちだった．

このためアメリカに対しては，そもそも福祉国家なのか否かといったこと自体が問題として設定されることになる．貝塚啓明は，この問題に対して，アメリカは福祉国家ではない，との結論を下しているのだが，その場合，福祉国家であるか否かの基準は，「個々人の経済的保障を社会権として認めているような経済社会」であるか否かということであった（貝塚，1985）．

しかしここで，給付国家としての基準ではなく規制国家としての基準にもとづいて福祉国家か否かの判断を下すならば，アメリカはむしろ福祉国家としてのラディカリズムをそなえていることに気づくはずである．人種差別，女性差別，年齢差別，障害者差別など，属性にもとづく差別を禁止するための立法の存在は，わが国でもよく知られている．また近年では，ヘイトクライム（憎悪に基づく犯罪）に対する規制措置もとられている．アメリカが規制緩和の進んだ国だということは，日本でもよく知られているが，しかしここで注意しなければならないのは，緩和の進んでいる規制というのが営業の自由をはじめとする経済活動に関するそれだ，ということである．そして，よく知られていないことは，アメリカが，機会の均等化など社会的な側面においては，日本以上に規制的な国だということである．

4 福祉社会論の系譜——不幸な歴史

トラウマとしての福祉社会論

こんにちの日本では福祉社会という言葉が非常に頻繁に用いられている．現在，この言葉に対して負のイメージを込めて用いるひとは少ない．しかし，この言葉は不幸な過去を背負っている．というのは福祉社会という言葉が，日本では，いわゆる「日本型福祉社会」論や「活力ある福祉社会」論と結び

つけられて広まってきたという歴史をもつからである（5章を参照）．そして，これらの議論こそが，1980年代の日本における社会支出抑制のイデオロギー的なバックボーンだったからである（福武，1983）．

1970年代の後半から，日本政府は各種文書のなかで，それまでの福祉国家というシンボルに代えて，福祉社会というシンボルを積極的に用いるようになった．福祉社会は，当初，経済優先に対して福祉優先というような意味合いをもっていた．しかし70年代後半に経済成長が鈍化し，政府の財政赤字が拡大していくなかで，福祉社会には「活力ある」ないし「日本型」といった限定が付されて用いられるようになり，次第にそれは「福祉の見直し」のためのシンボルへと変わっていった（同前）．80年代の経済政策や社会政策の骨格を示した臨調答申が日本型福祉社会論を全面的に受容するに及んで，そうした性格はいっそう強まった．

このため日本型福祉社会論は「反福祉国家論」とみなされた（新藤，1996）．日本型と限定のついていない福祉社会の方も，これに引きずられて，反福祉国家の意味合いを帯びるようになる．80年代前半に親福祉国家的な立場から福祉社会について批判した人びとは多い．当時の社会保障研究所のなかでも，「活力ある福祉社会」論に対する批判的な検討が行われた[4]．さすがにこんにちでは，社会政策研究者のあいだでも，福祉社会というシンボルに対する拒否感は弱まっている[5]．しかし現在でも，「福祉社会」のなかに反福祉国家を嗅ぎ取って，これに警戒的な態度を示す研究者も少なくない．

2つの福祉社会論

社会支出が飛躍的な増加を開始したという意味では，日本の福祉国家形成は1973年に始まる．しかし80年代には，日本もいわゆる「福祉国家の危機」に直面した．日本型福祉社会論は「福祉国家の危機」対応策の日本版として，1980年前後に登場した．ほぼ同じころイギリスやアメリカでは，市場原理主義的な処方箋が提唱されていたが，それに比べると，日本型福祉社会論は，家族福祉や企業内福利を志向しているという点で，伝統主義の性格を帯びていた．このため日本型福祉社会論は，80年代前半に大きな影響力を持ったものの，それが前提としていた社会構造が80年代をつうじて大き

く変容したため，80年代後半までには急速にその影響力を失った．

他方，日本型福祉社会論が成立して終焉するなかで，これとは異なったタイプの福祉社会論が形成されてきた（武川，1999b：chap. 1）．それらは，(1)福祉国家を必ずしも全面的に否定すべきものとはとらえておらず，選別主義的な主張に与していたわけではなかった．また，(2)福祉社会論における「社会」が，家族や（従業員にとっての）企業といった伝統的な社会結合ではなくて，新しいタイプのそれを示唆していた．

こうした新しいタイプの福祉社会論が80年代以降の日本で生成されてきた背景としては，次のような諸点が考えられる（武川，1999b）．(1)ボランタリー・ワークの成長，(2)いわゆる「有償ボランティア」の試行，(3)新しいタイプの民間非営利団体の生成，(4)市場の近代化．新しい福祉社会論は，伝統的な社会結合の役割が相対的に低下していくなかで，市民社会と呼びうるような社会結合のあり方が注目を集めてきた結果，生まれたものだといえる．

こんにち福祉社会という場合，この新しいタイプの福祉社会論を念頭におかなければならない．

福祉社会論の類型

以上のような2つの福祉社会の概念が，日本ではとくに大きな影響力をもった．しかし，これらとは異なる意味で，福祉社会という言葉が用いられた場合もある．そこで，今後の福祉国家や福祉社会をめぐる議論を明確化するために，福祉社会といった言葉が，従来，どのように用いられてきたか，といった点について簡単に整理しておこう（武川，1999b：chap. 1）．

従来，福祉社会といった場合には「福祉的な社会」といった意味で用いられる場合と，「社会による福祉」といった意味で用いられる場合とがあった．「福祉的な社会」といった意味で「福祉社会」が用いられるとき，それは，さらに2つに区分される．1つは，福祉コンシャスな社会という意味での福祉社会である（a）．そこでは，人びとが福祉，とりわけ社会的に弱い立場にある人びととの福祉に対する配慮を行っている．ロブソンが「福祉社会が存在していなければ福祉国家は成り立たない」といったときの福祉社会とは，こ

のような意味での福祉社会であった（Robson, 1976）．他の1つは，産業優先社会に対して，福祉優先社会という意味で，福祉社会という言葉が用いられる場合である（b）．日本型福祉社会論が登場する前の福祉社会論には，こうした類の福祉社会論（b）が少なくなかった．福祉コンシャスな社会という意味での福祉社会における福祉が，社会的に弱い立場の人びとに対する援助という意味で，狭義の福祉を意味していたのに対して，こちらの意味での福祉社会は，国民の幸福という意味での，広義の福祉を前提としていた[6]．

「社会による福祉」という意味での「福祉社会」も，大きく2つに分かれる．1つは，家族や（従業員にとっての）企業に重点を置きながら「社会による福祉」を構想するような立場の福祉社会論である（c）．日本型福祉社会論はこれに該当する．他の1つは，ボランタリズムや市場に重点を置きながら「社会による福祉」を構想するような福祉社会論である（d）．すでにふれた，80年代以降に登場した新しいタイプの福祉社会論は，これに該当する．

従来の福祉社会の用法には，以上のような4つの類型が存在したが，2000年代において，新たに福祉社会を問題とする場合，とりわけ（a）と（d）が重要な意味をもつことになるだろう．それらは理論的な展開を待っている．

5 福祉社会論の新しい地平

福祉社会という概念は，単独で社会的真空状態のなかに存在しているのではない．そこには必ず福祉国家ではないものといった言外の意味が含まれている．福祉社会は，福祉国家との関係においてでしかとらえることができない．福祉社会論のこれまでの歴史を踏まえたうえで，こんにちの時点において福祉社会を取り上げる場合にも，こうした点に留意しなければならない．福祉国家と福祉社会について論じるさいに，これまで十分取り上げられてこなかった点について，考えていく必要があるだろう．

市民社会と福祉社会

第1に，福祉社会論の新たな問題設定は，「国家と市民社会」といった図式のなかで再定式化されなければならない．社会学をはじめとする日本の社

会科学のなかでは,「国家と市民社会」といった問題設定が古くから存在した(厚東, 1984). こうした理論的蓄積が(福祉国家との対比における)福祉社会を把握する場合にも重要な意味を有することとなる.

とはいえ, これまでの日本では, 市民社会が, 日常言語の世界においてだけでなく, 社会科学の言語の世界においても, 非常に理念的にとらえられる傾向があった. このため市民社会は, 長らく日本社会の封建性を批判するための基準であり, 客観的に実在するものというよりは, 日本社会のめざすべきユートピアであった. 戦前の天皇制国家のもとでは, 日本社会は, 国家と家族に覆いつくされていたから, 市民社会の固有の領域といったものを想定することは困難であったといえる. しかし産業化と都市化を経験した戦後日本社会においては, 家族と国家とのあいだに多種多様な社会結合の集積としての市民社会の存在を確認することが可能である. この領域を市民社会と呼ぶことに抵抗を示すのは, 戦前的思考法の桎梏から逃れることができないからである. 福祉国家と福祉社会との関係を「国家と市民社会」図式との関連でとらえるにあたって, 私たちは, こうした態度を清算しなければならない.

第2に, 福祉社会論の新たな問題設定は,「福祉国家から福祉社会へ」といった図式との関連で再定式化されなければならない. すでに述べたように, 福祉社会論は「福祉国家から福祉社会へ」といったスローガンとともに普及してきたという歴史をもつ. 日本型福祉社会論が出現したとき, 社会政策学者は, そのアナクロニズムを一斉に批判した(西村, 1980; 小川, 1980). 批判の内容にはもっともなところもあったが, こんにちの時点で考えると, 日本型福祉社会論に対しては, 徴候的に読解していくことも必要だったように思われる. そこには, 素朴な時代錯誤とともに, 福祉国家の限界に関して, 顧慮すべき認識が含まれていたように思われるからである.

福祉国家の量的限界, すなわち社会支出への財源が制約されているという指摘は, 日本型福祉社会論でも明示的に指摘されていた. この点に関しては, その指標の妥当性はともかく, いわゆる「国民負担率」の問題として, 80年代以降, 人口に膾炙するようになっていく. しかし福祉国家には量的な限界だけでなく, 質的な限界も存在する. 日本型福祉社会論のなかでは, この種の論点が暗示的に語られていた. 社会政策学者は, 日本型福祉社会論の時

代錯誤性に目を奪われるのではなく，この点を読みとるべきだったのではないか．

　福祉国家の質的限界については，左右両派から，多種多様な論点が提起されてきた．しかし，それらは，基本的には，パターナリズムとインフレキシビリティといった2つの問題に帰着するように思われる（武川，1998）．前者は，福祉国家の社会サービスが，利用者の選択や意思とは無関係に，権威主義的に供給されるという問題であり，福祉国家の組織が官僚主義や専門主義の性格を帯びているという点に由来する．これに対して，後者は，福祉国家の社会サービスが，画一主義的で利用者の必要や需要に対して硬直的に供給されるという問題である．

　したがって，21世紀の初頭の時点において，福祉社会について考えるということは，パターナリズムに対して自己決定を，インフレキシビリティに対してフレキシビリティを対置させていくということである．

市民権の構造転換

　第3に，福祉社会論の新しい問題設定は，「市民権の構造転換」といった図式との関連で再定式化されなければならない（終章を参照）．近代国家は国民国家だと言われる．近代国家の機能は夜警国家から福祉国家へと変貌を遂げたと一般に考えられているが，近代国家の国民国家としての性格は，今日の時点において，なお維持されている．20世紀後半の福祉国家は，なによりも福祉国民国家であった．

　福祉国家の社会サービスは社会的市民権の一部を構成するが，こうした福祉国民国家の体制のもとで，市民権は，国民主義，国家主義，同化主義といった3つの特徴をそなえるようになった．ところが，終章で論じるように，20世紀の後半をつうじて，福祉国民国家の市民権は，それぞれの局面で限界に達するようになってきた．こんにち福祉国家との関係において福祉社会の問題を考えるということは，これらの新しい問題を視野に入れていかなければならないということを意味する．

　たとえば福祉国民国家の市民権における国民主義的制約は，いまや定住外国人（デニズン）の増加や地域主義（リージョナリズム）の台頭によって挑戦を受けている（231ページ

を参照).このため福祉国家との対比において福祉社会を考えるということは,TNC(多国籍企業)だけでなく,INGO(国際非政府組織)の存在も視野に入れた福祉社会の可能性を考えるということでもある.

またたとえば福祉国民国家の市民権における国家主義的制約は,世界各地におけるいろいろな意味での市民社会の再生によって挑戦を受けている(234 ページを参照).したがって新たな福祉社会は,福祉国民国家の国家主義的限界を超えるもの,あるいは補完するものでなければならない.これは「国家と市民社会」という図式や「福祉国家から市民社会へ」という図式における認識とも共通する点である.この場合,コンシューマリズムやエンパワーメントといった考え方が鍵概念となるだろう.

さらにまた福祉国民国家の市民権における同化主義的制約は,アイデンティティ政治の浮上によって挑戦を受けている(236 ページを参照).新たな福祉社会の構想は,同化主義を超えた多文化主義的な市民権を視野に入れたものでなければならない.それは,後に述べるように,福祉社会における相互承認の可能性について,理論的な考察を試みるということでもある.

6 連帯と承認をめぐる弁証法

混合福祉・福祉多元主義を超えて

これまで,福祉国家および福祉社会に関する理論史,および,それを踏まえたうえで,私たちが,現在,福祉国家および福祉社会を論じるにあたって,どのような地平にまでたどりついているか,といった点について示してきた.こうした新しい地平に立ったうえで,「福祉国家から福祉社会へ」ではなく,冒頭の問題設定のような「福祉国家と福祉社会の協働」の可能性について考えてみよう.

従来,福祉国家と福祉社会との関係を扱った理論としては,混合福祉(welfare mix)論や福祉多元主義(welfare pluralism)が支配的だった(Rose and Shiratori, 1986;Johnson, 1987).これらの理論は,両者の協働の可能性を開いたという点で評価できるものの,以下の2点において限界があったように思われる.

第1に，これらの理論は，通常，社会サービスの供給に焦点を当てており，福祉国家の給付国家としての側面に注目する．このため福祉社会は，社会サービスの供給部門の1つとしてのみとらえられる傾向にあった．民間非営利団体や市民団体のアドボカシー機能が強調されることもないわけではないが，通常，それらは「法定部門」(statutory sector) ないし「市場部門」と同列の「民間非営利部門」(voluntary sector) として把握されるにすぎない．

　しかし福祉国家には規制国家としての側面がある．従来の社会科学的な研究のなかでは，この側面は軽視される傾向にあったが，福祉国家研究の新しい段階においては，この点を無視すべきではない．福祉国家と福祉社会の協働について考える場合にも，福祉国家のこの側面に対応した福祉社会の機能（たとえば福祉社会における権利擁護活動や環境保護のための3R (Reduce, Reuse, Recycle) など）についても十分な注意を払わなければならないだろう．

　第2に，混合福祉や福祉多元主義の理論は，どちらかというと，静態的であり非弁証法的である．これは，これらの理論が社会サービスの供給に議論の焦点を当てていたということの反映であろう．福祉社会は社会サービスの資源を福祉国家から独立に調達することが困難であり，この面で福祉国家に依存しがちであったことは否みがたい．このため両者の協働は，どちらかというと予定調和的であった．

　しかし，福祉国家と福祉社会は，単に協力の関係に立ちうるだけでなく，対立の関係に立ちうるということにも注意すべきである．とりわけ協働との関係でいえば，福祉国家と福祉社会が，従来，社会学のなかで主題化されてきた「対抗的相補的」ないし「相補的対抗的」な関係を形成する可能性のあることを知っておくべきである（梶田，1988）．その意味で，両者の協働は，動態的かつ弁証法的にとらえられるべきであろう．

再分配と連帯

　福祉国家と福祉社会の協働を考える場合には，何のための協働かという点を明らかにしておかなければならない．言い換えると，そこで実現されるべき価値が明らかになっていなければならない．こうした価値についてアプリ

オリに設定することも可能であるが，ここでは，現実に存在する諸制度が暗黙のうちに前提としている価値が何であるのかということを探ることによって，そうした価値を探究してみたいと思う．

　福祉社会がたえず福祉国家との関連で問題とされてきたという点に鑑みて，ここでは，まず現に存在する福祉国家の諸制度から，そうした諸制度が前提とする諸価値へと下向し、そのうえで，そうした諸価値を出発点としながら，福祉国家と福祉社会の協働といった問題へ上向するという方法を採用する．

　給付国家としての福祉国家は，社会保障や累進税制を有している．これらの諸制度は広い意味での資源の再分配の制度である．現実の再分配効果については疑問が呈されることもあるが，一般に，これらの再分配は個人間の平等化を推進するものだと考えられている．また，マクロの水準では，税制をつうじて，豊かな地域から貧しい地域への資源の移転が行われている．これは地域間の格差の是正である．

　再分配は累進的なそれも逆進的なそれも想定することができる．しかし再分配が規範的な文脈で考えられる場合，それはつねに相対的にみて資源に余裕のある主体から，何らかの資源を必要とする主体に対して行われる資源の移転である．このような資源の移転が正当化されるのは，資源を提供する主体も，資源を受け取る主体も，同じコミュニティの正式な構成員であると考えられており，正式な構成員のあいだでは相互に援助しあわなければならない，と考えられてきたからである．連帯を，仮に，共通の利害や理念に基づいた共同行為であると定義するならば，再分配の諸制度のもとで前提されているのは連帯といった価値だ，ということになる．

　私たちは，通常，連帯を抽象的にとらえて，現実から切り離された理念として受け止めがちである．しかし連帯は宙に浮いているのではなくて，再分配の諸制度のなかに現実化されていることに気づくべきである．税金や社会保険料はある意味で連帯の証である．しかしこのことは，これらをいわゆる「国民負担」として受忍せよということを意味するのではない．連帯といった価値に照らして，これらのあり方を吟味する習慣を身につけるべきだということを意味するのである．

社会規制と相互承認

　また規制国家としての福祉国家は，労働基準法をはじめとして各種の規制立法を制定している．社会的マイノリティに対する差別を禁止するために，特別の立法措置がとられる場合もある．さらに，これらの立法の大前提として，基本的人権の保障を宣言した憲法を有する国々は多い．さらにまた，これらの諸規制は，歴史的には，フランスの人権宣言やアメリカ独立宣言にまで遡ることができる．

　福祉国家はこれらの諸規制をつうじて何をしようとしているのであろうか．それは，これらの規制なしでは，達成することの困難な承認ないし相互承認の行われるべき場の確保である（Honneth, 1992）．基本的人権の保障は，市民間の対等性の確認であり，これによって市民間の相互承認の可能性が開かれることになる．また，差別禁止立法は，基本的人権の保障にもかかわらず生じる「歪められた承認」（misrecognition）を是正するための措置である（Gutmann, ed., 1992；山森，1998）．

　福祉国家は，このほかにも，さまざまな社会規制を実施している．たとえば労働や土地など擬制商品の商品化の限界に対応するため労働基準政策や空間利用計画が実施される場合がある．また市場の失敗に対応するため環境保護や公衆衛生に関する規制が実施されることもある．これらは一見すると承認とは関係ないようにみえるかもしれない．しかし商品化の限界や市場の失敗といった地点から，さらに下向するならば，これらもまた承認や相互承認の問題と深くかかわっていることがわかる．際限のない商品化や市場の失敗の放置は，市民間の承認の妨げとなるからである．

　このように考えてくると，福祉国家の諸制度の基底には連帯と承認という2つの価値が存在することがわかる．しかし，このことは給付国家としての福祉国家が連帯のみに由来するとか，規制国家としての福祉国家が承認のみに由来するということを意味するわけではない．給付的施策が承認の問題と関係することはあるだろうし（たとえば positive discrimination），規制的施策が連帯の問題と関係することもあるだろう（たとえば労働組合法）．その意味で，給付と連帯との関係，規制と承認との関係は，論理的必然ではなくて，「選択的親和性」（Wahlverwandtschaft）の問題である．あるいは，こ

うした下向の過程は，上向へと反転するための発見学的な作業である．
　さて，私たちは，連帯と承認が福祉国家の諸制度の基底によこたわる価値である，ということを認識できる地点にまでたどりついた．このことはひるがえって福祉国家と福祉社会の協働は，これら2つの価値の実現をはかるためのものでなければならない，ということを意味するだろう．最後に，こうした連帯と承認が，福祉国家と福祉社会のなかでどのように具体化されるべきかといった点について考えて終わりたい．

福祉国家と福祉社会の協働の可能性

　すでに述べたように，こんにちの福祉国家と福祉社会は，グローバル化の影響にさらされている．このため連帯と承認の実現をめざすためには，グローバルな水準で解決をはからなければならない課題群が存在する．と同時に，多くの人びとから指摘されてきたように，ローカルなレベルでなければ解決のできない課題群も存在する．したがって連帯と承認をめぐる福祉国家と福祉社会の弁証法は，ローカル・ナショナル・グローバルといった3つの水準で考えていかなければならない．

　表1-1は，これらの課題群を整理するために作成したものである．論理的には連帯・承認と福祉国家・福祉社会の組み合わせが，グローバル・ナショナル・ローカルといった3つの水準で存在するわけであるから，2×2×3で，12の課題群が存在することになる．ここでは，ひとつにはこれら12をすべて取り上げる余裕がないという便宜的な理由から，また，ひとつには理論的または実践的な意味において，現時点でとりわけ重要だと思われる課題群であるという理由から，4つのセルについて例示するにとどめたい．

　承認という観点からみると，ナショナルな水準での福祉国家と福祉社会との協働がとりわけ重要な意味をもってくる（③④）．とくに日本社会の場合，セクシズムやエイジズムに関する規制的な措置の遅れは明らかであり，福祉国家が果たさなければならない役割は大きい．また，こうした福祉国家の仕事は福祉社会の側の支持があってはじめて可能となる．

　こうした承認をめぐる課題群のなかで，こんにちの時点において新たな課題としてとりわけ着目しなければならないのは，ディスアビリティとセクシ

表1-1 福祉国家と福祉社会の協働の可能性

		承認	連帯
グローバル	福祉国家	①	⑦
	福祉社会	②	⑧
ナショナル	福祉国家	③	⑨
	福祉社会	④	⑩
ローカル	福祉国家	⑤	⑪
	福祉社会	⑥	⑫

ュアリティに由来する「歪められた承認」の問題である．階級，ジェンダー，エスニシティに由来する「歪められた承認」の問題については，社会科学の世界では，80年代から90年代にかけて理論的な検討が一定程度なされてきた．しかしディスアビリティやセクシュアリティに関しては，まだ，十分な理論的検討が行われているとはいえない．これらの課題は，ようやく理論的解明の緒に就いたばかりであり，21世紀初頭のこんにち取り組まれるべき課題として残されたままである．また，実践的な課題としてみた場合にも，ディスアビリティとセクシュアリティは，とりわけ対応の遅れた領域である．日本社会では，精神障害者に対する差別（able-bodiedism）やホモフォビアが，マスメディアをはじめとして社会の隅々にまで広がっている．問題解決はおろか，問題として認識すらされていない，というのが実情である．

　連帯の観点からみた場合はナショナルな水準よりもグローバルな水準やローカルな水準における課題群が，より現代的な意味をもっているように思われる．これは福祉国家がこれまで国民国家としてのみ存在してきた，ということと関係しているだろう．グローバルな水準でみると，グローバルな社会政策の確立といったことが，新たな課題である（⑦）．国際的な所得再分配は，福祉国民国家的思考法のなかでは，問題として認識されてこなかったが，連帯といった価値を出発点とした場合，それは避けて通れない問題である（3章を参照）．ローカルな水準でみると，福祉社会による社会サービスの供給といったことが，21世紀初頭における福祉国家と福祉社会の協働にとっての課題だといえるのではないだろうか（⑫）．日本では，介護保険の導入

によって，ローカルな水準で，福祉サービスに関する準市場的状況が成立した．ところが，これまでのところそこに参入しているのは，準国家機関的な旧来の社会福祉法人である場合が多い．パターナリズムやインフレキシビリティの問題を解決するためにも，この水準において，福祉社会の生成が期待されるのである（武川，2006a）．

　本章では，福祉国家と福祉社会をめぐる理論史のサーベイと評価，それぞれにおける現代的課題を示してきた．そのうえで，福祉国家と福祉社会の協働という立場に立ったときに，社会政策研究が理論的かつ実践的に取り上げるべき課題群を例示した．ここでは，まだ問題の端緒を示したにすぎない．これらの本格的な探究が，今後の課題である．

1) ウィレンスキーのパラダイムのもとでも政治的な変数を導入したモデルの構築が試みられたが，その場合でも，階級というマクロの行為主体への言及はまれであった．
2) もっとも中国と韓国が急速な経済成長を遂げつつある今日，日・米・欧というよりは，東アジア・北米・EUと言いかえた方がよいかもしれない．
3) これらは，6章で問題とするような福祉オリエンタリズムの構成要素である．
4) 当時の社会保障研究所の所長だった福武直は，「活力ある福祉社会」論や「日本型福祉社会」論に危惧を抱いて，臨調の専門委員の就任を拒否した．
5) 私は90年代後半に『福祉社会事典』（弘文堂，1999年）の編集に携わったことがあるが，80年代前半だったら，そのような仕事をする気にはなれなかっただろう．私自身もかつては福祉社会論に対する警戒感をもっていたからだ．そうしたこだわりから解放されるため10年の日時を要したわけである．
6) 広義の福祉と狭義の福祉との区別については，武川（2001）を参照．

2章
福祉レジーム間のヘゲモニー競争

1 福祉国家の危機と繁栄の 1980 年代

　1980年代の初頭,「福祉国家の危機」が政治的スローガンとして叫ばれた. 実際の福祉国家は危機のあと解体へと向かったのではなく, むしろ危機を発条(バネ)として再編への道を歩んだ(武川, 1999a：chap. 2). 本章は, 80年代の再編を経た福祉国家が, 90年代という次の10年間に, さらにどのような変化を遂げたのか, あるいは遂げなかったのか, という点について検討し, 次いで, 21世紀初頭における福祉国家の展望を試みる.

　最初に, 福祉国家という視点からみた1980年代像を示し, 次に, それを踏まえて1990年代の福祉国家がどのような変化に遭遇したかを検討し, 最後に, グローバル化との関係で, 21世紀初頭の現在, 福祉国家がどのような位置に置かれているかということについて, 1つの解釈を示すことにしたい.

1980 年と 1988 年

　1980年代は1980年と1988年という2つの年によって特徴づけることができる.

　1980年は, OECDが「1980年代の社会政策に関する会議」を開催した年であり, その翌年に, この会議の報告書が『福祉国家の危機』として刊行された (OECD, 1981). この表題は, 当時の時代的雰囲気を示しており, 80年代前半には福祉国家の危機論が国際的な広がりを見せた. ところが80年

代の半ば以降，こうした危機論は急速に影響力を失う．

　1988年はカナダのトロントで先進国首脳会議が開催された年である．このときの経済宣言のなかに示された世界経済に関する認識は，1980年のOECDの会議におけるものと大きく異なっている．同宣言によると，70年代はスタグフレーションのなかで世界経済にとって失敗の時代であったのに対し，80年代はインフレを収束させ持続的な成長を維持した成功の時代であった．

　この2つの年のあいだに何が生じたか．この間の変化が，80年代という時代の特徴を物語っている．

3つの実験

　1980年のOECDの会議に結実するような危機的状況のなかで，ヨーロッパの福祉国家諸国は，そこから脱出するための代替モデルを模索した．そのなかから，(1)新保守主義，(2)新ケインズ主義，(3)ネオ・コーポラティズム，といった3つの代替戦略が擡頭した．これらの3つは構想に終わっただけでなく，現実の政府によって実験に移されたという点で，重要な意味をもっている．

　新保守主義の戦略はイギリスのサッチャー政権の下で追求され，しばしば「ニューライト」と呼ばれた戦略であった[1]．エスピン＝アンデルセンの福祉（国家）レジーム論のなかでいうと，自由主義レジームにおける再編戦略であった．そこでは経済政策と社会政策の双方の世界で民営化（プライバタイゼーション）が断行され，市場の規律の復活がはかられた．その結果，80年代の後半になると，イギリス経済の状況が回復した（武川，1999a：chap. 2）．

　これに対して，新ケインズ主義の戦略はフランスのミッテラン社会主義政権の下で追求された．それはエスピン＝アンデルセンのいう保守主義レジームにおける再編戦略である．同政権はサッチャー政権とほぼ同じ時期に成立したが，対岸の政府とはまったく異なった政策によって危機を乗り切ろうとした．怠惰な資本家の代わりに政府が積極的に経済に介入して，有効需要の創出をはかるというのが，この戦略の骨子だった．しかし資本の国外逃避によって，フランス政府は数年でこの戦略の追求を断念した（同前：chap. 2）．

ネオ・コーポラティズムの戦略は，スウェーデンをはじめとする北欧諸国で追求された．それはエスピン＝アンデルセンのいう社会民主主義レジームにおける再編戦略であった．貿易依存度の高いこれらの国々は，労働コストを引き下げて国際競争力を強化するため，政労使の合意の下で所得政策を実施した．と同時に，労働階級に対しては，その支持を取り付けるために，社会政策の充実を約束した．80年代におけるスウェーデン経済は，OECD諸国のなかでは良好な成績をあげた（同前：chap. 2）．

1980年代の教訓

1980年代におけるこれら3つの実験は，福祉国家にとって何が可能であり何が可能でないか，ということを浮き彫りにした．イギリスおよびスウェーデンにおける成功とフランスにおける失敗とは，始まりつつあったグローバル化に適応できた戦略が成功し，適応できなかった戦略が失敗したことを意味する（本書3章を参照）．これはまた，80年代における保守主義レジームの，福祉レジーム間のヘゲモニー競争からの撤退を意味する[2]．

グローバル化への適応が福祉国家の存続にとっての試金石だということを，この当時から理解していたひとは少なかったと思われる．しかし，グローバル化がさらに進んで20年以上を経過したこんにちの時点から振り返ってみると，このことは，歴史の後知恵だとはいえ，容易に理解することができる．

いずれにせよ1980年代の実験から私たちが学んだことは，グローバル化以前のいわゆる「ケインズ主義福祉国家」（KWS）は，大幅な修正を施さない限り，もはや存続することができない，ということだった．そして，新保守主義とネオ・コーポラティズムという2つの戦略が一定の成功を収めたということだった．それでは，これら2つの戦略は90年代に入ってから，それぞれどのような道をたどったのだろうか．

2 1990年代の新保守主義戦略

サッチャーなきサッチャー時代

最初に，新保守主義戦略についてみておこう．

1980年代のイギリスは「サッチャーの時代」であり,彼女の強力なリーダーシップの下で大胆な公共政策が打ち出された.しかし,それまで高い支持率を誇ってきた彼女も,地方税を固定資産税から人頭税に切り替えたことをきっかけにして支持率を急速に低下させ,80年代末ついに退陣を余儀なくされた.

彼女の跡を継いだメージャー政権は,国民に不人気な人頭税をただちに廃止し,行政サービスの利用に関する住民の発言権の拡大をねらった市民憲章(Citizen's Charter)を制定した.こうしたサッチャー時代との相違を打ち出そうとした政策のため,メージャー政権について「人間の顔をしたサッチャリズム」と形容する者が出た.しかし,80年代にサッチャーによって導入された経済政策や社会政策に関する基本的枠組は,90年代のメージャー政権になってからも受け継がれた.その意味で,メージャー時代は「人間の顔をしたサッチャリズム」の時代というよりは,「サッチャーなきサッチャー時代」だったということができる.

人間の顔をしたサッチャリズムと「第3の道」

イギリスでは,1997年になるとブレアの率いる新しい労働党が政権に就く.労働党は,保守党を徹底的に批判しながら選挙を戦っており,保守党のように福祉国家を民営化するのではなくて,福祉国家を近代化することが肝要だとの主張を繰り返した.たとえば医療政策についてみてみると,労働党は,保守党が導入した「内部市場」の廃止を選挙公約として掲げた.

また新しい労働党の政策体系の背後には,社会学者ギデンズの提唱した「第3の道」という考え方が存在する(Giddens, 1998).それは,KWSの伝統的な社会民主主義とも,市場原理主義に立脚するサッチャリズムとも異なる新しい道を進もうとしたものである.「第3の道」を提唱する新しい労働党の登場によって,新保守主義の戦略は変更を余儀なくされたとの見方もありうる.

新しい労働党の政策は,80年代までの労働党の政策とは異なる.80年代初頭の労働党は,サッチャー政府が公営住宅の払い下げを断行したとき,激しく抵抗した.年金改革において,SERPS (State Earnings Related Pension

Scheme）という公的年金の所得比例部分の切り下げが行われたときも同様である．しかし新しい労働党がこれらの変更を元に戻すということはなかった．その意味で，新しい労働党は，KWS のような伝統的社会民主主義からの訣別をはかったと言える．

しかし，これとまったく同じ意味において，新しい労働党の「第3の道」がサッチャリズムからの訣別をはかったとは言えない．むしろ80年代から90年代の前半にかけて形成された社会政策の枠組の骨格は，「第3の道」の下においても踏襲された．もちろん教育の重視や弱者への配慮など，従前の政府とは異なる政策もあるが，それらはニュアンスの相違という程度のものである．「人間の顔をしたサッチャリズム」という形容が当てはまるのは，メージャーに対してというよりはブレアの方に対してであった（武川，1999a：chap. 3）．

キャラハン＝ブレア時代と新保守主義戦略

新しい労働党の登場によっても社会政策の基本的な枠組が大きく変化しなかったという点で，1980年代から90年代にかけてのイギリスは「サッチャー＝メージャー時代」として総括することができる．しかしこの時代を「キャラハン＝ブレア時代」として総括することもできる．というのは，次のような理由からである．

金子勝は，サッチャーの前任者である労働党のキャラハン政権の政策を「疑似マネタリズム」と特徴づけているが，金子の主張を受け入れるとするならば，サッチャリズムはサッチャー以前にすでに始まっていたことになる（金子，1989）．サッチャリズムは旧労働党のキャラハンによって開始され，サッチャーとメージャーによって発展され，新しい労働党のブレアによって継承されたという意味で，それはキャラハンの時代からブレアの時代を貫く教説であった．

イギリスは1990年代に2度の政権交代を経験した．しかし，それにもかかわらず，80年代の新保守主義戦略は継続された．90年代の初頭，イギリス経済は，一時，リセッションに見舞われるが，保守主義レジームの大陸諸国と比べるならば，90年代も概して経済的に良好な成果を維持した．80年

代の新保守主義戦略は，引き続き 90 年代にも一定の成功を収めたと考えることができる．

アメリカの復活とアメリカ型福祉国家

1990 年代における新保守主義戦略のヘゲモニー競争における位置を考える場合に見逃すことのできないのは，アメリカの存在が大きくなったということであろう．

1980 年代以前の福祉国家研究のなかで，アメリカは日本とともに福祉国家としては例外の位置にあった．ヨーロッパ中心の福祉国家研究のなかでは，アメリカが福祉国家として正面から取り上げられることは少なかった．社会支出の少なさから，そもそもアメリカは福祉国家かということが論争の的となったのである（42 ページを参照）．

また，80 年代には，それまでの覇権国アメリカの経済的凋落が取りざたされた．自由主義レジームのアメリカは，今から考えると信じがたいことだが，保守主義レジームのドイツや日本に経済的に取って代わられるのではないかとさえ言われた．この点も，従来の福祉国家研究のなかで，アメリカが重視されてこなかった理由だろう．

ところが 90 年代に入ってから，福祉国家の研究に対してもつアメリカの意味が大きく変わる．

第 1 に，国際政治のなかで，覇権国としてのアメリカの地位が著しく高くなった．80 年代に冷戦構造が終了し，その後に続く東欧革命やソビエト連邦の崩壊によって，アメリカと覇権を争う国が国際政治の舞台から退場してしまった．

第 2 に，世界経済に占めるアメリカの地位が著しく上昇した．80 年代には，自動車や半導体などの重要産業において「日米逆転」が生じたが，90年代には，「日米再逆転」が生じた．失業率でさえ，逆転した．

第 3 は，規制国家としての福祉国家という視点に立ったときのアメリカの位置である．従来，福祉国家は社会支出の規模によって測定されることが多く，そうした測定方法を採用するかぎり，福祉国家としてのアメリカはヨーロッパ諸国に比べると未発達であった．しかし社会的規制という観点に立つ

とき，1章で指摘したように，福祉国家としてのアメリカの様相は異なってくる．アメリカは，年齢差別の禁止，男女の雇用機会の均等，障害をもつひとの平等待遇などの点においては，最も先進的な福祉国家の1つだということができるからである（42ページを参照）．

3　1990年代のネオ・コーポラティズム戦略

政労使体制の終焉

このように1980年代の新保守主義戦略は，イギリス経済の好調とアメリカ経済の復活に支えられて90年代においても存続した．それでは，ネオ・コーポラティズム戦略の方はどうだったろうか．次にこの点について検討したいが，結論を先取りすると，新保守主義戦略と異なり，ネオ・コーポラティズム戦略は90年代に入ってからヘゲモニー競争のなかで相当な苦境に追い込まれた，と言わねばならない．

1980年代に良好な成果をあげたスウェーデン経済は，90年代に入ってからかつての輝きを失った．それまで完全雇用に近い状況で推移してきた失業率が，ヨーロッパの大陸諸国と同程度の水準くらいにまで跳ね上がってしまった．

また，ネオ・コーポラティズム戦略の重要な柱であったスウェーデンの政治システムが，90年代に入ってから非常に不安定なものとなったことも見逃せない．社会民主党が選挙に敗退して野に下り，また，その後の選挙で返り咲く，というように小刻みな政権交代が生じた．それ以上に重要なことは，スウェーデンの社会経済政策が前提としていた政労使体制（tripartism）の意思決定方式が崩壊してしまったということである．

1980年代のネオ・コーポラティズム戦略において，所得政策が可能であったのは，政労使による比較的強固な意思決定が存在したからであるが，90年代に入ると，政労使の円卓会議から使用者団体が退席してしまった（宮本，1999）．このためスウェーデンでは，かつてのような労使の痛み分けによる政策運営が困難となった．

政策の決定方法の変化は政策の内容の変化へとつながる．80年代には，

所得政策の受け入れを代償として社会政策の充実を確保することができたが，90年代にはスウェーデンでもそうした方策を採ることが不可能となり，社会保障給付の水準の切り下げや各種補助金の削減などが行われるようになった．社会政策の基調は明らかに抑制へと変化した．

サービス化とポストフォーディズム

ネオ・コーポラティズム戦略が90年代に行き詰まったのはなぜだろうか．俗耳に入りやすい説明は，「福祉国家は必ず破産する」という憶見に立脚する三段論法である．福祉国家は破産する，スウェーデンは福祉国家である，よって，スウェーデンは破産するというわけである．

この種の議論は，福祉国家の危機の以前から繰り返されてきており，スウェーデンが政権交代をしたり，社会経済政策を変化させたりするたびに頭をもたげてきた．しかし80年代までのスウェーデンは，他の先進諸国に比べて良好な経済成果を維持してきており，こうした俗説は，90年代におけるネオ・コーポラティズム戦略の行き詰まりを説明しない．説明は他のところに求めなければならない．

ネオ・コーポラティズム戦略の可能性を閉ざした社会変動のひとつは，経済のサービス化である．ネオ・コーポラティズムは中央集権的であるとともに協調的な労使関係によって支えられてきたが，そうした労使関係の安定的な成立が可能となったのは，当時，製造業部門の大企業が，産業構造の基幹部分を占めていたからである．労働の側は強力なナショナルセンターに組織され，これに対応して，資本の側も全国的に組織されていた．ここでは総資本と総労働が実体として存在し，両者の間の交渉とそこで形成された合意が，社会の全体を左右した．

ところが経済のサービス化は，ネオ・コーポラティズムのこうした支柱を突き崩す．サービス業の労働者は，一般に，大規模製造業の労働者に比べて組織化が困難である．サービス業は各事業所の規模が小さく，労働者の存在は分散的であるからだ．また，サービス労働者の拡大は女性労働者の新規参入によってもたらされたが，家父長制的福祉資本主義の下で，女性労働は男性労働の劣位に立たざるをえず，組織化の可能性は小さなものとなる．サー

ビス化はネオ・コーポラティズムが前提とする労働の組織を弱体化するのである．

ところでネオ・コーポラティズムは，レギュラシオン派いうところのフォーディズムと親和的な体制である．大量生産大量消費の体制は，労働の組織化にとって機能的である．ところが20世紀後半は，一般に，フォーディズムの終焉とポストフォーディズムへの移行によって特徴づけられる．こうした現象は，ネオ・コーポラティズムの存在にとって逆機能的である．

ポストフォーディズムは各種の柔軟性の追求によって特徴づけられる．これに対してネオ・コーポラティズムは，重厚長大型の産業構造と深く結びついている．両者が前提する社会構造はそれぞれ異なっており，両立することが困難である．

グローバル化と政労使体制

ネオ・コーポラティズム戦略の可能性を閉ざしたもうひとつの社会変動は，グローバル化である．サービス化が労働の交渉力を低下させたとすると，グローバル化は政労使の円卓会議にのぞむ資本の態度を変化させた．グローバル化は，資本のネオ・コーポラティズムからの「退出」（exit）を容易にするからである．

ネオ・コーポラティズム戦略を採用した国々は，もともと貿易依存度が高く，その意味では，今日的な意味でのグローバル化が80年代に開始する以前から，すでにグローバル化していたとも言える．しかし80年代のグローバル化は，今日の基準から見ればまだ不十分であり，国民経済の枠組を相対的に維持することが可能だった．また，自由貿易を国是としながらも，変動相場制を維持することのできた80年代スウェーデンに特殊な事情もある．このため政府は，国民経済の枠組のなかで経済政策や社会政策を管理することができたのである．

ところが，1990年代になると，グローバル化はそうした臨界点を超える．資本の国境を越えた移動はさらに容易となった．自動車業界に限ってみても，1994年にはドイツのBMWがイギリスのローバーを買収し，1998年には，ドイツのダイムラー・ベンツがアメリカのクライスラーと合併した（ただし

2007年に合併を解消した）．スウェーデンも例外ではなく，1999年には，ボルボ社の乗用車部門がアメリカのフォード社に買収された．

これら一連の動きは，資本が国境を越えただけでなく，労使関係も国境を越えたことを意味する．政労使の円卓会議において，労使双方の当事者能力は著しく制限されることになるだろう．グローバルな水準においてならともかく，一国単位のネオ・コーポラティズムは，ここにきて成立が困難となった．

過渡期としての1980年代

前節と本節において検討してきたことを要約すると，1980年代には，新保守主義戦略とネオ・コーポラティズム戦略が存在し，それぞれ一定の成果をあげることができた．ところが90年代に入ってから，新保守主義戦略の方は存続しているものの，ネオ・コーポラティズム戦略の方は後退を余儀なくされた，ということである．

これら2つの戦略は新ケインズ主義戦略と異なり，グローバル化に適応することができたからこそ，80年代において一定の成果をあげることが可能だったのであるが，グローバル化が次の局面に達したとき，両者は明暗を分かつことになった．ネオ・コーポラティズム戦略の成功は80年代という（いまから考えると）過渡的な状況のなかではじめて可能となったのであり，その意味では，この戦略の成功もまた過渡的なものだったのかもしれない．

これは，新保守主義戦略，あるいは，自由主義レジームのいわゆる「一人勝ち」を意味するのだろうか．この点についての検討を次節で行いたい．

4　英米モデルと欧州モデルの生成

欧州統合と「社会的ヨーロッパ」

1980年代に始まったグローバル化の時代は，ヨーロッパ大陸における地域統合の時代でもあった．このコンテクストのなかで福祉国家のありかたを考えると，2節と3節で検討した状況も，少し違ったように見えてくる．新保守主義戦略に立脚する「英米モデル」と，「EUモデル」ないし「欧州モ

デル」の90年代における対抗関係が浮かび上がってくるからだ．

　欧州統合は第一次的には経済統合だった．こんにちのEUの出発点は，1952年の欧州石炭鉄鋼共同体（ECSC）の成立であるが，これはまさに欧州における経済統合の第一歩である．その後の欧州経済共同体（EEC）の設立や，これの1960年代におけるECへの拡大・発展も同様である．80年代には，加盟国間で欧州単一市場の形成についての合意が得られたが，その背後には，アメリカや日本への economic な対抗の意図があった．

　1992年に調印されたマーストリヒト条約によって，1993年にEUが発足し，単一市場の実現のため，単一通貨導入への準備が始まった．通貨統合へ参加しようとする国に対しては，(1)消費者物価上昇率，(2)長期金利，(3)財政赤字の対GDP比率，(4)政府債務残高の対GDP比率，(5)為替の安定，といった「経済収斂基準」が課された．このため加盟国の財政支出は抑制基調となり，各国の社会政策は通貨統合から多大な影響を受けた．フランスでは，1995年，経済収斂基準をみたすために計画された社会保障の切り下げに対して，労働者はゼネストで反対した．ゼネストは長期化し，「社会危機」の様相を強めた．

　しかし欧州統合には別の側面もあった．マーストリスト条約やアムステルダム条約などを通じて，「社会的ヨーロッパ」（Social Europe）の形成が追求されたからである．それは，直接には域内の労働移動の障壁を取り除き，労働市場の単一化をはかるためのものであったから，経済統合の副産物である．しかし「社会的ヨーロッパ」はEU内における社会政策や労働条件の共通化をもたらし，共通社会政策の基準を下回っていた国々の社会政策の水準を引き上げた．こうした「社会的ヨーロッパ」の象徴が，社会憲章の制定だった．

共通社会政策の意義

　共通社会政策の形成に見られる「社会的ヨーロッパ」に対しては，その範囲が限定的であるため，実効性に乏しいとの悲観的な見方もありうる（下平，1994）．しかし他方で，そこに「ヨーロッパ市民権」や「ヨーロッパ福祉国家」の成立を見ようとする人びともいる．悲観説・楽観説のいずれが正しい

かの結論を出すことは現時点ではむずかしいが、少なくとも次の2点には注意しておいてよい．

ひとつは、「社会的ヨーロッパ」の影響は、EUの中心国に対してはともかく、周辺国に対しては相当大きいということである．たとえばアイルランドは、EUの介入によって男女の雇用機会が均等化し、女性の社会的地位が向上したといわれる．これは脱ジェンダー化の一定の進展であり、「社会的ヨーロッパ」は、アイルランドでは社会的市民権の拡大をもたらした．

他の1つは、「社会的ヨーロッパ」や共通社会政策の推進が、ソーシャル・ダンピング論の議論を前提にしているという点である．アイルランドの女性の地位が上昇するというのは、ある意味では、競争条件を均等化するために中心国が周辺国に社会政策を押しつけたことの結果である．しかし、そうであるからこそ、共通社会政策の推進は、きわめて現実的であるとも言えるわけである．労働の利害だけでなく、資本の利害とも一致している社会政策は強力である．

代替案としての欧州モデル

マーストリヒト条約の交渉のとき、イギリスのサッチャーは、社会憲章の調印を頑なに拒否した．このことからもわかるように、「社会的ヨーロッパ」の形成と新保守主義戦略とを両立させることはむずかしい．両者のベクトルは、労働市場の規制や社会保障の給付において、異なる方角を向いている．

サッチャーは、社会憲章について「裏口から社会主義を入れるようなものだ」と言ったと伝えられている．「社会的ヨーロッパ」の中心的な推進力がドイツやフランスの左派勢力であったという意味で彼女の発言は正しい．しかし、それはことがらの半面である．「社会的ヨーロッパ」の内実は、大陸諸国の福祉資本主義の社会政策にあるからだ．その意味では、裏口から入ってくるのは、社会主義ではなくて、ドイツやフランスの保守主義であったとも言える．

グローバル化の新たな局面において、社会民主主義レジームのネオ・コーポラティズム戦略は凋落してしまったが、ヨーロッパの地域統合のなかで、保守主義レジームによる「社会的ヨーロッパ」の戦略が頭をもたげてきてお

り，これが自由主義レジームの新保守主義戦略と対抗関係を形成した，ということが90年代の福祉国家をめぐる状況だったのではないだろうか．

欧州モデルの可能性

それでは，こうした欧州モデルには，どれくらいの存続可能性があるのだろうか．これにも楽観論と悲観論とがある．

楽観論の根拠は，EUの市場規模の大きさである．統一通貨のユーロを採用しているユーロランドは，人口が約3億人，GDPが約6兆ドルを超える．これは，日本はもちろん，アメリカと比べても互角かそれ以上の経済規模をもつ単一市場である．そこで採用される社会政策の体系が世界標準にならないということがあるだろうか．少なくとも，EUの社会政策が他国からの干渉を受ける可能性は少ないだろう．

悲観論の根拠は，ユーロランドがアメリカ化してしまうかもしれない，ということである．ダイムラー・ベンツは，クライスラーと合併することで，EU内の規制から半ば自由となることができた．共同決定などもこれまでのように重視する必要がなくなるかもしれない．グローバル化によって地域を越えた資本の移動が容易となっているため，ヨーロッパの企業もアメリカ化してしまうかもしれない．そうなると，欧州モデルの成立する余地は狭くなる．

5 英米モデルと欧州モデルのヘゲモニー競争

2つの10年間

以上は，福祉国家をめぐる80年代から90年代にいたる状況の変化に関する1つの解釈である．要約しておこう．

福祉国家の危機が叫ばれた1980年前後はグローバル化の初期の局面であり，「危機」から抜け出すため，自由主義レジームのイギリスでは新保守主義戦略が，保守主義レジームのフランスでは新ケインズ主義戦略が，社会民主主義レジームのスウェーデンではネオ・コーポラティズム戦略が追求された．このうち1番目と3番目はグローバル化に適応して成功したが，2番目

は適応できず失敗に終わった．

1990年代にグローバル化が次の局面に入ってからも新保守主義戦略は順調に継続されたのに対して，ネオ・コーポラティズム戦略の方は新しい局面に適応することができずに後退を余儀なくされた．このため福祉国家のヘゲモニー競争において，80年代のような新保守主義戦略・対・ネオ・コーポラティズム戦略という図式は消滅した．

しかし90年代のヨーロッパ大陸は，サブ・グローバル化ともいうべきリージョン化，あるいは地域統合が進んだ時代である．EUが発足し，通貨統合が計画された．こうした欧州統合の過程で，保守主義レジームを母胎としたEUモデルが擡頭し，これが自由主義レジームの英米モデルとの対抗関係に入った．その意味で80年代とは異なる対抗図式が生成された．

こうした解釈を前提とするとき，21世紀初頭の福祉国家は，どのような展望の下に置かれるのだろうか．最後にこの点について考えてみたい．

収斂と分岐

福祉国家に関する研究の歴史のなかでは「収斂か分岐か」ということが，1つの重要なテーマであった．英米モデルと欧州モデルのヘゲモニー競争も，この問題系のなかでとらえなおすことができる．収斂の傾向が著しく顕著であるならば，英米モデルと欧州モデルのいずれかが優位に立つことになるであろう．また，分岐の傾向が著しく顕著であるならば，福祉国家のありかたは一国単位で異なってくる．また，収斂と分岐の傾向が均衡し，英米モデルと欧州モデルに二極化するということも考えられる．

現在の福祉国家が抱える様々な問題を解決するための処方箋は，論理的には多様であるから，福祉国家には，権利上，分岐の可能性がある．たとえば労働市場の柔軟性をどう確保するかといった課題についても，一方で，規制撤廃ないし規制緩和の方向での解決行動がありうるが，他方で，正規雇用と差別のない短時間労働の組み合わせによる解決行動もありうる．

ところが現実の各国の政治場面では，国内外の様々な利害に基づく，国内外からの様々な力が交錯しており，各国政府は任意の問題解決行動を選択できるわけではない．採用可能な公共政策の選択の幅は，事実上，限られてい

る．こんにち公共政策の選択の幅を狭める要因として最大のものがグローバル化である．各国政府はグローバル化への適応を迫られ，これに抵触する政策に対しては，国内政策といえども選択の自由を持ちえない．

したがって問題は，現実には，どこまで収斂し，どこまで分岐するか，ということになるだろう．

かつての収斂理論は産業化の論理に基づいて提唱されたが（Wilensky, 1975；下平, 1985），今日の収斂理論はグローバル化の論理に基づいて提唱される[3]．グローバル化はグローバル資本主義の勝利であり，グローバル資本主義とはアメリカ資本主義に他ならないから，グローバル化によって福祉国家も英米モデルに収斂せざるをえないというわけである．その意味で，グローバル化は収斂圧力である．

しかし他方で，こんにちのグローバル化が，必ずしも世界を斉一的な空間に変えたわけではないことにも注意すべきである．日米の関係や欧米の関係に比べれば，日欧の関係は密度が薄い．グローバル化は，これまでのところ「サブ・グローバル化」とでも呼ぶべきリージョン化と相携えて進行しており，世界が何の境界もない均質の1つの空間になったというよりは，複数の経済圏が形成されてきていると見るべきだろう．

サブ・グローバル化と二極化

こうしたサブ・グローバル化，あるいは，リージョン化の1つの例がEUであり，もう1つの例が北米自由貿易協定（NAFTA）である．EUの成立が加盟国の社会政策に対して及ぼす影響についてはすでにふれたが，NAFTAもまたカナダの社会政策に影響を及ぼしている．EU諸国の社会政策はいまのところアメリカ化しているわけではないが，カナダの社会政策はアメリカ化している（Mishra, 1999）．国民国家を超えたリージョンの影響である[4]．

このような点に注目するならば，グローバル化は，現在までのところ，1つのモデルへの収斂圧力として作用するというよりも，サブ・グローバル化として，複数のモデル，とりわけ英米モデルと欧州モデルへの収斂圧力として作用しているように思われる．しかも，すでにふれたように，これら2つ

のモデルはかなり性格を異にしており，現在においても，ヘゲモニー競争におけるライバルである．

　欧州モデルは英米モデルにくらべて社会支出の規模が大きく，また，社会政策における脱商品化の傾向が強い．欧州モデルの母胎である保守主義レジームの脱商品化スコアは中程度であり，社会民主主義レジームのそれに比べると低いが，それでも自由主義レジームに比べるとかなり高い．また，ドイツやフランスの社会支出の対 GDP 比は，かなり高い水準に達している．

　これに対して，英米モデル，とりわけアメリカは，社会支出の規模も相対的に小さいし，社会政策における脱商品化の傾向も弱い．むしろ社会規制や機会均等のための差別禁止立法を社会政策の手段としているところがある．一般に，アメリカは規制の少ない国であると考えられているが，すでに指摘したように，それは経済的な規制についてであって，性差別，年齢差別，障害者差別など社会生活の面における規制というのは，けっして少ないわけではない．社会的な面でみると，アメリカは非常に規制主義的な国である．また，社会政策による脱商品化は進んでいないかもしれないが，脱ジェンダー化はかなり進んでいるとも言える．

　このように異質な 2 つのモデルが，今後どのような変化をたどるか，ということは 21 世紀の初頭における各国の福祉国家のありかたを考えるうえでの重要な前提条件である．この点を見極めるうえで重要な補助線は，競争条件均等化の法則とグレシャムの法則という 2 つの法則である．

競争条件均等化の法則

　競争条件均等化の法則とここで呼んでいるのは，資本間の不平等な競争条件は長期的には政治的介入によって均等化する傾向にあり，しかも，そうした均等化は，競争条件を低い方に合わせるのではなく，高い方に合わせることによって遂行される，というものである．この法則が成り立つとき，低水準の社会政策のゆえにそれまで競争上優位に立っていた者は，社会政策の水準を引き上げざるをえなくなる．

　この法則はかなり強力であり，産業革命以降の社会政策はこの法則の下で発展したとさえ言える．社会政策は労働者が資本家に押しつけたものである

という以上に，強い資本家が弱い資本家に押しつけたものであるからである．その意味で，これまでの社会政策の歴史は，階級闘争の歴史であるとともに資本間闘争の歴史であった．

たとえば工場法は，先進的で開明的な大企業の工場主たちが，弱小零細の資本家を抑えこむというかたちで導入された．また，社会保障の国際的な発展は，ソーシャル・ダンピングを防止するために，先進国が後進国に対して押しつけるというかたちで達成された．ILO の誕生は，まさに，こうした競争条件均等化法則の賜物であろう．

この法則が働くならば，世界最大の経済圏であるユーロランドのモデルが，ちょうど 20 世紀の初頭において先進国イギリスが後進国に社会政策を押しつけたように，他の地域（リージョン）に EU 水準の社会政策を押しつける可能性はある．実際，EU の域内では，中心国の社会政策が周辺に対して押しつけられてきた．また，EU に対する輸出品は，品質や環境に関して，たとえそれが輸出国の属する地域の基準より厳しいものであったとしても，EU の基準を遵守していなければならない．

グレシャムの法則

しかし，ここでの問題は，ユーロランドとアメリカの関係が先進国対後進国の関係ではない，ということである．両者は国際政治の舞台では互角で対等な関係にあり，いずれかが絶対的優位を確立しているという関係にはない．むしろ軍事的には，アメリカによる平和（パクス・アメリカーナ）が継続している．このような状況のなかで，競争条件均等化の法則は働きにくいかもしれない．そこで登場するのが，グレシャムの法則である．

アルベールは悪貨は良貨を駆逐するというグレシャムの法則を，異なる資本主義モデル間の競争に当てはめた（Albert, 1991）．すなわちアメリカ型資本主義（「悪貨」）とライン型資本主義（「良貨」）が競争関係に入ったならば，労働コストの高い後者は，労働コストの安い前者によって駆逐されてしまうだろう，というわけである．これはアメリカ型資本主義のライン型資本主義に対する勝利を意味し，グローバル資本主義という名のアメリカ型資本主義が世界を支配しているという，こんにちの状況とも符号する．

福祉国家に関する英米モデルと欧州モデルという私たちの議論に引きつけていうならば，アメリカ型資本主義とはまさに自由主義レジームの下部構造であり，ライン型資本主義とは保守主義レジームの下部構造にほかならないから，グレシャムの法則の下で，欧州モデルは英米モデルによって駆逐されてしまうかもしれない，ということになる．

英米モデルの限界

しかし英米モデルも順風満帆というわけではない．多くのひとから繰り返し指摘されてきているように，このモデルの下では，所得や資産の不平等が拡大し，社会が分極化することが避けがたい．実際，イギリスでもアメリカでも80年代以降は社会的な不平等が拡大した．このモデルは，社会統合に対して負の影響を与えるというリスクを内在しているのである．

新保守主義戦略が採用された当初，社会的に弱い人びとの利益は無視されたが，それでも，この戦略から利益を得る人びとの方が多かったから，負の影響は社会統合の許容範囲のなかに抑えこむことができた（Galbraith, 1992）．しかし，分極化がさらに進んで，ミドルクラスの没落が問題となってくるような状況のなかで，社会的不平等は許容範囲を超え，社会統合は失われる．

英米モデルは，社会統合に対してだけでなく，システム統合に対してもマイナスの影響を及ぼす可能性がある．第2次大戦後の資本主義は，人口の大部分を富裕化し，彼ら彼女らの消費需要を喚起することによって成長してきたからである（見田，1996）．ところが，ミドルクラスが没落するまで社会の分極化が進展したとき，もはやこういった形での成長はおぼつかなくなるだろう．

グレシャムの法則は欧州モデルを駆逐するかもしれない．ところが，生き残った英米モデルには，社会統合やシステム統合の達成という点において，重大な欠陥があるかもしれないのである．こうなると，まさに「出口なし」である．こうした閉塞状況から抜け出すための「出口」は，別のところに見つけ出さなければならない．それはグローバル・ガバナンスと，これにもとづくグローバル社会政策ではないだろうか．

6　結びにかえて

　ことの始まりはグローバル化だった．グローバル化によって，社会政策が各国政府にとって純粋な国内問題として扱うことがむずかしくなったことが発端だった．各国政府は，現在，グローバル化の圧力によって，みずからが望む社会政策を採用できなくなっている．社会政策とは，本来，国内の社会問題を解決するためのものであったが，こんにちでは社会政策自体が国際社会におけるひとつの社会問題となってしまったのである（3章を参照）．

　グローバルな社会問題に対しては，各国政府が単独で解決することはできない．グローバルな水準における社会政策の確立によってはじめて，この問題も解決の緒を見つけ出すことができるだろう．

　こんにちの問題の根源はグローバル化にある．しかし，そう言っただけではおそらく不十分であろう．問題のさらなる根源は，資本が十分グローバル化しているのに対して，労働やガバナンスが不十分にしかグローバル化していないという事実のうちにあるからである．この問題の解決は，グローバル化の逆転ではなくて，グローバル化の徹底によって可能となるのではないだろうか．

　グローバルな社会政策のためのグローバル・ガバナンスは，どこに求めたらよいだろうか．その可能性はあるのだろうか．いまなお世界は国民国家のシステムであるから，世界政府の樹立によって，この問題の解決をはかることはむずかしい．しかし社会政策をめぐるグローバル・ガバナンスの可能性は，けっして閉ざされてはいないように思われる．この点についての検討は次章で行いたい．

　ミュルダールは「福祉国家の黄金時代」（Flora, 1983）においてすでに，福祉国家のナショナリズム的性格を見抜き，「福祉世界」の構想について語った（Myrdal, 1960）．現在，ミュルダールが考えたのとは異なる理由から，再び「福祉世界」が求められているのである．

1）　新保守主義とニューライトは，厳密には異なる用いられ方をしている．新保

守主義は政治構造や社会構造に焦点を当てた教説である．これに対して，経済構造に焦点を置いた類似の教説は新自由主義と呼ばれることが多い．ニューライトは，新保守主義と新自由主義の総称であるが，本章では両者を互換的に用いる．

2) ここで「福祉レジーム間のヘゲモニー競争」とは，各福祉（国家）レジームがモデルとして優位な立場にたつための競争のことを指すために比喩的に用いている．各福祉（国家）レジームの戦略は，必ずしも，国外への輸出をめざしたものとして採用されるわけではないが，社会政策の世界では伝播説（diffusion theory）が，相当の程度において有効であり（藤村，1999：chap. 2），異なる戦略は意図せざる結果として，ヘゲモニー競争のなかに巻き込まれていく．

3) 産業化にもとづく収斂の時期とグローバル化にもとづく収斂の時期との間には「収斂の終焉」の時期が存在する．福祉国家の収斂理論が影響力を持ったのは70年代以前だが，福祉国家の危機を経た80年代には，新保守主義戦略とネオ・コーポラティズム戦略の併存を目の当たりにして，「収斂の終焉」が主張されたのである（Goldthorpe, ed., 1984）．

4) もっとも近年では，アメリカと韓国の自由貿易協定締結（2007年）のように，リージョンを超えた協定の動きもあり，今後こうした動きが福祉レジームのヘゲモニー競争にどのような影響を及ぼすかについては予断を許さない．

3章
グローバル化と福祉国家

1　グローバル化とは何か

　グローバル化という言葉は，日本では，1980年代から用いられ始め，1990年代後半以降，その使用率が飛躍的に上昇した[1]．とくに21世紀となってから，この言葉はアカデミズムだけでなくジャーナリズムの世界でも多用されるようになり，こんにちでは流行語の観を呈している．グローバル化が虚構だと主張するひとは少なくないが，グローバル化が現在世界中で議論の的となっていることを否定するひとはいない．

　グローバル化は私たちの生活の様々な局面に影響を及ぼしている（と考えられている）．しかし日本でグローバル化が話題となるとき，一般には，国際政治や世界経済が念頭に置かれることが多い．社会政策のありかたがグローバル化との関係で論じられることは少ない．社会政策は国内政策であり各国政府の国内管轄事項である，と伝統的に考えられてきたからである．しかしこんにちの状況のなかで，社会政策を純粋な国内政策と考えることは困難となりつつある．

　本章の課題は，グローバル化という趨勢のなかで，各国の社会政策がどのような影響を受けつつあるかについて考察することである．

　グローバル化を，本章では，国境を越えたヒト・モノ・カネの移動の増加とこれに伴う各国民社会の相互依存の増大として捉えたうえで，グローバル化の諸側面のうち，労働移動と資本移動の増加が，各国の社会政策に対してどのような影響を及ぼしているか，あるいは，及ぼす可能性があるか，とい

った点についての検討を試みる.

　労働移動と資本移動の非対称性という条件の下で，資本移動の自由を脅かさないような形態の社会政策への収斂圧力が強まりつつある，というのが本書の現状認識である．この圧力の行き着く先を，本章では，「グローバルな社会政策」と区別して「グローバリズムの社会政策」と呼んでいる．「グローバリズムの社会政策」は，各国政府によって追求されるだけでなく，グローバリズム推進の国際機関によっても，トランスナショナルな社会政策として追求されている．

　グローバリズムの社会政策への圧力は，いまや地球環境問題と同様に，グローバルな社会問題となっている．この問題の解決をはかるためには，グローバルな社会政策を確立しなければならない，というのが本章の立場である．ベックにならって，グローバリズムとコスモポリタニズムを区別するならば（Beck, 2000），グローバルな社会政策というよりも，コスモポリタンな社会政策という呼称の方が適切かもしれない．社会政策のコスモポリタン化の可能性について展望することも本章のもう1つの課題である．

2　労働移動と社会政策

　労働力が国境を越えて移動するという意味でのグローバル化は，各国の社会政策に対して，様々な問題を突きつけるようになるが，それらは，(1)外国人労働者への社会政策の適用と，(2)社会政策労働力としての外国人の雇用，という2つの問題に大別することができる[2]．

外国人労働者と社会政策

　日本の場合，前者に関しては，在日韓国・朝鮮人への社会保障制度の適用をめぐって古くから議論がなされてきた．その結果，年金や医療の国籍条項は廃止された．しかしこれはグローバル化の帰結というよりは，過去の植民地主義の清算という側面が強い．これに対し，1980年代の後半以降，いわゆるニューカマーの外国人労働者が増加するなかで，労働災害の補償や医療保障を中心に彼ら彼女らへの社会保障の適用に関する議論が積み重ねられて

きた（社会保障研究所編，1991）．これはグローバル化が引き起こした問題への対応である．

外国人労働者に対する社会政策の適用という問題が生じるのは，社会政策の受給資格が，伝統的に，市民権の保有・非保有にもとづいて定義されてきたからである．市民権の付与される範囲は状況によって異なる．しかし市民権が，社会政策への有資格者と無資格者の境界を画定し，無資格者を社会政策の適用から排除するという一般的な構造は不変である（終章を参照）．こうした構造が存在するかぎり，この問題も存在し続ける．

グローバル化による国境を越えた労働移動は，同一国内に，市民権の保有者と非保有者が併存するという状況を生む．これは1つの社会のなかに社会政策の適用を受ける者と受けない者という，「2つの国民」ならぬ「2つの居住者」がいることを意味する．同じコミュニティで生活していて，社会政策を必要とするという点ではまったく同じであっても，一方は社会政策の適用を受け，他方は社会政策の適用を受けないといった状況が，グローバル化によって生まれる．

外国人労働者は，一般に，内国人に比して，生活チャンスの様々な局面で差別的に扱われる傾向がある（富岡，1988）．とりわけ雇用，住宅，教育といった3つの領域における機会の不均等は顕著である．このことは外国人労働者の方が内国人労働者よりも社会政策を必要とする度合いが大きいことを意味する．しかし彼ら彼女らは市民権の壁に阻まれて，社会政策から排除される．そこでは最も必要な者が最も少なく受け取る．これは社会政策研究の術語を用いると，選別主義以前の状況である．

外国人労働者の，社会政策からの排除のスペクトルは，形式的なものから実質的なものにまで及ぶ．一方の極に，受給資格に国籍要件を課し，彼ら彼女らを給付から一般的に排除する場合がある．一時は，こうした国籍による形式的制限が主流を占めた．しかし次第に，社会政策の受給資格から国籍要件が取り除かれるようになった．このため国籍という「形式市民権」を保有していなくても，社会政策の適用という点で「実質市民権」が保障されるようになってきている（Brubaker, ed., 1989; Marshall and Bottomore, 1992）．

しかし「実質市民権」も市民権であることには変わりがない．市民権の保

有者と非保有者との間に境界線を引いて,非保有者を社会政策の適用から排除するという市民権のロジックはそこでも貫かれている.国籍要件が全廃されても,市民権に基づく形式的制限は存続する.国籍要件の廃止のあとには,多くの場合,居住要件の設定が続く.そこでは正規の在留資格を持っているか否か,また,どのような在留資格を持っているか,といったことが新たな問題となる.

　グローバル化は,このように世界各地で,外国人労働者に対する社会政策の適用という問題を表面化する.

社会政策労働力としての外国人

　労働力の国境を越えた移動に伴うもうひとつの現象は,社会政策労働力としての外国人雇用である.

　日本の場合,この現象は,これまでのところそれほど顕著ではない.ヨーロッパの福祉国家諸国に比べて,人口の高齢化が遅れたため,ケアサービスに対する労働力需要の増加が遅れたことが,ひとつの理由である.もうひとつの理由は,国内の労働市場への外国人労働者の参入が,欧州諸国に比べて遅れたことである.しかしヨーロッパの福祉国家諸国では,社会政策,とりわけ保健・医療・福祉などの社会サービスの領域において,外国人労働者が補助的な労働に従事するケースが多い.たとえば80年代初頭のロンドンのある病院では,食事や清掃に従事する補助的労働者の80%以上は海外出身者だったという(Cochrane and Clarke, eds., 1993：88).また東西統一前のベルリンでは,看護師の少なからぬ部分が韓国人だったともいう(笹本・藤村・緑川,1990：206).さらにドイツ国内のトルコ人労働者は,老人ホームのなかにも職を見出していた.

　イギリスのNHS(国民保健サービス)に関しても,この種の報告が少なくない.富岡次郎によると,イギリスでは「移民女性の多くが看護婦になった…….看護婦の職は専門職であったが,その仕事の内容は三交代制で,しかも重労働であった.それゆえ,イギリス人女性は敬遠したので,移民女性がその領域へ進出することができた」(富岡,1988：311).また,移民が制限されるようになったあとでも,「看護婦部門では,イギリス人が不足した

ので，カラードの看護婦が養成された．医師部門ではイギリス人医師の多くが良い待遇を求めてアメリカ合衆国などへ流失したので，白人移民やカラードの医師がそのあとを埋めた」(同前：318)．また西インド系や新英連邦出身者が医療系の職種に就いている割合は，その他の人びとが医療系の職種に就く割合よりもはるかに高い（同前：326-327）．

社会サービス部門で外国人労働者の割合が多くなるという傾向も，グローバル化だけから説明できるわけではない．グローバル化以前に存在する，エスニック・マイノリティーへの差別的な扱いの方がより根源的な要因であるともいえる．しかしながらグローバル化がこうした傾向を加速化することはまちがいない．また，日本でも，自由貿易協定の進展によってケア労働者の移動が増大してくると，欧州諸国で見られたこうした問題が顕在化してくることになるだろう．

3　資本移動と社会政策

資本逃避の恐怖

労働移動だけでなく資本移動も各国の社会政策のありかたに影響を及ぼす．貿易と金融の自由化は市場の拡大を意味する．各企業はいまや国内市場だけでなく，世界市場を相手にしなければならない．しかもその世界市場たるや，冷戦構造が終焉し旧共産圏が参入したことによって，規模を著しく拡大しているのである．このことは，各国の企業にとって利潤獲得の機会が増加したことを意味する．しかしそれは同時に，各企業が熾烈な「大競争」(mega-competition)に巻き込まれていくことも意味する．このため各国企業は，いわゆる「グローバルな標準」から著しく逸脱した労働条件を設定することが困難となる．

各国政府もこうした競争条件を看過することができない．国内資本の競争力を維持・強化しようとするならば，各国政府は，もはや社会政策のために過大な財源調達を国内企業に課すことができない．これまで福祉国家が行ってきた労働条件に関する規制についても緩和を余儀なくされるだろう．こうした政策の採用を拒んだ政府が直面するのは，国内企業の競争力低下だけで

はない．そこには，すでに多国籍化し超国家化した資本の海外逃避(キャピタル・フライト)が待ち受けている．より有利な投資先を求めて国外への脱出をはかる企業をとどめることは各国政府にはできない．

　資本の海外逃避を容易にするもう1つの理由は，国境を越えた移動における資本と労働の非対称性である．

　移動の自由度に関して，資本と労働とのあいだには著しい格差が存在する．資本は金地金や紙幣や硬貨から離れて存在することが可能であるのに対して，労働は人間の身体から離れて存在することができない．情報化した世界のなかで，資本はいまや瞬間的に移動することができる．しかも移動規模の大小も問題ではない．これに対して労働の方は，以前に比べて容易になっているとはいえ，移動に関する種々の物理的制約がある．政治的な移動の障壁や社会文化的な適応の問題も存在する．

　他方，労働条件の水準に関しては，各国間でもともと格差が存在している．労働移動の増加は，一般に，労働条件の均等化に寄与するが，移動に関する資本と労働の非対称性はこれを妨げる．低賃金を求めて資本が移動する方が，高賃金を求めて労働が移動するよりも簡単であるからだ．このためグローバルな労働市場の成立は，グローバルな資本市場の成立に比べて遅れがちである．国内においてすら単一の労働市場が成立することは困難であるから，グローバルな水準においてはなおさらである．こうしてグローバル化にもかかわらず，労働条件の各国間格差は存続することになる．

　このように労働条件の各国間格差が歴然としており，移動に関する資本と労働の非対称が存在するという状況のなかでは，資本の海外逃避はにわかに現実味を帯びてくることになるのである．

底辺への競争

　こうした資本の海外逃避の可能性が存在するという事実は，福祉国家に対して，経済的，政治的，社会的の各局面において，重大な影響を及ぼす．

　第1に，グローバル化は，経済的局面において，ケインズ主義的なマクロ経済政策の効力を奪う（Mishra, 1999: chap. 2）．伝統的な福祉国家は，リフレーションによる経済成長をつうじた完全雇用の達成を企図していたが，こ

うしたことが成り立つためには，各国民国家はそれぞれの国民経済を管理できていなければならなかった．これはブレトンウッズ体制下における厳格な為替管理によって担保された．しかしすでに述べたように，グローバル化によって，この前提は突き崩され，福祉国家が成立するための重要な条件の1つが奪われた．

　第2に，グローバル化は，政治的局面において，各国の国内政治における労働と資本の権力バランスを大きく変化させる（ibid.: chap. 4）．

　資本主義国家において，資本は，その成立メカニズムはともかく，そもそも大きな政治権力を握っている．福祉国家も資本主義国家である以上，資本の利益を無視して存在することは許されない．資本移動の自由化は，もともと巨大であった資本の政治権力をさらに強化する．さまざまな政治的夾雑物の介入によって，実際に，資本の海外逃避が生じることは少ないかもしれない．しかしその可能性が存在するという事実は，それだけで資本の発言力を強めるのに十分である．

　これとは反対に，労働は，国内の政策決定に対する影響力を弱める．資本の影響力が大きくなった分，労働の影響力は相対的に小さくなる．また，一国単位のケインズ政策が無力化し完全雇用の達成が困難となった状況のなかで，労働の発言力は絶対的にも低下する．伝統的な福祉国家の推進勢力は，保守主義から社会主義にいたる多様な政治的スペクトルを含むものであったが，労働運動がその重要な一翼を担っていたことは間違いない．このため労働の弱体化は，福祉国家の支持基盤を突き崩すことにつながる．

　第3に，グローバル化は，社会的局面において，社会政策に対する再編圧力を強める（ibid.: chap. 3）．グローバル化による「大競争」は，いわゆるソーシャルダンピングを引き起こしがちである．企業の競争力を強化する方法は多種多様であり，賃金や労働条件の切り下げがそのための唯一の方法というわけではない．しかし，それは最も単純明快な方法である．賃金水準の国際的な格差が著しく拡大しているという状況は，こうした方法の採用にとって好条件である．このため福祉国家は，社会給付の引き下げと社会規制の廃止の圧力にさらされることになる．グローバル化は「底辺への競争」（a race to the bottom）を惹起する可能性を開く（下平，2001）．

以上のような資本移動の面でのグローバル化が福祉国家にもたらす影響を，ミシュラは，先行研究を踏まえながら，(1)「一国ケインズ主義」の無効，(2)賃金と労働条件の不平等，(3)社会保護と社会支出の引き下げ，(4)国民的連帯の喪失，(5)労使間の権力バランスの変化，(6)中道左派アプローチの排除，(7)民主主義の弱体化，といった7つの項目に整理している（Mishra, 1999: 15-16）．

4　グローバリズムの社会政策

労働移動と資本移動の自然的かつ社会的な不均等という条件の下で，各国政府は，「資本の海外逃避の恐怖(キャピタル・フライト)」という強迫観念にとりつかれる．この強迫観念を払いのけることができないとき，各国政府は「底辺への競争」のなかに巻き込まれていく[3]．資本の自由な移動に適合的であるような社会政策のことを「グローバリズムの社会政策」と呼ぶとするならば，グローバル化のなかで福祉国家がさらされるのは，こうした「グローバリズムの社会政策」へ向けての再編圧力である[4]．

多国籍化し超国家化した資本の各国政府に対する要求は，税負担の削減と規制の撤廃である．いずれも資本の自由な活動を確保するための条件である．グローバル化した世界のなかで，資本は，厳格な自国政府のもとを去り，寛大な他国政府のもとへ向かうことが可能となっているから，これらの要求を強硬に主張することができる．これらの要求のうち税負担の削減は，主として給付国家としての福祉国家の社会政策に変更を迫り，規制の撤廃は，主として規制国家としての福祉国家の社会政策に変更を迫る．

給付国家への影響

税負担の削減要求は，第1に，法人税率の引き下げ要求として現れる．いわゆるタックス・ヘイブンの存在はそのための無言の圧力である．しかしそれだけではない．

第2に，それは企業が負担している社会保障費（社会保障特別税や社会保険料の事業主分など）の削減要求としても現れる．労働者の雇用にともなっ

て企業に義務づけられるこれらの負担は，強制的な性格をもった一種の目的税・雇用税としての性格を有しており，各企業にとっては総人件費の一部を構成する．企業にとっての労働費用削減の効果は，法人税率の引き下げよりもこちらの方が大きいといえる．

　第3に，資本は，所得税をはじめとする個人の税率の引き下げに対しても積極的である．税が個人にとっても法人にとっても不人気だという一般的な事情に加えて，減税をつうじた公共支出の削減は，政府の統制に服さない市場の拡大を意味する．これは企業にとっては利潤獲得の機会の拡大である．他方，個人所得税の減税は，グローバル化を推進するニューライトのイデオロギーと合致するといった事情もある．

　こうした税負担の削減要求の下で，従前の公共支出の水準を維持するためには，財政赤字を容認し，公債への依存を強めなければならない．実際，この方法を採用する政府は多い．しかしグローバル化した世界経済のなかで，この方法を長期的に維持していくことは容易ではない．公債への依存が強まるにつれて，債務不履行のリスクも大きくなると見なされ，公債の利率も上昇するからである．格付け機関から見放された政府は，たちまち資金調達が不可能となってしまう．

　当然のことながら，税負担の削減要求は公共支出の削減要求に直結する．こんにちの福祉国家のもとでは，公共支出の大きな部分を占めるのは社会支出であり，とりわけ年金や医療などの社会保障費である（国によっては，土木・建設などの公共事業の占める割合が大きいかもしれない）．このため多くの国で，年金や医療の給付費削減の大合唱が始まる．公的扶助は，公共支出の削減効果という点で年金や医療に劣るが，イデオロギー的理由から，しばしば削減要求の矢面に立たされる．

　また財政支出を租税支出（tax expenditure）で置き換えるという方法も好まれる．これによって政府による直接的な給付の削減を側面から支持することが可能である．たとえば私的年金のための保険料の所得控除は，減税になるという点で個人から歓迎され，民間の年金市場を拡大するという点で企業から歓迎されるが，これを公的年金の給付削減とセットで実施すれば，公共支出の削減効果は大きい．とはいえ政治的混乱なしに両者を同時に実施す

ることは難しい．政府が強いリーダーシップを発揮できないとき，財政支出は削減されずに租税支出だけが拡大するといった結果に陥りかねない．このため財政赤字に苦しむ政府は，資本による租税支出の拡大要求に対しても抵抗することがある．

　また社会保障給付を企業に肩代わりさせることによって，政府による直接給付の削減がはかられることがある．たとえばサッチャー時代のイギリス政府は，それまで国民保険から支出されていた法定疾病給与（Statutory Sick Pay）の一部を企業に肩代わりさせた．一般に，企業による法定福利費が重圧と感じられていなかった「大競争」以前の時代には，社会保障は企業福祉によって容易に置き換えることが可能だと考えられがちだった．

　しかしグローバル化によって，各国企業が「大競争」のなかに置かれた現在，こうした方法は，短期的にはともかく長期的には成り立たない．企業福祉のための費用も，企業にとっては，社会保険料の事業主負担と同様，労働費用の一部であり，いまや労働費用削減のための有力候補である．社会保障に代えて企業福祉を発達させてきたアメリカ企業もそのための負担を重圧と感じるようになり，90年代には，企業福祉のための支出を大幅に削減してきた（Esping-Andersen, ed., 1996: 8）．

　このようにグローバル化によって税負担の削減要求に直面した福祉国家は，給付削減の圧力にもさらされる．これは給付国家としての福祉国家に対する挑戦である．このため給付削減の補償措置として，租税支出による代替や企業福祉による代替が追求されることもあるが，前者は政治的理由から，後者はグローバル化のなかで企業もまた費用削減の圧力にさらされているという理由から，これらを長期的に維持することはむずかしい．

規制国家への影響

　移動の自由を獲得した資本は，国外逃避の可能性を背景に，各国の市場において自由な活動を保障するよう各国政府に圧力をかける．資本主義国家においても，市場への新規参入，設備投資，生産数量，価格設定などについて，経済的規制が実施されてきた．これらの規制は，消費者の利益を守る，中小資本の利益を保護する，産業の健全な発展をはかるために過当競争を防ぐ，

といった理由から正当化されてきたが,今度は,経済の発展を妨げる,といった理由から批判にさらされるようになる.グローバル化の時代の経済政策のスローガンは規制撤廃(デイレギュレーション)である.

政府による規制の究極的な形態は国有化である.国有化されないまでも,電気,水道,ガス,鉄道などの事業は,資本主義国家においても長らく公共部門の統制の下に置かれてきた.規制撤廃の要求は,こうした,従来,公共部門によって独占されてきた産業の民営化にまで及ぶ.このため各国で,公共企業体の民営化や,そこへの民間企業の新規参入がはかられる.日本を含む多くの国々で,80年代以降,社会化された企業の民営化が進んだ.グローバル化の時代は民営化の時代でもある.

労働市場における規制も例外ではない.福祉国家は,伝統的に,労働市場に対して様々な規制を行ってきた.社会政策の源流の1つは19世紀の工場法であるが,もともとこれは労働時間や,労働契約の当事者としての資格(性別や年齢)に関する規制であった.こうした労働市場における各種の規制は,こんにち,労働基準法をはじめとする様々な労働立法のなかに受け継がれている.

労働市場が成立するためには労働力が商品化していなければならないが,資本主義国家の社会政策は,こうした労働力商品化のルールを策定する.社会政策は,一方で,賃労働の定義を示し,これを労使双方に課す.そのことをつうじて前近代的な労働形態は禁止され,労働力は近代化されるが,同時に,商品化もされる.しかし他方で,福祉国家の社会政策は,労働力の商品としての特殊性から,各種の給付と規制をつうじて労働力を脱商品化する.

ところが資本移動が自由化したグローバル化の時代,労働力を脱商品化するような社会政策上の規制は,労働市場を硬直化させ労働費用を押し上げるとの理由から,非難にさらされるようになる.グローバル化の時代は,労働市場のフレキシビリティが追求される時代である.とりわけ標的とされるのは,最低賃金と解雇規制である.

最低賃金の制度が存在するとき,資本はこの水準以下の賃金の労働を合法的に利用することができない.移動が不自由な時代,資本はその有機的構成を高めることによって,単位当たりの労働費用を切り下げてきた.最低賃金

制の当初の提唱者たちは，低賃金労働を禁止し賃金水準を硬直化することをつうじて，国内産業の生産性向上を狙った．しかし移動の自由が確保されたグローバル化の時代，資本は低賃金を求めて容易に海外に進出することができるようになっている．最低賃金制の存在は生産性の上昇ではなく，雇用の流出を生む．

　解雇規制は，労働契約が一般の契約から区別される特徴である．契約の当事者双方の対等性を保証するために導入された措置である．しかしそれは，商品の販売者と購入者に非対称的な条件を課すという点では労働力の商品性を弱め，労働力が市場の需給関係に迅速に反応することを困難にする．多国籍化し超国家化した資本は，こうした硬直化した労働市場を嫌う．このため「雇用形態の多様化」という名の下に，各国で，解雇規制から自由な雇用が生まれる．

　しかしこうした規制の撤廃・緩和の進行と同時に，規制の強化がもたらされる場合もある．というのは，一般に，規制は給付より安上がりの社会政策であると見なされるからである．障害をもつ人のための雇用機会を保障する方が，障害者手当を支給するよりも，公共支出の節約となる場合がある．しかも所得保障という点で，両者には同様の効果がある．福祉国家に対して給付削減の圧力が高まってくると，その代替ないし補償の措置として，労働費用を極端に引き上げないという限界のなかで，社会的規制の強化が追求されることもある．

国際機関によるグローバリズムの推進

　グローバリズムの社会政策へ向けての再編を，各国政府は，通常，「自主」的かつ「主体」的に遂行する．そうしなければ，80年代初頭のフランス政府がそうであったように，たちまち資本の海外流出という困難に直面するからである．しかし他方で，こうした各国政府の「自主」的かつ「主体」的決定に加えて，国際機関による介入をつうじた再編もありうる．こんにちではIMFや世界銀行などの国際機関が，グローバリズム推進の役割を演じている．

　いかに世界がグローバル化したとはいえ，グローバルな政府というものが

成立しているわけではない．世界はいまだに国民国家のシステムとして存在しており，このなかでは国民国家が依然として「主権」を担う単位であり続けている．その意味で，各国政府には，国際機関からの要求を拒否する自由がある．しかし各国が経済的な危機の状況に陥ったとなると話は別である．このとき各国政府は国際機関の要求を拒否する自由を失う．

たとえば1990年代の東欧諸国では，IMF・世界銀行によるグローバリズムの圧力の下で，社会政策の再編が実施された．

共産主義時代の東欧諸国は，ヨーロッパの福祉国家諸国とは異なる社会政策のシステムを構築していた．そこでは必要原則より貢献原則の方が優位に立ち，そのことの結果として，企業福祉へのバイアスが生じた．しかし，概してこれらの国々では，雇用が保障され，普遍主義的な医療が提供され，充実した家族政策が確立されていた（Deacon, 1983; 1993）．国内における貧困と失業を退治し，充実した社会政策の確立に成功した，というのが政府当局の公式見解だった．

しかし東欧革命後の脱共産主義化（ポストコミュニズム）の過程で，そうした事情が一変した．各国で失業が顕在化し，貧困の規模が拡大した．市場経済の導入と国有企業の民営化を進める過程で，これらに適合する形での各種社会政策の再編が進められた5)．この過程でIMFや世界銀行の果たした役割は大きい．これらの国際機関は，そうした再編を，融資や経済援助の条件として課したからである（Esping-Andersen, ed., 1996; Deacon, Hulse et al., 1997; Mishra, 1999）．

同様のことは，その他の地域でも行われている．とりわけ90年代の半ば以降，世界銀行による年金政策の各国への押しつけが目立つようになった（山田，2000；山本，2001）．「構造調整」と呼ばれるこの政策は，チリにおける年金改革の「成功」を一般化したものであり，完全積立・確定拠出・民間運用・個人勘定の年金制度のモデルを推奨する6)．それはまさに資本移動の自由と親和的であるという意味で「グローバリズムの社会政策」そのものであるが，こうした「構造調整」は各国が世界銀行から融資を受けるためのコンディショナリティとなっており，こんにち第三世界の国々の年金制度は世界銀行の影響下にある．しかもその影響を受けているのは第三世界だけではない．ギリシャやイタリアの年金改革でも世界銀行のコンサルタントが活

躍した．

5 グローバルな社会問題と社会政策

　冷戦構造が解体した現在，グローバリズムの社会政策への再編圧力からまったく自由な国は，北朝鮮などごく一部の国を例外として，存在しない．しかし，この再編に対する各国政府の取り組み姿勢は一様ではない．それは各国内の政治権力の布置連関(コンステレーション)に応じて異なる．このため各国の社会政策が，単一のグローバリズムの社会政策へ収斂するということはないだろう．その意味で，再編は経路依存的である．とはいえ，経路依存的ということは，再編圧力が存在しないということではない．ここから新たな問題が生まれる．

　社会政策は，元来，社会問題を解決するためのものであったが，グローバル化のこんにち，社会政策そのものが新たな社会問題となりつつある．現代社会は核爆発による人類絶滅の可能性，第三世界の大量貧困，地球的規模での環境破壊など，国民国家の枠組のなかでは解決することが困難な問題を抱え込むようになった（庄司，1999）．また「階級社会」が「国民国家単位で組織可能」であるのに対し，「リスク社会」におけるリスク状況は「最終的には世界社会というカテゴリーでしかリスク状況に対処しえない」(Beck, 1986: 72)．これらの問題は，もはや一国だけでは解決することができないという意味で，グローバルな社会問題である．

　その解決は，多国間協定や超国家機関の取り組みをつうじたグローバルな社会政策によってはじめて可能となる．グローバリズムの社会政策（とそこへ向けての再編圧力）は，こうしたグローバルな社会問題の一種であり，その解決にはコスモポリタニズムの社会政策が要請される[7]．現在の世界の状況は，こうした要請を受け止めることができるだろうか．この点を考えるにあたっては，トランスナショナルな社会政策の現状を観察しておくのが有益である．

社会政策としての社会条項

　トランスナショナルな社会政策の第1の形態は，IMF, 世界銀行, WTO

など，グローバリズム推進の国際機関による社会政策である．それは親グローバリズムの社会政策であるから，本章でいうような「グローバルな社会問題」の解決をそこに期待することは困難である．

しかしまったく不可能というわけではない．これらの国際機関は競争のルールを設定する役割を担っており，このルールのなかに，競争条件の均等化のための社会政策条項を含めることが可能であるからだ．たとえば，現在，WTOの貿易ルールのなかに環境や労働条件に関する事項を挿入すべきか否かということが議論の俎上に上っている．これに対して途上国の政府のなかには反対の立場を表明するものが少なくないし，先進諸国の政府，使用者団体，労働組合のあいだでも賛否両論がある．その意味で，社会条項に関する合意を形成することは容易ではないが，社会条項に関する多国間の合意が形成されるならば，それはグローバリズムの社会政策に対する防波堤となりうるだろう．

こうした展望が，まったく非現実的だというわけではない．INGO（国際非政府組織）や労働組合が社会条項に賛成しているということに加えて，これが先進諸国の利益と合致するという事情もある．社会政策は，元来，資本間の争いを調停し，競争条件を均等化する過程で生まれたという側面をもつ．社会条項は，コスモポリタニズムの社会政策の確立といった理念に対して，ソーシャルダンピングの回避といった利害の次元を付け加えることを意味する．行為の動機づけは，一般に，理念と利害が一致したときにもっとも強くなる．

国際条約と地域主義

トランスナショナルな社会政策の第2の形態は，国際連合やILOなどが推進してきた社会政策に関する国際条約である．

国連は，1948年に世界人権宣言を総会で採択して以来，人種差別撤廃条約や国際人権規約などの調印に対して，一定の成果をあげてきた．とくに国際人権規約は，A規約（社会権規約）とB規約（自由権規約）から成り，前者は，福祉国家が伝統的にコミットしてきた諸価値を具体化するものであり，コスモポリタニズムの社会政策を確立するための出発点となりうる．

ILOは，第1次世界大戦後，競争条件を均等化し，ソーシャルダンピングを防止するために生まれた国際機関であり，その意味では，第1のカテゴリーとしての出自をもっている．ところが一度成立すると，労働条件や社会保障に関する条約や勧告を積極的に推進した．それらのなかには，強制労働や年少者の深夜労働など原生的労働関係を禁止したものから，有名な102号条約のように，社会保障の最低基準を定めたものにまで及んでいる．近年では，移民労働者の均等待遇や家族的責任に関する条約も調印されるようになった．これらの勧告や条約も，コスモポリタニズムの社会政策を確立するための出発点となりうる．

トランスナショナルな社会政策の第3の形態は，EUやNAFTAなどのような，国民国家を超えた地域(リージョン)の水準における社会政策である．これらの機構が，こんにちでは各国の社会政策に影響を及ぼしている．たとえばEUは，通貨統合にあたって各国政府にインフレや財政赤字の克服など財政規律に関する条件を課した．このため加盟国政府の社会政策は影響を受けた．カナダの社会政策もNAFTAの加盟によって変更を余儀なくされたという(Mishra, 1999)．こうした間接的影響に加えて，EUの共通社会政策のように，加盟国に対して直接的影響を及ぼすものもある．地域(リージョン)の水準における社会政策にはグローバリズムを促す側面もあるが，共通社会政策のようにこれを防ぐ側面もある．

6　コスモポリタニズムの社会政策

以上の観察から得られる結論は，保護主義への逆転やグローバル化の阻止ではなくて，自由貿易のルールのなかに社会条項を挿入すること，国際人権規約やILO条約のような社会政策に関する条約を推進すること，国民国家を超えた地域における共通社会政策を策定することなどが，ここでいうコスモポリタニズムの社会政策の出発点となりうる，ということである．

それではコスモポリタニズムの社会政策のなかには，どのような内容や手段が想定されるだろうか．最後に，この点に関する原則を示して，本章を終わることにしたい．

グローバル・ミニマム

　コスモポリタニズムの社会政策は，グローバル・ミニマムの部分と国民所得比例の部分から成る2階建てシステム（two-tier system）として構想することができるのではないか．多数の国で定額部分と所得比例部分から成る2階建ての公的年金制度が採用されているが，コスモポリタニズムの社会政策についても，これとの類推で考えることができる．

　公的年金における定額部分ないし基礎的部分は，各国民国家のナショナル・ミニマムに対応する．この部分がたんに生計維持（subsistence）の水準にすぎないのか，それとも適当十分（adequacy）の水準にまで及ぶのか，という点については，つねに各国における政策論争の的であった．しかしそれが，市民権をもった国民に対して共通して保証されるべき最低限を示すものである，という点については各国で合意が形成されている．

　この点をグローバルな社会のなかで考えるならば，グローバルな社会の一員として，すべての人間に対して保障されてしかるべきものが，ここでいうグローバル・ミニマムの部分に相当する[8]．それは国際人権規約に規定されている諸権利を含むような適当十分な水準で設定されることが望ましいが，現状では，すべての国がこの規約を署名・批准しているわけではない．また，いわゆるBHN（人間としての基本的必要）の充足もグローバル・ミニマムのなかに含まれるべきであり，こちらについては，一時，世界銀行が融資拡大政策の柱としていた経緯もある．

　第三世界においてグローバル・ミニマムを保障するためには，規制的な手段だけでなく，給付的な手段が必要となる．このため先進諸国から第三世界へのグローバルな規模での所得再分配が不可欠である．そのための財源を確保するためには，従来からの開発援助に加えて，トービン税（外国為替取引税）のような新たな税の導入が必要となるかもしれない．しかしまた，原生的労働関係の禁止のように，規制的手段によって十分に対応できるものも少なくない．

国民所得比例の社会政策

　公的年金の2階部分は，従前所得の保障を行うために導入されているが，

これは，何らかのリスクの遭遇による所得の極端な落ち込みは，たとえそれによってナショナルミニマムを下回ることがなかったとしても，その人の生活の混乱を招くため好ましくないという観念からきている．その背後には，各人は過去および現在の所得にふさわしい生活水準があり，それは尊重されるべきだという考えがある．

　この点をグローバルな社会のなかで考えるならば，各人には，各人が生活している社会に応じた生活水準というものがあり，それは保障されてしかるべきだ，ということになる．つまり，グローバルな社会政策は，グローバル・ミニマムだけでは完結しない．各国民国家の経済発展，すなわち国民所得やGDPに応じた社会政策が，2階部分としてそこに加わる．飢餓からの自由や児童労働の禁止は世界共通であるとして，年金水準や労働時間についての基準は，経済発展の段階に応じて変化してよい．

　もっとも各国の公的年金の2階部分とグローバルな社会政策の2階部分とでは異なっているところもある．というのは，従前所得の保障が個人を時間軸でみた場合の格差是正策であったのに対し，国民所得比例部分は個人を空間軸でみた場合の格差の是正策であるからだ．前者がライフサイクルの視点でみた剥奪を問題としているのに対して，後者は，いわゆる相対的剥奪（relative deprivation）を問題としているといえる[9]．

　そして，この部分の形成にとって重要な役割を果たすと思われるのは，国民国家を超えた地域に準拠するEUのような機関である．経済的な発展水準が比較的近い国々から成り立っているという点で，地域の水準における国際機関は，コスモポリタニズムの社会政策の2階部分を策定するうえで重要な役割を果たしうる．同じ理由から，OECDについても同様の役割を期待することができるだろう．

　また，この部分については，定義上，国際条約などの規制的手段によって実現される部分が大きい．それは，当該の国・地域の経済能力に応じて決まってくる部分であるからだ．したがってグローバル・ミニマムの部分とは異なり，競争条件の均等化の一環として，国際条約を通じた規制によって実現される可能性が高い．国際的な所得移転の問題は生じにくいという意味で，この部分を実現するための障害は少ないといえるかもしれない．

グローバルな社会政策の実現可能性については，シニシズムが惹起されがちである．しかし，たとえば女性差別撤廃条約の調印と批准とが男女雇用機会均等法の制定を促し，それがまた後の改正へとつながっていったことからも明らかなように，少なくとも日本の場合には，そうしたシニシズムを払拭することができる．また，アイルランドでは，EUへの加盟によって，女性の解放が進んだともいわれる．

　グローバル化が生み出したグローバリズムの問題は，グローバル化の逆転によってではなくて，もうひとつのグローバル化によって解決することができるのではないか．

1) 「朝日新聞記事情報／G-Search」というデータベースによると，1985-2001年の収録記事のうち，グローバル化ないしグローバリゼーションという単語を含む記事のヒット件数は1700件であり，その内訳が1985-1989年が44件，1990-1994年が121件，1995-1999年が568件，2000-2001年が967件となっている．
2) 国連統計によると，「過去50年間のうち出生国を離れて生活する人の数はほぼ倍増し，2005年には（地球全体で）1億9100万人」に達しており，「今日，出生国以外で生活する人は史上最高の人数になっている」(United Nations Population Fund, 2006: 5-6)．
3) グローバル化による福祉国家への影響は，下平好博によると，「底辺への競争」説に加えて，グローバル化懐疑説，経路依存的調整説，「頂点への競争」説などがあるという（下平，2001）．本章の立場は，「底辺への競争」圧力のなかで「経路依存」的にグローバル化への適応が行われる，というものである．毛利健三もまた「底辺への競争」説に立っているが，彼によると，グローバル化のなかで，福祉国家は80年代とは位相を異にする危機のなかにある（毛利，2001）．
4) ここでいう「グローバリズムの社会政策」には，(1)資本移動の自由の確保と(2)資本と労働の非対称性の確保といった2つの側面がある．本章で取り上げるのは，(1)の側面である．(2)の側面は，外国人労働者に対する社会政策の適用制限であり，これによって移動の不均等性が維持される．そのイデオロギーは「移民お荷物」論である．
　　また本章では十分に論じることができなかったが，「グローバリズムの社会政策」には第3の側面もある．というのは移動の自由を求める資本のなかには，先進諸国，とりわけヘゲモニー国の年金基金が相当含まれているからである．

グローバル資本主義のもう1つの名は「白髪の資本主義」(gray capitalism)であり，「グローバリズムの社会政策」は，これによっても推進される．言い換えると，ヘゲモニー国の社会政策を維持するために他の国々の社会政策が犠牲にされる．

5) これらの国々ではビスマルク型の社会保険制度が存続していたが，共産主義時代には，扶助と一体化したため，保険としての性格が弱まっていた．このためハンガリーでは，保険原則を強化するため，社会保険と国家財政との分離や保険事故の見直しなど，民族浄化ならぬ社会保険の「浄化」(cleansing)が試みられた．またハンガリーは，家族政策がスウェーデン並みに充実した国として有名であったが，世界銀行の報告書はこれを批判した．

6) チリでは，アジェンデ社会主義政権に対するクーデタによって成立した軍事政権が，1981年に，1924年に導入された公的年金制度を廃止し，一種の強制貯蓄の制度に置き換えた．これによってチリの年金制度は，賦課方式から積立方式へ，確定給付から確定拠出へ，公的な運用から民間の運用へ，リスクのプールから個人別勘定へと転換した．なお，世銀はチリのほかにスイスやシンガポールの年金制度についても絶賛しており，世銀の「構造調整」は「スイス・チランポール」(Swiss Chilanpore)と呼ばれることがある（山田，2000）．

7) これは「グローバルな社会政策」と呼んでも差し支えないが，「グローバリズムの社会政策」と紛らわしいので，ここでは「コスモポリタニズムの社会政策」と呼んでおく．なお，ベックは，グローバル化によって生成される「国民国家社会の社会的・政治的な内部の質の転換」を「コスモポリタン化」と呼んで，グローバル化やグローバリズム（グローバル資本主義のイデオロギー）と区別している（Beck, 2000）．彼によると，「コスモポリタン化」とは「内的なグローバル化」のことである．

8) ここはタウンセントらのいう「国際福祉国家」(international welfare state)の領域である（Townsend and Donkor, 1996）．

9) グローバルな社会政策は，個人に準拠した社会権(social rights)ではなくて，コミュニティに準拠した社会的標準(social standards)として構想すべきだとミシュラは提唱している（Mishra, 1999: 116ff.）．彼によると，社会的標準は，各国の経済的な標準や能力に応じて決められるべきであり，社会的標準を経済的標準と結びつけることによって，社会的標準としてのグローバルな社会政策は，経済発展とともに上昇する「社会的エスカレーター」となる．

　ミシュラのいうように社会権を必ずしも否定する必要はなく，その基本的な部分については，グローバル・ミニマムに含まれるべきであるというのが本章の立場である．ただし彼のいう「社会的エスカレーター」の考えは傾聴に値する．ここでいう国民所得比例部分もそこから着想を得ている．

4章
個人化と福祉国家

1 2つの個人化

19世紀の個人化と20世紀の個人化

　個人化は，社会学の歴史のなかでみると，古くて新しい問題である．しかし，その意味するところは，取り上げられた時期によって微妙にずれてくる．
　たとえばデュルケムは『分業論』のなかで次のように語っている．「個人がますます自立的になりつつあるのに，いよいよ密接に社会に依存するようになるのは，いったいどうしてであるか．個人は，なぜいよいよ個人的になると同時にますます連帯的になりうるのか．というのは，この2つの動きは矛盾しているようにみえて，実は並行してあいついでいるからである」(Durkheim, 1893：37)．
　デュルケムがこのとき直視していたのは，個人を保護する中間諸団体が次々と解体し，剥き出しの個人が国家と直接向き合うようになる個人化の現実であった．そこに形成されつつあったのは「未組織の無数の個人から構成された社会」と「それらの個人をだきとめて手放すまいとする肥大症的な国家」といった「社会学的な怪物」であった (ibid.: 24)．
　ここで注意しなければならないのは，デュルケムにとっての individual なるもの——分割不可能な単位——が，じつは人格としての個人というよりは，核家族，あるいは，その人格的表現としての家長であったという点である．彼の主たる関心事は同業組合からの個人の離脱であって，核家族からの個人の離脱ではなかった．19世紀の個人化とはすぐれて核家族化のことであり，

個人主義とは家長の個人主義にほかならなかった．

近年の社会学のなかで，個人化について論じて大きな影響力を持ったのは，ウルリッヒ・ベックの『リスク社会』であろう．彼によると「近代化のさらなる過程」が，これまで人間の人生が固定されていた「家族と職業という2つの軸」を「ずたずたにしてしまう」（Beck, 1986：137）．同業組合はおろか家族でさえ「安定した準拠枠」でなくなり，「個々人が，社会的な生活世界における再生産単位とな」る（ibid.: 142）．

ベックが見ている個人化は，デュルケムが見ていた個人化とは異なる．個人化がさらに進んだ結果，核家族はもはや分割不能な単位ではなくなった．核家族は，男，女，子どもへと分解される．家長個人主義は否応なく崩壊し，個人主義は家長のものから女・子どもを含む万人のものへと変わる．19世紀の個人化の過程で，安定的とみられていた家族と職業が，20世紀における個人化の徹底のなかで不安定化し流動化する．これが私たちの眼前で展開する個人化である．

分業から福祉国家へ

デュルケムとベックという2人の社会学者のあいだには，個人化の徹底という連続的な変化だけでは済まされない非連続の点が存在する．何が2人のあいだを隔てているか．それは20世紀的な連帯の様式としての福祉国家の成立である．デュルケムにとっての個人化とは福祉国家以前のそれであり，ベックにとっての個人化とは福祉国家以後のそれである．

19世紀における連帯は，デュルケムが指摘したように，分業によって支えられていた．分業の発達は市場の拡大を随伴する．否，市場における交換を前提としなければ，分業のいっそうの進展は期待できないから，両者は相即不離の関係にある．市場における交換は，一定の条件の下では，「見えざる手」によって社会の統合に寄与する．19世紀における連帯とは，より正確には，分業と市場の交互作用の結果として形成された連帯だった．

ところが経済史の教科書が繰り返し指摘するように，19世紀末から20世紀初頭にかけての時期は「市場の失敗」の歴史である．これは分業と市場に基礎をおく19世紀的な連帯の危機である．「個人主義から集合主義へ」[1]と

いうダイシーの有名なテーゼは，古い連帯から新たな連帯への胎動を指摘したものだと読み解くことができる（Dicey, 1905）．この延長線上に，遅くとも20世紀半ばまでには，最初の福祉国家が成立した．

これはある意味で新たなパラドクスである．というのは，福祉国家は，集合主義という，個人主義とは正反対のものとして，言い換えると，個人化を否定するものとして生まれたからである．ここからデュルケムとは異なる新たな問いが生まれる．集合主義的な問題解決がますます重要となっていくにもかかわらず，個人がますます自立的となっていくのはなぜか．福祉国家が存在するにもかかわらず，個人化が進むのはなぜか．

この問いに答えることは，これまでのところでは，それほど難しいことではない．集合主義という手段に迂回することによって，それまで分割不能だった核家族を分割することが可能となったからである．家族手当や公的年金がそれを可能とした．職域も同様である．ひとたび集団的関係が確立し，労働者の個人としての権利が認められたあとでは，労働者個人が労働者集団から独立することが容易となるからである．

問題はその先にある．20世紀後半の福祉国家のもとで始まった個人化の過程がさらに進むとき，福祉国家ははたして無傷でいられるのか．ベックが取り上げた個人化は20世紀の第4四半期において顕著な現象であるが，その徹底は福祉国家が前提としていた集合主義を掘り崩すことにならないのか．また，20世紀型の福祉国家の諸前提，すなわち完全雇用，集団的労使関係，集合消費等々が，新たなる個人化の挑戦によって，何の影響も受けずにいられるのか．何らかの影響があるとしたら，それはいかなる点においてか．21世紀の福祉国家は，それらをどのように受け止めたらよいのか．

以下，2節では，個人化と呼ばれる現象には，どのような側面があるかということを，日本社会を事例としながら，福祉国家と関連する限りで取り上げる．さらに3節では，そうした個人化の諸相が福祉国家と関連する領域に対して，どのような帰結をもたらすかについて検討する．最後に，4節で，20世紀型の福祉国家と21世紀型のそれを対比的にとらえたうえで，個人化の帰結が21世紀型の福祉国家に対して，どのような意味合いを持ってくるかについて考察する．

2　個人化の諸相——自立と排除

　個人化は2つの側面を区別して考えることができる．1つは，最小単位の分解の過程であり，他の1つは，個人化の結果として生じる最小単位の行為様式の変化である．前者の個人化の過程では，これまで分割不能だと思われていたものが，実は分割可能なものであることが明らかとなり，実際に分割され，そして新しい最小単位が生まれる．後者の個人化の過程では，新たに生まれた最小単位が，これまでの最小単位とは異なったふるまいをするようになる．

　前者の個人化は，人格としての個人が，それまで最小単位として存在した集団から離脱していく過程である．これは二重の過程である．一方で，個人は集団による拘束から解放され，自立と自由を手に入れる．しかし他方で，個人は集団による保護を喪失し，場合によっては，集団から放逐され排除される．現代の日本では，家族，職域，地域といった領域において，こういった意味での個人化を観察することが可能である．

家族の個人化

　個人化の最初の帰結である核家族は，福祉国家の集合主義によって，その制度的保障を得た．高齢者は年金によって子ども世帯からの経済的自立を獲得する．子ども世帯の方もまた年金制度のおかげで老親の扶養責任を免れ，経済的自立の度合いを強める．しかしそこには代償もある．伝統社会の高齢者は配偶者との死別によっても家族を喪うことはなかったが，核家族化した時代の高齢者にとって，配偶者との死別は家族の喪失を意味する．このことがさらに福祉国家による社会サービスの必要を生む．

　20世紀の第4四半期以降の個人化は，このような個人化＝核家族化を超えてさらに進んだ．それは核家族からさえも個人が離脱していく過程である．家族の個人化はポストモダン家族の徴候として，家族社会学者によって数多く指摘されてきた（落合，1994；山田，1994）．食事を一緒にとるということが，古来，家族の証の1つであったが，現代日本では，家族成員が個別に

食事をとる「個食化」の傾向が指摘されている．家庭をホテルに見立てる「ホテル家族」なる言葉も生まれた．

この種の個人化の徴候のなかで，福祉国家との関係で重要性を帯びてくるのは，生計の単位が世帯から個人へと移行してくるという現象である．個人が核家族に埋没していた時代，性分業のなかで女性は労働市場から排除され，稼得の機会をもつことが許されなかった．個人化は女性に対する労働市場の門戸開放を要請する．女性が「社会進出」するにつれて，稼得は男性の特権ではなくなる．家事労働のなかに閉じこめられていた女性の労働力は，賃労働のなかに「解放」される．

これによって女性の経済的な自立の可能性は広がる．労働市場に登場した女性は，世帯への全面的な依存からは逃れることができるからである．可能であることと実現されることとはもちろん別である．日本の労働市場で雇用機会の均等化が十分に達成されていないことは明らかである．しかしその日本でさえ，20世紀の第3四半期と第4四半期を比べれば，女性の経済的自立の度合いが高まっていることは間違いない．

問題は，一方で経済的自立の可能性が高まっていながら，他方でそれが不十分にしか高まっていない，ということのうちにある．経済的自立は行動の自由の条件であるから，一定の限界があるとはいえ，これを獲得した個人は，以前にはなかった行動の自由を獲得する．とくに不本意ながら核家族にとどまっていた個人は，そこからの離脱の自由を獲得する．ところがその自由は不完全であるから，そこから新たな依存の可能性が生まれる[2]．

たとえば結婚に対する経済的・社会的圧力が弱まっている現在，若年世代にとってシングルであり続けることは，かつてのようなスティグマではない．しかし個人化した生活スタイルを維持するに十分な賃金を獲得することは，現行の賃金体系や雇用慣行のなかではきわめて困難である．ここから，核家族を離脱したはずの個人がこれまで以上に核家族世帯への経済的依存を強める，といった逆説が生まれてくる（宮本ほか，1997）．

離婚後の生計維持の可能性が高くなってくると，経済的理由のゆえに核家族のなかにとどまっていたひとの離婚は増加する．経済的従属という抑止力がなくなると，核家族は以前にもまして流動化する．ところが日本の労働市場

は働く母親のための雇用機会を不十分にしか提供しない．このためシングルであることと母親であることとの両立はむずかしい．そこで待ち受けているのは貧困への転落か，もしくは定位家族への依存である．

　こんにち多くの領域で生計の単位の個人化を見出すことができる．もちろん多数派の家族が核家族であるのと同様に，多数派の生計は現在でも世帯単位で営まれている．しかし少数派の存在が以前のようには無視できなくなっている（伊田，1995）．このことは福祉国家のありかたに対しても深刻な影響を及ぼさずにはおかない．これまでの福祉国家の制度は世帯単位＝核家族単位の原則で設計されていたからである．

職域の個人化

　労働の世界でも個人化は進行する．核家族からでさえ離脱する個人が，職域から離脱することは容易に想像がつく．これによって労働市場が流動化する．

　かつての職域は安定した空間だった．とくに日本では職域が擬制共同体であり，労働者は自らのアイデンティティを職域に求めた（経営家族主義）．結婚が一人前の証であるのと同様，就職も一人前の証であった．ところがその日本でも1980年代後半以来，そうした職域の安定性は揺らいでいる．かつてはスティグマを付与されるべき逸脱行為であった転職や中途採用は，現在では有能の証である．

　職域からの個人の離脱は，それまでの人格的拘束から逃れることができるという意味で，個人の自由の拡大である．しかしそれは使用者が容易に雇用調整を行いうるようになるという意味では，企業の自由の拡大でもある．このことは個人の立場から見れば，雇用の不安定化にほかならない．これが給付国家としての福祉国家への支出圧力となることはわかりやすい．しかし福祉国家との関係でみると，少なくとも次の2点にも注意すべきであろう．

　1つは企業保障の衰退である．企業保障は職域が安定的であることを前提にして発達する制度である．こんにちグローバル資本主義へ適応するため，企業は総額人件費を抑えることに必死となっているが，こうした事情に加えて，個人化による労働市場の流動化も企業保障の衰退をもたらす可能性が大

きい．このため企業保障は社会保障と個人保障へ分解してしまう可能性がある[3]．

　企業保障の大きさは，各国の福祉分業（social division of welfare）に影響を及ぼす．日本やアメリカでは，とくにその影響が大きい．日本の公的年金は退職金や企業年金を抜きにして考えることはできないし，アメリカの医療保障は企業の福利厚生（employee's benefit）としての医療保険の存在を抜きにしては語れない．個人化による企業保障の衰退もまた福祉分業の変更を迫るという意味で，福祉国家のありかたに少なからぬ影響を及ぼす（武川・佐藤編，2000；橘木・金子編，2003）．

　他の1つは労使関係の変化である．福祉国家は集団的労使関係と密接に結びついている．福祉国家の社会規制の多くは，労働組合の存在を認め，団体交渉を保障するためのものである（「労働力の掌握」!）．また福祉国家は集団的労使関係を前提として成立した．福祉国家成立の政治力学は複雑であるから，1つの勢力だけがこれにコミットしたということはないが，多くの国では労働運動が福祉国家成立の最も重要な推進勢力の1つであった．

　ところが職域における個人化は，集団的労使関係から個別的労使関係への動きを加速する．多くの国で労働組合の組織率は低下傾向にある．集団的労使関係がまったく消えてなくなることはないだろうが，以前のような役割を果たさなくなる可能性は大きい[4]．このことは福祉国家の社会規制のありかたの変更につながる．また福祉国家は集団的労使関係の衰退によって重要な政治的支柱の一角を喪い，福祉政治は変容する[5]．

地域の個人化

　地域では何が生じているか．日本の地域は，伝統的に，地縁集団の連合体として存在してきた．そこではデュルケム的な意味での個人化も不徹底だった．人格としての個人は家族のなかに埋め込まれ，家族を構成単位とする町内会・部落会などの包括的な地縁組織が重要な意味をもつ．地域のなかには多様な団体が存在する．青年団，老人クラブ，PTA，消防団，家族会，等々．しかしそれらは包括的地縁組織の延長上に存在するのであって，そこから切断されたところに存在しているわけではない．

これらの地縁集団と福祉国家とのつながりは密接である．給付国家は，一方で，学校，公民館，社会福祉施設などの建設と運営をつうじて，地縁集団に対して物質的基盤を提供する．しかし他方で，これらの地縁集団は行政の末端組織としての役割も演じる．行政は町内会をしばしば住民掌握の手段として利用する．民生・児童委員は地縁集団の一分肢であると同時に，福祉国家の社会サービスの窓口(ゲートキーパー)である．

　ところが，このような日本の地域社会においても個人化の徴候が観察される．核家族から離脱し，職場集団から離脱した個人が，地縁集団のなかに安住できるはずがない．というよりは，地縁集団からの離脱が，家族や職域における離脱よりも先行する場合の方が多いだろう．日本社会では，90年代以降，こうした地域における個人化の傾向が目立つようになっている．

　地縁集団からの個人の離脱は，一方で，個人の自立を意味する．彼らは，地縁とは異なるボランタリズムの原理によって結合する．新しく生まれた団体は，これまでのように世帯単位ではなく個人単位で組織される．「有償ボランティア」，ワーカーズ・コレクティブ，生協，NPO，等々．90年代以降の日本では，ボランタリーな活動に従事する個人の数が増え，また，特定非営利活動促進法の影響もあって，NPOの数も増えてきた[6]．

　新しい型の団体の登場によって，地域における団体の編成が大きく変わる．従来とは異なる団体が，地域の一員として新たに加わるということは1つの変化である．しかし変化はそれだけにとどまらない．地域における団体間の関係がこれまでのように地縁に依拠した同質性ではなく，目的や利害の異質性を前提としなければならなくなるという意味では，ローカルな水準において市民社会が誕生する．

　地域からの個人の離脱は，個人の自立を促す一方で，新たな社会的排除（social exclusion）を生む可能性もある．路上生活者や高齢者の「引きこもり現象」はその典型であろう．かつての社会的排除は同和地区に対する差別のように集団単位で行われた．ところが地域における個人化は社会的排除も個人化する．このため福祉国家には，これまでとは異なる新しい型の社会的包摂（social inclusion）が求められるようになる．

　個人化によってもたらされた地域社会の変化は，福祉国家にも影響を及ぼ

さずにはおかない．これまでの福祉国家は，ある意味で，地縁型の団体によって編成された地域社会を前提として存在してきたからである．地域における市民社会の生成は，福祉国家と地域社会の境界面(インターフェース)を変えることになるだろう．また福祉国家は，地縁から排除された個人への対応を迫られることになるだろう．

消費の個人化

以上は最小単位の分解という意味での個人化であるが，個人化にはもう1つの側面がある．新たに生まれた最小単位の行為様式が変化するという現象である．最小単位の分解の結果，家族，職域，地域のなかで析出された個人は，これまでとは異なるスタイルの生活を開始する．そこには新しい生活スタイルを可能とするような生産と消費の変化がある．個人化のこの側面にも注目する必要がある．

フォーディズムの時代，大量生産・大量消費の蓄積体制を維持するため，民間部門では，低価格ではあるが画一的な商品が生産された．Ｔ型フォードはモデルチェンジなしに20年以上生産され続けた．消費者はこのような画一的な商品であっても，大量に消費できることの方に喜びを感じた．これが20世紀の第3四半期における「ゆたかな社会」の内実であった．

ところがポストフォーディズムの時代になると様相が一変する．IT革命によって生産の柔軟性が確立され，大量生産は低価格の要件ではなくなる．旧共産圏の崩壊によって，大量の低賃金労働が世界市場に参入したことの影響も大きい．その結果，低価格でありながら，多種多様な商品の生産が可能となる．これに応じて需要の側も変化する．情報化＝消費化の結果，質料ではなく情報による付加価値の増殖が可能となり，人びとは，他から差別化された商品を求めるようになる（見田，1996）．

これに対して福祉国家が供給する財・サービスは，画一主義的かつ権威主義的な性格を帯びている．フォーディズムの時代には，そのことが取り立てて問題となることはなかった．すべての財・サービスが画一的であったからである（武川，1999a）．ところが民間部門の方で，技術的な制約が取り払われ，生産と消費の柔軟性が確立されるようになると事情が変化する．公共部

門の硬直性に対する消費者の不満が募る．

　福祉国家は個人化した生活スタイルに適応するのが難しい．消費者・利用者の需要・必要に対する反応が鈍い．このため消費者は公共部門より民間部門の財・サービスの方を選好するようになる．かつて公団の分譲住宅は人びとにとって高嶺の花だった．購入するためには競争倍率の高い抽選をくぐり抜けなければならなかった．ところが，それらが大量に売れ残り，ダンピングまで行われるようになった．

3　個人化の帰結 ── 再編と包摂

　以上でみてきたように，現在の日本社会は，家族，職域，地域といった3つの領域において個人化が進行しつつある．それぞれの領域で，これまで最小単位を構成してきた集団から個人の離脱が始まっている．一方で，個人は集団の抑圧を逃れて自立するが，他方で，集団の保護を喪って社会的排除をこうむる．これら3つの領域における個人化は，福祉国家の前提（核家族の安定，職域への包摂，地域の統合）を浸蝕する．さらに離脱した個人による消費の個人化もまた福祉国家の前提である集合的消費を脅かす．

　このような4つの相における個人化現象は，福祉国家に対していかなる帰結をもたらすだろうか．また，こうした個人化の現象を前にして，福祉国家はいかなる変容を遂げなければならないのだろうか．次に，これらの点について検討しておこう．

脱ジェンダー化

　序章で述べたように，福祉国家は資本制のみならず家父長制の枠組のなかで成立した．このため成立当初の福祉国家は，資本制との関係では部分的な脱商品化を推進したが，家父長制との関係では，男性稼ぎ主モデルを前提にしながら，ジェンダー化された社会関係を再生産した．そこでの社会政策は，給付であれ規制であれ，世帯単位の考え方に基づいていた．

　労働市場では「家族賃金」の考え方が支配的であり，賃金は世帯を維持することが可能な水準に設定された．有配偶の労働者に対しては使用者が扶養

手当を追加支給した．税制は，子どものみならず配偶者に対する扶養控除を認め，課税は世帯単位で行われるのが通例であった．社会保障の拠出と給付は原則として世帯単位で行われ，被用者の年金保険は遺族年金を支給し，医療保険は家族療養費を支給した．

規制国家の場合も同様である．規制を行うことによって，また，規制を行わないことによって，福祉国家は男性稼ぎ主モデルを強化し，家父長制の再生産に寄与した．労働基準に関する規制は女性労働を保護することによって，一部の職種から女性労働者を排除したし，労働市場における福祉国家の不作為が，雇用機会の男女間不均等を再生産した．また家父長制の構成単位である核家族の内部は福祉国家にとっての治外法権だった．

このように核家族単位＝世帯単位の原則を採用しながら家父長制を再生産するという意味で，福祉国家はジェンダー化の効果を生んだ．ところがジェンダー化を促進する社会政策と家族の個人化は両立しない．個人化が進むにつれて，成立当初の福祉国家が想定していなかったような問題が引き起こされるようになる．

第1に，個人化は福祉国家の制度から排除された個人を生む．世帯単位の制度の下では，核家族からの離脱は，社会保障制度からの離脱も意味するからである．たとえば配偶者との死別は，給付国家としての福祉国家による遺族保障の対象となるが，離別は，貧困に陥るリスクをともなうだけでなく，年金権の喪失まで意味した．世帯単位の制度によっては，もはや言葉の真の意味での「皆保険皆年金」の制度を維持することができなくなっている．

第2に，個人化は，福祉国家の制度によってカバーされている人びとの間でも，不公正（インジャスティス）の問題を生む．とくに過渡期にはこの傾向が著しい．たとえば世帯単位の制度は専業主婦の優遇につながるが[7]，女性の雇用率が低く，女性の稼得が例外的であったとき，とくにこのことが問題となることはなかった[8]．ところが女性の雇用が増加してくると，この制度は衡平（エクイティ）を欠いているため，その存続を正当化することが困難となる．

第3に，個人化は，核家族の殻のなかに閉じこめられていた個人を剝き出しにすることを意味する．核家族が最小単位であるとき，弱い立場にあるものに対する暴力や虐待の多くは隠蔽された．それらは家族内の私事であった

から，問題とされることがなかった．個人化はこうした家族の闇の部分を露わにする．家族はもはや規制国家による介入の及ばない神聖な場所ではない．

個人化は福祉国家の脱ジェンダー化を求める（Sainsbury, ed., 1994）．個人化の趨勢を所与とするならば，福祉国家の社会政策はジェンダー中立的なものとなっていかざるをえない．そうでないと福祉国家は，それが前提する価値（承認と連帯）を実現することができず，その存在理由を失ってしまう．

脱ジェンダー化を進めるため，給付国家としての福祉国家の諸制度は，従来の世帯単位のものから個人単位のものへと改められなければならない．社会給付のうち，世帯単位の原則に由来し，ジェンダー化された社会関係の再生産に寄与しているものについては，今日その正当性が問われている．社会政策の脱ジェンダー化を進めるため，これらの制度の一部を廃止した国もある[9]．

規制国家としての福祉国家についても，なされるべき改革の課題は多い．労働市場に対しては，雇用の機会均等化を進めるための規制がさらに強化されなければならない．均等の定義も同一労働同一賃金から同一価値労働同一賃金へと変化していかざるをえないだろう．家族という暗箱のなかで行われる暴力や虐待に対する規制もさらに強化されなければならない．

労働の柔軟化

福祉国家は一定の範囲内で労働力の脱商品化を進める．そのための重要な手段の１つが社会給付である——疾病給付や失業給付は労働者が労働市場から相対的に自立することに役立つ——が，それだけではなく，福祉国家は集団的労使関係を保護することによっても労働力の脱商品化を進める．団体交渉の制度は，労働者を市場の猛威から保護する役割を果たす．

ところが労働の個人化が進み，集団的労使関係よりも個別的労使関係の方が優勢になってくると，これまでの脱商品化の傾向が逆転し，再商品化が促進される可能性が出てくる．個別的労使関係の伸展は，労働組合という労働市場を硬直化させ価格メカニズムを「攪乱」する要因を排除するからである．これによって労働契約の内容は，労働市場の実勢を反映したものへと変化するだろう．

これは資本にとっても好都合である．というのはポストフォーディズムの時代の資本は，フォーディズムの時代以上に労働の柔軟性を求めるからである．「情報化＝消費化」（見田，1996）が伸展してくると，生産の柔軟性に対する要求が一段と強まる．この問題は，製造業では，主として技術革新（IT を駆使した FMS（フレキシブル生産システム）など）によって解決されるが，技術的限界を超えたところでは，労働の柔軟化が一定の役割を果たす．もともと労働集約的なサービス業では，労働の柔軟化が決定的に重要である（武川，1999a）．

このような状況のなかでは再商品化志向の社会政策が追求されるようになる．近年，福祉と就労の直結をはかるワークフェアの政策がアメリカをはじめとして多くの国で採用されるようになってきているが，これは労働力の再商品化によって柔軟化に対応しようとする動きの現れと見なすことができる．そこでは社会政策がセーフティネットに限定され，しかも受給者はみずからの労働力の市場価格にふさわしい労働に就くことが義務づけられる．

ワークフェアは，ある意味で，救済に値する貧民（deserving poor）と値しない貧民（undeserving poor）を峻別した救貧法の再現である．それは福祉国家が前提する価値（承認と連帯）からの逸脱であり，福祉国家がこれまで追求してきた必要原則からの逸脱である．というのは社会給付や社会規制については，それが必要となった原因は問わずに結果だけを無差別平等に扱うというのが，これまで福祉国家がめざしてきたことだったからである[10]．

それでは労働の個人化は，このような再商品化をつうじて福祉国家を解体に導くのだろうか．たしかにその可能性はあなどれない．前章で検討したように，グローバル化もそうした傾向を助長するうえで一役買っている．しかし，現代の世界では，個人化や柔軟化が再商品化に直結しない方法も模索されており，いくつかの国では，実際にそうした政策を採用している．

たとえばイギリスの「第3の道」（Giddens, 1998）や北欧の就労促進政策（activation policy）では，雇用の柔軟化を受け入れながらも，脱商品化という福祉国家のこれまでのパフォーマンスを守っていくための試みがなされている．そこでは就労を給付の条件とするだけではなく，就労を促進し支援するための生涯学習や職業訓練などの社会投資が重視される（宮本，2003）．

近年，柔軟性（flexibility）と保障（security）の両立を意味するフレキシキュリティ（flexcurity）なる新語が生まれたが，これらの試みはフレキシキュリティの政策と呼ぶことができるだろう．

どちらの政策が採用されるかは，各国の福祉政治の状況によって異なってくる．日本がどちらの道に進むかについても不分明なところが多い．確かなことは，いずれの場合でも，これからの社会政策が労働の個人化と柔軟性を前提とせざるをえない，ということである．そして福祉国家が前提する価値と親和的なのは，ワークフェアの政策ではなくて，フレキシキュリティの政策の方だということである．

市民社会化

日本の地域社会は，これまで地縁集団の連合体として編成され，それぞれの地縁集団は，伝統家族であるか近代家族であるかは別として，家族の連合体としての性格をもっていた．地域の個人化は，その空間に，地縁集団から離脱し場合によっては核家族からも離脱した諸個人が登場することを意味する．そこには自立と排除といった2つの側面があることはすでに述べた．

地域の個人化にともない社会的排除も個人化する．このため従来の家族や地域を前提に設計された福祉サービスでは，適切に扱うことの困難な問題群が目立つようになっている．ひきこもり，若年未就労者，暴力，虐待，孤立死，路上生活，路上死，等々．こんにち，これらについての対応が福祉国家には求められており，地域福祉の現場ではソーシャル・インクルージョン（社会的包摂）が新しいスローガンとなっている[11]．

他方，地域の個人化は自立した諸個人を析出する．彼ら彼女らの登場によって，福祉国家と地域社会の境界面（インターフェース）は大きく変わらざるをえない．

第1に，地域社会の構成単位が変化する．地域を構成するのはもはや地縁集団だけではない．地縁から離脱した諸個人もまた地域社会の構成単位である．これまでは地縁集団を把握すれば，地域を把握したことになった．このため日本の地域政治は団体政治だった．ところが地域が個人化することによって，団体を掌握するだけでは地域を掌握したことにはならなくなっている．近年，地方自治体が設置する審議会や委員会に団体代表だけでなく個人代表

も参加するようになっているのは，こうした事情による．

　第2に，地域社会の団体編成が変化する．地縁から離脱した諸個人は，地縁とは異なり，自発性を基礎に結合する．これによって伝統的な地縁集団とは異なる団体が地域に生まれる．1980年代の後半以降，福祉国家の社会サービスと関連する領域では「住民参加型福祉」と呼ばれる団体が形成され，一定の影響力を有するようになった．また特定非営利活動促進法のように，新たな結合を法的に認知するための立法も行われた．その結果いまでは，NPOを無視して地域を語ることができない．

　第3に，地域における社会関係が変化する．個人化した地域社会のなかでは，地域とのつながりだけを理由として，社会統合を維持することはもはやできない．これまでのような「阿吽の呼吸」や権威への服従に基づく名望家支配は終わりを告げる．地域においても合理的討論（rational discourse）が開始されなければならない．このため近年の地方自治のなかでは地域住民相互の対話が重視されるようになっている[12]．

　地域における個人化の進展は，日本の地域が，異者が対等な立場で向き合う市民社会へと変化しつつあることを意味する．その結果，地域においても「ガバメントからガバナンスへ」といった動きが加速する．個人化した地域のなかでは，地方政府が非政府をその末端組織として利用することは許されない．両者が相互に対等であることを認めたうえでの政府と非政府による地域社会の共同統治——ローカル・ガバナンス——が確立されなければならない（武川，2006a）．

　このようなローカル・ガバナンスは給付国家と規制国家の双方に影響を及ぼすだろう．

　かつて地方自治体は社会サービスの主たる供給者であった．実際の供給が民間の事業者に措置委託されることはあったが，民間団体は公共部門によって厳格に管理されていた．しかし新たな状況のなかで，社会サービスの供給は多元化し，地方自治体が独占的な供給者であるとは言えなくなっている．それどころか都市部では，公共部門の直接供給からの撤退が始まっている．

　この点は規制国家としての福祉国家にも波及する．給付国家としての役割が縮小する分，規制国家としての役割が拡大する．供給主体の多元化の結果，

民間部門のサービスの質を確保するための規制が新たに必要となる．また多元化した供給主体のあいだを調整するという仕事が政府に課される．このように規制の範囲が拡大するだけではない．その方法も変化する．統制から誘導へ，あるいは禁止・制限から調整へ，さらには条件整備（enabling）へと規制の内容が変わってくる．

消費の柔軟化

　生活スタイルの個人化は，福祉国家が前提する集合主義と抵触する．すでにパンドラの箱を開けてしまった消費者にとって，福祉国家が提供する財やサービスの画一性は，我慢のならないものである．このため個人主義的ライフスタイルを身につけた消費者は，一般に，公共部門が供給する硬直的なサービスよりも民間部門が供給する柔軟なサービスの方を好むようになる．民間部門の方が消費者の需要に対して敏感である（必要に対してはかならずしもそうではない）．

　そして一度そうした方向に歯車が回り出すと，民間部門と公共部門との対比は，柔軟であるか硬直的であるかだけでなく，高級か低級かといった性格まで帯びるようになる．一級の市民は民間部門のサービスを利用し，二級の市民が公共部門のサービスを利用する．その結果，福祉国家のサービスは残余化され，スティグマを帯びることにもなる．たとえばイギリスの公営住宅は，かつては民間住宅に対するモデル住宅としての意味ももっていたが，80年代に払い下げが進んだ結果，残余化が進み，いまではアンダークラス向け住宅としての性格を強く帯びるようになっている（武川，1999d）．

　こうした民間部門への選好は若い世代でとりわけ顕著である．現在の若い世代は福祉国家のなかで生まれ，福祉国家のなかで育ったため，福祉国家が成立する以前の時代を知らない．このため公的年金が導入される以前の一般世帯の家計がどのような状態にあったかを実感することができない．集合主義的な問題解決が導入されるにあたっては，それなりの歴史的必然があったわけだが，若い世代にはそのことに対するこだわりがまったくない．若い世代ほど公的年金に対する不信は強いし，私的年金に対する憧れが強い．

　1980年代以降，先進諸国のなかでは社会政策の領域において民営化を推

進する潮流が生まれた．社会政策の民営化は，通常，政府の財政再建の問題として理解されることが多いが，民営化によって政府の財政支出が削減されるという経験的証拠は乏しい．むしろ民営化によって財政支出が増大することもある（武川，1999a）．社会政策における民営化の背景には，消費生活の個人化によって生まれた，柔軟な消費への欲求の増大があると考えるべきだろう．

80年代には，年金，医療，教育を含め，福祉国家の社会サービスを一般の商品と同様に市場に委ねるべきだと主張する完全民営化論もみられた．これは，規制国家としてはともかく，給付国家としての福祉国家の解体を意味する．ところが民営化の実験によって明らかとなったことは，完全な民営化は不可能であり，社会サービスの領域で可能なのは，せいぜい準市場（quasi-market）の形成だということである．

公共部門と民間部門の割合がどの水準で決まるかは国によって異なってくるだろう．しかし，いかなる比率が採用されるにしても，それは消費の柔軟化に対応したものでなければならない．

4　21世紀型福祉国家の生成

KWSとSWS

家族の個人化の結果，社会政策の脱ジェンダー化が求められるようになっている．職域の個人化は労働の柔軟化と対応しており，これが再商品化の方向に流されないようにするために，福祉国家の社会政策は柔軟化と脱商品化を両立させる必要がある．地域の個人化はローカルな市民社会の成立をもたらし，福祉国家と地域の境界面の変更を促す．消費の個人化は福祉国家が柔軟な消費に対応することを求める．21世紀の福祉国家は，以上のような個人化の帰結を踏まえなければならない．

20世紀の福祉国家は，通常，KWS（ケインズ主義福祉国家）として総括される（田口編，1989）．そこでは政府による需要管理をつうじた完全雇用の達成が追求される．そのことを前提に，一方で，脱商品化的な社会政策が実施される．脱商品化と商品化とのせめぎ合いのなかで前者がやや優位に立

っているという意味では，準・脱商品化的と言った方が正確かもしれない．また政府は，他方で，脱ジェンダー化的な社会政策を実施する．これも脱ジェンダー化とジェンダー化のせめぎ合いのなかで，20世紀の後半をつうじて，後者から前者へと変化してきた．

これに対して，21世紀の福祉国家は，前章で検討したように，グローバル化が進んだ結果，一国単位のケインズ政策によっては，もはや完全雇用が達成できないという環境のなかにある．こうしたポストKWSの状況のなかで，ボブ・ジェソップは，KWSから「シュンペーター主義ワークフェア国家」（SWS）への移行といった陰鬱な状況を描き出している．そこでは，グローバル資本主義の勃興に対応して，各国政府はKWSと訣別し，サプライサイドに介入し，労働市場の柔軟性や国際競争力強化の要請に社会政策を従属させる（Jessop, 1994：24）．

ワークフェアとベーシックインカム

SWSは個人化とも適合的であるが，それは1つの選択肢にすぎない．むしろ現在の世界のなかでは，脱商品化と再商品化の綱引きが各国で行われているというのが現状であろう．再商品化の傾向が強くなると，ワークフェア的な福祉国家の相貌が顕著になってくるが，しかし他方で，脱商品化的な傾向をさらに徹底させるものとして，ベーシックインカム（BI）のような新しい社会政策の構想も生まれている（Fitzpatrick, 1999）．BIはすべての市民に年齢，性別，その他の違いをいっさい問わずに無条件に一定の所得を給付するという構想であり，家族，労働，地域などあらゆる領域での個人化を前提としている．

ベーシックインカムとワークフェアは福祉国家のモデルとしては両極端であり，おそらく両者の中間のいずれかの地点に21世紀型の福祉国家のモデルに関する合意が成立すると考えるのが現実的だと思われる．その場合，現在の個人化の趨勢を所与とするならば，21世紀型の福祉国家は，脱ジェンダー化，労働の柔軟化，市民社会化，消費の柔軟化などの要素を組み込んだものとならなければならないだろう．これが本章の結論である．

そして，このモデルを出発点として上向するとき，現実の社会政策に対し

ても改革の方向を示すことができるだろう．たとえば現在の年金改革や地方自治の改革についても，どこまで到達すべきかを示すことは（政治力学のなかで決まることであるから）むずかしいとしても，少なくとも向かうべき方向と，向かうべきでない方向について明らかにすることはできるはずである．それを明らかにすることが社会学者の仕事である．

1) collectivism という言葉は文脈に応じて，集産主義，団体主義，集合主義などと訳されるが，本書では，社会学者のあいだでいちばん馴染みのある集合主義の訳語をあてておく．
2) 成功の可能性がゼロのときは誰も行動を起こそうとはしないが，そこに一縷の可能性が見出されるとき，これを追求する人間が現れる．しかし成功の確率が低いことは依然として事実である．このため自立を夢見て核家族からの離脱を試みた個人のうち成功するのは少数に限られる．結果として，彼らの大多数は新たな依存に追い込まれていく．
3) 第1に，新しい環境のなかで企業保障を維持しようとするならば，企業保障のポータビリティ化――たとえば企業年金や退職金の通算などのように，転職によっても資格が継続すること――が不可欠である．ただしその場合には新たな社会規制が必要となるから，企業保障は政府の管理下に置かれ，ある意味で，第2の社会保障となってしまう．

　第2に，企業保障を完全に社会保障化することも考えられる．企業が労働者に支払うのは労働力の対価としての賃金の部分に限定し，付加給付（フリンジ・ベネフィット）の部分については社会化する方法である．フランスの家族手当制度のように，企業が支払っていた家族給付をプールして社会保障化した歴史的先例はある．

　第3に，企業保障を個人保障化する道も考えられる．退職金や企業年金のための積立金を現役時代に賃金の一部として受け取り，これを用いて私的年金を市場で購入する方途である．日本の企業のなかにも，そうした方針を採用する企業がすでに出始めた．
4) 労働市場の流動化が労働組合の衰退につながる必然的理由はない．企業別組合と流動化された労働市場は機能的に両立しがたいが，産業別組合や地域別組合であれば両立が可能である．しかし現在の個人化は働き方の変化をともなうものであり，個別的労使関係の発達を促すものである．
5) もっとも日本の場合，福祉国家の形成における労働運動の役割は，5章でみるように，国家官僚制に比べると小さい．また労働運動が社会保障に反対することもあった．しかし，総じて言えば，日本の労働運動が反福祉国家的だったわけではない．

6) 人口に膾炙したところでは，阪神淡路大震災の1995年が「ボランティア元年」ということになっているが，日本社会におけるボランタリズムの徴候はすでに80年代後半から観察されており，阪神淡路大震災における救援活動はこれを加速化したものであろう．
7) 厚生年金における第3号被保険者の扱い——専業主婦の保険料免除——はその典型であるが，それだけでなく，遺族年金の制度や遺産相続における「妻の座」など多くの制度が存在する（塩田，2000）．しかし他方で，育児や介護など専業主婦の不払い労働（アンペイドワーク）が社会保険制度のなかで正当に評価されていないという問題もある．
8) 1つには，夫が被用者である有配偶女性の圧倒的多数が専業主婦であったからであるが，それだけでなく，社会保険制度のなかでは有業女性もそれなりに保護されてきたからである．たとえば，かつての日本の厚生年金は，女性の被保険者の数が無視できるほど少ないという条件の下で，支給開始年齢，保険料に対する給付の収益率などの点で，彼女らを男性の被保険者より優遇してきた．しかし社会政策における男女平等が追求される過程で，女性被用者に対する優遇も廃止され，結局，専業主婦の優遇だけが残って現在に至ったのである．
9) たとえばスウェーデンでは1990年に寡婦年金が廃止された．
10) たとえば先天性障害と中途障害を区別しない．中途障害の原因——交通事故，労働災害，傷痍軍人，等々——を問わない．離別母子世帯と死別母子世帯を区別しない．
11) 厚生省社会・援護局の「社会的な援護を要する人々に対する社会福祉のあり方に関する検討会報告書」（1999年12月）をきっかけに，社会福祉関係者のあいだでは「ソーシャル・インクルージョン」に対する関心が高まってきた．
12) たとえば社会福祉法に基づく地域福祉計画の策定の過程でも「住民懇談会」「住民座談会」「ワークショップ」などと呼ばれる日本版のタウンミーティング（あるいはコミュニティ・ミーティング）が各地で試みられている．

II 福祉国家の比較研究
──福祉資本主義の3つの世界──

5章
日本の福祉国家レジーム

1 日本型福祉社会論からの出発

反福祉国家イデオロギーとしての日本型福祉社会論

　いまから約30年前のことである．日本政府が策定した1979年度の「新経済社会7ヵ年計画」は，いわゆる「日本型福祉社会」の実現をその目標として掲げた．計画書に曰く，「個人の自助努力と家庭や近隣・地域社会等の連帯を基礎としつつ，効率のよい政府が適正な公的福祉を重点的に保障するという自由経済社会のもつ創造的活力を原動力とした我が国独自の道を選択創出する，いわば日本型ともいうべき新しい福祉社会の実現を目指す」と．
　ここには日本型福祉社会なるものの特質が凝縮的に表現されている．これを社会政策研究ないし福祉社会学の用語系に翻訳すると，以下のようになるだろう．

- 「個人の自助努力」　→　反集合主義（コレクテイビズム）＝疑似個人主義
- 「家庭や近隣・地域社会等の連帯」　→　インフォーマル部門の重視
- 「効率のよい政府が適正な公的福祉を重点的に保障」
　　→　選別主義，ターゲティング，社会支出規模の縮小，低福祉低負担
- 「我が国独自の道」　→　個別主義（パテイキュラリズム），ナショナリズム

　こうした政府の動きに対応して，当時の政府与党はほぼ同時期に『自由民主党研修叢書8　日本型福祉社会』なるテキストを刊行した（自由民主党編，

1979).大沢真理の的確な表現を借りれば,この文書は上述の経済計画で示された立場を「官製の文書には見られないあけすけな表現で打ちだし」(大沢,1993:205)たものである.岡田与好は,このような「あけすけな表現」の背後にある日本型福祉社会の「立脚原理」を,次のような形で鋭く剔出している(岡田,1984:34).なお,括弧内は同叢書の表現である.

・ナショナル・ミニマムの排除
・選別主義(「生まれつき例外的なハンディキャップを負っているために人生のゲームに参加できない人や,ゲームの途中で『負傷退場』を余儀なくされた人だけに救済の手をさしのべる」)
・自助
・誤った平等主義の排除
・「弱者」尊重の「堕落の構造」の除去

ここで「あけすけな」形で語られた日本型福祉社会の立脚原理は,「活力ある福祉社会」という新たな衣裳をまといながら,その後の臨時行政調査会の諸答申という「官製文書」のなかに受け継がれた.これら諸答申の80年代わが国における政治的位置を考えるとき,「活力ある福祉社会」論ないし「日本型福祉社会」論なるものは,この時期の日本の社会政策の司令塔であったといって過言でない.

この日本型福祉社会論なるものは,その単純な礼賛論を別として,研究者のあいだでは,多くの場合,反福祉国家論として受け取られた.

たとえば岡田与好によれば,日本型福祉社会論とは「福祉国家の概念を,その用語ともども放棄する」ことを企図したものであり,その理念は「常識的に理解されている,福祉国家の理念と正反対」のものである.それは「19世紀中期以前の,旧自由主義的政策理念の通俗的形態そのもの」にすぎず,「社会政策の残りかす福祉モデル」(the residual welfare model of social policy)にほかならない(岡田,1984).

また新川敏光は「経済的自由主義(市場機能の強調)と保守主義(伝統的価値の強調)とが渾然一体となった政治イデオロギーが新保守(自由)主義

であるとしたら，……日本型福祉社会論は典型的な新保守主義宣言に他ならない」と述べている．さらに，「福祉抑制・後退のイデオロギーが『福祉社会』論として展開された」（強調は引用者）ということが「日本型福祉社会論のユニークさ」だと付け加えている（新川，1993）．

これに対して新藤宗幸は日本型福祉社会論は新保守主義などではなく，それ以前の「戦前期来の福祉観」の再来だと断じている．彼によれば，こうした「福祉観」こそが「国家による厚生事業観につながり，行政警察概念としての『措置』を生み出したのである」（新藤，1996）．理由づけは異なるが，新藤にとっても，日本型福祉社会論は反福祉イデオロギーないし反福祉の論調であった．

1980年代日本の社会政策において，日本型福祉社会論は社会政策の憲法としての地位を占めていたがゆえに，わが国の社会政策研究者のあいだでは，「福祉社会論＝反福祉国家イデオロギー＝福祉抑制言説」といった方程式が成立・定着することとなった．このとき日本の社会政策研究者のあいだに形成された福祉社会アレルギーの影響は今日にまで及ぶ．

福祉国家イデオロギーとしての日本型福祉社会論

本章が，日本型福祉社会論から語り始めたのは，これに対して何か新しい批判の論点を付け加えるためではない．その時代錯誤的性格はそれが語られ始めた当初から多くの人びとによって指摘され，批判の論点はすでに出尽くしている．蒸し返しのそしりをおそれず，ここで再び日本型福祉社会論を取り上げるのは，それが日本の福祉国家のイデオロギーであったと思われるからであり，それを知ることによって，日本の福祉国家の特徴のある部分をよりよく理解することができるからである．

いかなる意味において，それはイデオロギーであったのか．

第1に，それは，存在超越的な観念だったという意味で，イデオロギーであった．カール・マンハイムは「具体的に現存し，現実に（de facto）働いているそのときどきの存在秩序に一致する表象」を「『存在に適合した』あるいは存在と一致した観念」と呼び，これに対して「現に働いているこの生活秩序と一致しないようなあらゆる観念は『存在を超越して』おり，非現実

的なものである」と述べた．そのうえでイデオロギーをユートピアとともに，「2つの大きな存在を超越した観念のグループ」のうちの1つと規定した（Mannheim, 1929：312）．日本型福祉社会論は，この「存在超越的」という意味においてイデオロギーであった．

　見田宗介が徳永恂を援用しながら適切に述べているように，このばあいの超越という言葉には，cognitive な超越と volitional な超越といった二通りの意味があり，両者は区別して扱われなければならない．前者の「cognitive に存在と不一致な意識」とは「非現実的，幻想的な意識」のことであり，後者の「volitional に存在と不一致な意識」とは「現実を批判しのりこえようとする，変革的な意識」のことである（見田，1979：186）．

　日本型福祉社会論は，日本社会の伝統的な秩序が，急激な工業化と都市化のなかで大きく変わりつつあったときに，あたかもそれが不変であるかのごとく認識していたという意味で，cognitive に存在超越的であった．日本型福祉社会論が一種の虚偽意識であることは，80年代における日本社会の変動が誰の目にも明らかとなることによって，やがて再確認される．このため 90 年代に入ると，日本型福祉社会論を手放しで礼賛する人びとは例外的な存在となった[1]．

　他方，日本型福祉社会論は，冒頭にも掲げたとおり，「我が国独自の道を選択創出する，いわば日本型ともいうべき新しい福祉社会の実現を目指す」ために提唱されたものであり，少なくとも企図においては，volitional にも存在超越的であった．cognitive にも volitional にも存在超越的であるという意味で，日本型福祉社会論はユートピアとしての性格を有している．けだしユートピアは「『存在超越性』を上位概念とし，現実変革機能を（イデオロギーとの）種差として」規定されるからである（徳永，1968：85）．

　しかし日本型福祉社会論の現実的機能は，新しい福祉社会のユートピアとしてのそれであるとはいえない．むしろそれは，1973年以来，形成途上にあった日本の福祉国家の現状を正当化するものであった．徳永や見田に倣って，存在超越的でありながら現状維持的な観念のことをイデオロギーと呼ぶならば，その現実的機能において，日本型福祉社会論は，（日本型）福祉社会のユートピアというより，すぐれて（日本型）福祉国家のイデオロギーで

あった，といってよい．

この点が，従前の影響力を失っているにもかかわらず，こんにちなお日本型福祉社会論から出発しなければならない理由である．本章の冒頭に示した日本型福祉社会論の特質を知ることによって，私たちは，出発当初の日本の福祉国家の特徴を把握することができるだけでなく，現在の日本の福祉国家がその痕跡をどのくらいとどめており，それらをどのくらい清算することができたか，ということを認識するための基準を獲得することができるのである．

福祉国家レジーム論争

それでは日本の福祉国家はいかなる特徴をもっているだろうか．日本の福祉国家については，これまで様々な特徴づけがなされてきた（埋橋，1997；河野，2000）．「低機能福祉国家」（Bryson, 1992），「萌芽的福祉国家」（Hill, 1992），「公共政策の親ビジネス反福祉的性格」（Pempel, 1989：152），「自由主義福祉国家」（Swank, 2002：63），等々．しかしエスピン＝アンデルセンによって福祉国家レジーム論が提唱されて以来，彼が示した社会民主主義，保守主義，自由主義といった3つのレジームのなかで日本がいったいどのレジームに属するかといった形での議論が行われることが多くなった．

エスピン＝アンデルセン自身は，当初，脱商品化スコアの値の大きさから，日本は保守主義レジームに属すことを暗黙のうちに前提としていたが，その後，「日本型福祉国家の定義にかんする最終的な判定にはもうしばらく猶予が必要である」としながらも，「日本の福祉システムが，自由主義－残余主義モデルと保守主義－コーポラティズムモデル双方の主要要素を均等に組み合わせていることが明らかにな」っており，「日本（そしておそらく東アジア）は，自由主義と保守主義との独特な合成型として定義される『第4のレジーム』を示している」可能性を示唆した（Esping-Andersen, 1990：xiii, xiv）[2]．東アジア・モデルの存在をもう少し積極的に支持する見解もみられる（Jones, 1993）．

しかし，6章および7章で詳しく論じるように，このような「日本は3つのレジームのうちのいずれに属するか」といった問いは，問いそのものが誤

っていると言わざるをえない．福祉国家レジーム論の功績は，序章でも指摘したように，(1)脱商品化という概念を福祉国家分析の基軸に据えたことと，(2)福祉国家を西欧諸国の歴史分析や構造分析のなかに位置づけたこと，のうちにあるからである．彼の3つのレジームは，脱商品化スコアの値の大きさによる分類の結果というよりは，西欧社会の通時的かつ共時的な分析の産物である．したがってこれら3つのレジームを，非西欧社会に機械的に適用することにはそもそもの無理がある．

　もちろん脱商品化スコアの値はいかなる国の制度においても算出することができるから，エスピン゠アンデルセンが当初そうであったように，スコアの値を判断基準にして，各国を3つのレジームのうちの1つに分類することは可能である．しかし彼が「日本は保守主義と自由主義のハイブリッドだ」と言わざるをえなくなることからも明らかなように，脱商品化スコアの値によって帰着させたレジームが，それ以外の点では，まったく異なるレジームの特徴をもつということもありうるのである．

　また制度の表面的類似性によってレジームの同一性を判断することに対しても，慎重でなければならない．なるほど日本の社会保険制度はドイツのそれによく似ているところがあり，このことは日本が保守主義レジームの一種だと考える根拠となりうる．しかし日独の制度の類似は，日本が近代化のある段階でプロシアを模範国として採用してきたからであって，両国間の歴史経験や社会構造の類似によるものではない．福祉国家の諸制度の背後にある政治構造や労使関係——福祉国家のありかたにとって決定的に重要な影響を及ぼすという意味で，私はこれを「福祉国家の下部構造」と呼びたいが，その「下部構造」が日独両国のあいだではまったく異なっているのである．

　したがって福祉国家レジーム論の本来の意義を生かす形で，日本の福祉国家の分析を行おうとするならば，それは，日本を3つのレジームのなかのいずれかに分類することではなくて，福祉国家の諸制度を日本社会の通時的かつ共時的な分析のなかに位置づけることから始めなければならない．このような新しい問題設定のなかで，20世紀後半の福祉国家を，序章で提案した分析図式のなかでとらえなおすならば，以下のような特徴づけを得ることができるだろう．

・国家目標としての福祉国家
　→　福祉政治　→　社会民主主義の弱さと国家官僚制の強さ
・給付国家としての福祉国家
　→　再分配の構造　→　社会支出の薄さと公共事業支出の厚さ
・規制国家としての福祉国家
　→　規制活動　→　経済規制の強さと社会規制の弱さ

以下，これらの点について，順次検討していこう．

2　脱政治化する福祉政治

社会民主主義の弱さ

　ヨーロッパ諸国の福祉国家形成においては，労働運動や社会民主主義政党が大きな役割を果たしてきた．もちろん保守主義者や自由主義者が一定の役割を果たすことはあるが，社会民主主義者に比べるとそれらは限定的である．反福祉国家の社会民主党というものを考えることはできないが，反福祉国家の保守党というものは考えることができる．保守党の議席占有率と社会支出の大きさは一般に負の関連を示すことが知られている．

　日本にも労働運動や社会民主主義勢力は存在する．しかし福祉国家の形成におけるその役割は非常に限定的である．ここに日本の福祉政治の特徴の1つがある．

　第1に，日本の社会民主主義勢力が政権を担当した期間は，戦後の政治史のなかでは，きわめて例外的である．ヨーロッパでは，多くの国で保守党と社会民主党のあいだでの政権交代が頻繁に起こり，社会民主党も比較的長期にわたり政権を担当してきた．ところが日本の場合，社会民主主義者が閣僚として政府の一部を構成したのは，20世紀後半の50年のうち，すべて合計しても3, 4年にすぎない．しかも1回の就任期間は1年未満というのがほとんどである．これでは社会民主主義勢力に福祉国家形成の意欲があったとしても，それを実現することは困難である．

　第2に，日本の社会民主主義勢力は，その政策体系のなかで，社会政策の

充実に対して重きを置いてこなかった．冷戦構造のなかで，与野党の対決の場となったのは安全保障問題であり，アメリカとの同盟を維持するか否か，自衛隊の存在を容認するか否か，といった点であった．安全保障に比べれば年金や医療などの社会保障は二の次であった．福祉国家という政治シンボルに対しても，国民を眩惑するものであるとの理由から否定的であった．むしろ1970年代の初頭までは，反共産主義の理由からこれを利用したのは保守政党の方であった．それどころか労働運動や社会民主政党は，政府が導入しようとした社会保障制度に対して反対運動を繰り広げたことさえあるのである．

国家官僚制の強さ

　第3に，弱体な社会民主主義勢力に代わって日本の福祉国家形成を推進したのは国家官僚制であった．日本の福祉国家が形成される過程で，1961年の皆保険皆年金，1973年の福祉元年，1985年の基礎年金，1997年の介護保険法の成立など，いくつかのエポックメーキングな時期が存在する．これらはいずれも国家官僚制の主導の下に実現されたものであって，その成立の過程で社会民主主義勢力の役割は限られていた[3]．同様に，労働立法をめぐる改革のなかでも国家官僚制の果たした役割が大きい．

　こうした国家官僚制の擬似社会民主主義に対して，長期にわたって政権を独占した保守党も容認の姿勢を示した．日本の保守党は，安全保障の問題やナショナリズムの感情を害する問題に対しては過敏な反応を示すが，それ以外の問題に対しては，国家官僚制による政策立案に概して無関心であった．与党が関心をもつのは政策そのものというよりは，政策実現の過程で発生する利益の分配である．したがって社会政策も，そうした利益分配のメカニズムの枠組のなかに位置づけられる限りにおいて，保守党が反対する理由は乏しかった．

　このように日本の福祉国家は保守政党の容認の下，国家官僚制によって事実上形成された．他方，社会民主主義勢力の方も社会保障の充実に一時反対したことがあるという瑕疵があったとはいえ，その立脚する政治思想からして，親福祉国家的とならざるをえない．このため福祉という政治シンボルが，

日本では，超党派的に受け入れられることになる．アメリカやイギリスの保守主義者は正々堂々と反福祉の議論を行う．「依存階級」や「アンダークラス」に関する議論はその現れである．ところが日本では，保守党の政治家も福祉を掲げて選挙を戦う．とくに地方政治において，このことが当てはまる．日本型福祉社会論のレトリックも，新川敏光が指摘するように，反福祉的な内容が親福祉的な言葉によって語られていた（新川，1993）．

こうしたことすべての結果，日本では福祉政治が潜在化する傾向にある．もちろん日本でも社会政策をめぐる利害対立は存在する．社会保険料の負担割合をめぐる労使間の対立や，医療保険をめぐる医師会と保険者との対立は顕著である．それだけでなく利害対立の多くは国家官僚制の内部にまで持ち込まれる．社会保障に関する財務省と厚生労働省の対立は典型的な事例である．このため国家官僚制の内部で一種の擬似福祉政治が行われることになる．しかし，このことは，かえって福祉政治を潜在化することにつながった．利害対立の多くが国家官僚制の内部で調整されてしまい，国民の目の前に明らかになることが少なかったからである[4]．このため社会政策をめぐる利害対立が政治紛争にまで発展することは少ない．ドイツやフランスでは社会保障に関する政府の緊縮政策に反対してゼネストが行われることがあるが，日本の場合こうしたことは起こりにくい．大衆的な政治闘争があるとしたら，それは安全保障をめぐってであって，社会保障をめぐってではなかった．誤解を恐れずに言うならば，日本では福祉政治が脱政治化してきたのである．

3　国民負担の呪縛

社会支出の薄さ

社会支出の水準からみたとき，日本は OECD 諸国のなかで相対的に低位の水準にある．表 5-1 は，主要国の粗社会支出の対 GDP 比を示したものであるが，これでみると，日本はアメリカ（自由主義レジーム）とほぼ同水準で，スウェーデン（社会民主主義レジーム）やドイツ（保守主義レジーム）よりは相当低位にあることがわかる．一般に人口の高齢化が社会支出を増大させる要因であることが知られており，かつ，これらの国に比べると日本の

表 5-1　社会支出の対 GDP 比（1997 年） (%)

	日本	ドイツ	スウェーデン	イギリス	アメリカ
粗公的社会支出	15.1	29.2	35.7	23.8	15.8
純社会支出	15.7	28.8	30.6	24.6	23.4

資料：ヴィレム・アデマ（勝又幸子・山田篤裕訳）『経済協力開発機構　雇用・労働・社会問題委員会提出　労働市場・社会政策特別報告書　第 52 号　純社会支出第 2 版』2001 年 8 月，表 7 より抜粋．

20 世紀後半における高齢化の水準は低かったため，日本の低さが過大評価されていた可能性もある．しかし高齢化の水準をコントロールしてみても，日本がこれらの国と比べて低位にあったという事実は変わらない．

これは 1 つの謎である．福祉政治が「脱政治化」するほど福祉という政治シンボルが全国民的に受け入れられているにもかかわらず，社会支出の水準が低いのはなぜだろうか．この謎を解く鍵の 1 つは「国民負担」をめぐるポリティックスである．

日本では国民の負担が国民負担率というたった 1 つの指標によって表現される．これは分母に国民所得を置き，分子に租税負担と社会保障負担の合計を置いて得た数値である．この指標は理論的根拠も乏しく，かつ国際的に通用するものではないが，日本国内では非常によく用いられている．歴代政府は，1980 年代の初頭以来，国民負担率の抑制をその基本的な政策目標の 1 つとして掲げてきた．しかもこの点については野党も支持している．政府に批判的なマスメディアの多くもこれを支持している．「福祉の後退」という言説は日本の福祉政治のなかではその存在が許されないが，「国民負担の軽減」という言説が事実上それを代行しうる構造となっていたのである．

日本の社会支出が相対的に低位にあるという点は，すでに多くの人によって指摘されてきたところである．しかしこの点を見ていただけでは給付国家としての福祉国家の特徴を正確に把握したことにはならない．というのは総額が少ないということは，全項目が平均的に少ないということを必ずしも意味しないからである．国際比較のなかでみると，日本の社会支出は各項目間に凹凸がある．この点について簡単にふれておこう．

日本の場合，年金や医療などの普遍主義的な給付は比較的良好な水準にある．

表5-2 機能別社会保障給付費の対国民所得比の国際比較 (％)

	高齢	遺族	障害	労働災害	保健医療	家族	失業	住宅	公的扶助	給付費合計
日本（2000年）	9.68	1.54	0.49	0.27	6.74	0.60	0.69	0.05	0.46	20.53
日本（1996年）	7.40	1.39	0.44	0.27	6.43	0.49	0.56	0.03	0.36	17.38
アメリカ（1995年）	7.58		0.74	0.74	4.75	—	0.37	0.48	3.33	17.99
ドイツ（1996年）	11.39	3.68	2.08	0.61	11.12	3.40	3.36	0.23	1.82	37.68
スウェーデン（1996年）	16.71	1.15	5.48		10.08	4.83	4.70	1.45	1.44	45.85

資料：『平成12年度社会保障給付費の概要について』国立社会保障・人口問題研究所（http://www.ipss.go.jp/Japanese/kyuhuhi-h12/5/No5.html 2003/8/22）．

　公的年金の所得代替率は，国際比較のなかでみると必ずしも低いところに位置しているわけではない．スウェーデンには劣るが，ドイツやイギリスよりはむしろ高いくらいである．また年金のための支出総額も比較的多い（ということは社会保障給付費全体のなかに占める年金の割合が著しく高いということである）．高齢化によって制度がさらに成熟していけば，年金給付はさらに増加していくことが確実である．

　日本の国民医療費の水準は，OECD諸国のなかではイギリスと並んで低いところに位置しているが，国民の健康の水準はけっして低くない．インプットは小さいかもしれないが，アウトカムはむしろ大きい．ゼロ歳児の平均余命や乳児死亡率といった健康に関する伝統的な社会指標は，スウェーデンとともに世界の1位2位を争う．近年注目されるようになっている「健康寿命」もけっして短いわけではない．

　社会支出の総額が相対的に低位にありながら，年金や医療の水準がそれほど悪くないということは，それ以外の給付に，しわ寄せが行っているということである．この点は，社会保障給付費の機能別分類の国際比較を示した表5-2によって確認することができる．この表のうち「失業」の低さは，失業率が小さいことによってある程度説明されるから――給付に対する必要が少ないから――，失業関連給付の水準が低いということにはならない．しかし「障害・労災」「家族」「住宅」「公的扶助」における他国との格差は歴然としている．これらのうち「家族」と「住宅」は制度の不備によるものである．前者は不十分な家族手当（児童手当）に，後者は住宅給付（家賃補助制度）の欠落によっている．また「障害・労災」と「公的扶助」の少なさは，普遍

主義的な給付が優先される結果として,「特別な必要」(special need)に対する給付や選別主義的な給付が疎かにされていることを意味している．

公共事業支出の厚さ

以上で示したような社会支出の不均等発展は，給付国家としての福祉国家における，ことがらの半面である．他の半面は公共事業に対する支出が著しく高いということである．公共事業の大きさを示す指標であるといわれる「一般政府公的資本形成」(IG)のGDPに対する比率でみると，日本は，OECD 諸国のなかでは突出した水準にある（表5-3を参照）．韓国も欧米諸国に比べると高く，公共事業支出への傾斜は日韓両国に共通する傾向といえるが，日本の方がさらに高い[5]．また政府による公共事業の結果，全就業者に占める建設業の労働者の割合が他の国よりも大きくなっている．

このように公共事業への支出の多さは，一定の条件の下では，社会支出を引き下げる要因として作用する．

第1に，公共事業は雇用創出の効果があるから，失業や貧困の発生をある程度予防することができる．経済学者のなかには日本の建設労働市場は100万人分の過剰労働力を抱えているとの推計をするひとがいるが，このことは，逆に，建設労働市場がいかに多くの失業を吸収しているかということを物語っている（保母，2001：42）．これは雇用保険や生活保護に対する相当な社会支出を節約していることを意味する．

とはいえ建設業に従事する労働者は全就業者の10％くらいであり，しかもその大部分が男性である．したがって公共事業が社会支出の引き下げに及ぼす直接的な効果は限られる．しかし，そこに性分業という第2の条件が加わるとき，その波及効果は大きい．男性稼ぎ主モデルが支配的なところでは，男性の雇用を保障するということは，男性の貧困や失業を予防するだけでなく，女性の貧困や失業を予防することでもある．さらに男性労働者の完全雇用は，無償の家事労働を安定的に供給することにつながるから，ケアに関連する社会給付（機能別社会保障分類における「障害」「家族」など）の節約にもつながる．実際，日本の家族は長らく近代家父長制的であった．これには疑問の余地がない（大沢，1993）．公共事業によって社会支出が引き下げ

表5-3 一般政府公的資本形成（IG）の対 GDP 比
(%)

日　本	1998 年	6.2
アメリカ	1997 年	1.9
イギリス	1996 年	1.4
ドイツ	1997 年	2.0
フランス	1997 年	2.8

資料：財務省（http://www.keizai-shimon.go.jp/minutes/2001/0418/item5_3.pdf 2005/12/18）．

られるメカニズムが作用したことは間違いない（岡沢・宮本編，1997）．

　日本の場合，福祉国家の成立に先立って，公共事業優先の政策体系が確立されていた．給付国家としての福祉国家の成立は，1973年のことであり，この年を境に日本では社会支出が急増した．ところが，それ以前の高度経済成長の時代に，急速な工業化と都市化によって生じた歪みを是正するため社会資本の充実が叫ばれるようになり，1960年代初頭までには，国が策定する経済計画や国土計画のなかで公共事業が重視されるようになっていた．しかも公共事業は，日本経済の二重構造を解消し，後進地域の開発を促進するという名目で各地域に配分された．その結果，公共事業の配分が政治家の重要な仕事となり，かつこれが選挙のときの集票と結びついたため，公共事業が日本の政治構造の不可欠な要素となった[6]．日本の福祉国家はこの枠組を前提にして形成されなければならなかったのである．

　このことは日本の福祉国家の再分配構造に対して，もう1つの特徴を付与することとなった．それは垂直的な再分配よりも水平的な再分配を，言い換えると，階級間の再分配よりも地域間の再分配を優先するというものである．それは低所得層に社会給付を行うのではなく，後進地域に公共事業を行うことによって同様の効果をあげようというものである[7]．日本ではこのメカニズムがうまく作用した．

　要約しよう．日本の社会支出は OECD 諸国のなかでは低位にある．これは年金や医療などの普遍主義給付の低さに由来するのではなくて，それ以外の給付の低さに由来する．公共事業への支出の多さは，ジェンダー化された家族の存在と結びつくことによって，普遍主義以外の給付の低さに帰結し（社会支出の構成の不均等発展），社会支出の相対的低位を生む．社会給付に

よる階層間の再分配よりも公共事業による地域間の再分配が優先されたことも，社会支出が相対的低位にある理由の１つである．

4　護送船団方式の逆説

経済規制の強さ

　規制国家としての福祉国家を特徴づける作業は，これまでの比較福祉国家研究のなかでは十分には展開されてこなかったが，経済規制に関しては，現代資本主義論のなかから示唆を得ることができる．組織資本主義，国家独占資本主義，混合経済体制，等々に関する理論がこれまで展開されてきたが，この種の理論に共通するのは，20世紀の資本主義が19世紀の資本主義と異なって様々な国家介入を前提として成立することを指摘している点である．

　かつての現代資本主義論は資本主義の段階論として提示されることが多かったが，近年では，現代資本主義論が段階論としてではなく類型論として展開される傾向にある．たとえばアルベールは，資本主義をアングロサクソン型とライン型とに分類し，前者は後者に比べて市場メカニズムの適用される範囲が広く，政府による介入が強いことを指摘しているが（Albert, 1991），これは類型的把握の典型である．このほかにも「自由主義的市場経済」と「組織された市場経済」の区別や「自由主義資本主義」と「非自由主義的資本主義」の区別が行われることがある．

　これら資本主義の類型論のなかでは，日本の資本主義に関する特徴づけは共通している．それらのなかで日本は，ドイツとともに，アメリカとは正反対の極にある，政府による規制の強い資本主義の型に属するとされるのが通例である．福祉国家の型に関しては，アメリカと同じ自由主義型だと主張するひとがいるが，こと資本主義の型に関しては，アメリカと同じ自由主義型だと主張するひとは見当たらない．それだけ日本政府の経済規制の強さについては定評があるのである．許認可権は膨大な数にのぼる．

　経済領域への国家介入は，日本の場合，第１に，高成長部門の保護・育成という形で現れる．日本政府は，生産性が高く国際競争力の強くなる可能性のある部門を優遇し拡大するため，規制的措置に限らず給付的措置も含めて，

これまで広範な経済介入を行ってきた．こうした介入方式を示した比喩が「日本株式会社」である．そこでは本社＝通産省（当時）が，最も有望な部門に資源を重点的に配分するという経営戦略の下で，国内の各支社＝各企業を統括する．何が有望であるかは時代によって異なる．それは石炭産業であるかもしれないし，鉄鋼産業であるかもしれない．また自動車産業であるかもしれないし，コンピュータ産業であるかもしれない．しかし重要産業に集中的に投資するという政府の姿勢は一貫している．

このことは日本政府が低成長部門を切り捨ててきたということを意味するわけではない．むしろ事実は反対である．日本政府は，高成長部門を保護・育成するだけでなく，競争力の乏しい低成長部門（たとえば農業や流通業など）に対しても，相当な保護と援助を行ってきたからである．このような国家介入の仕方を典型的に示すのが「護送船団方式」である．この考え方は，直接には，すべての銀行が倒産することのないように最も弱い銀行を基準にして行われる銀行行政に由来するが，銀行業に対してだけでなく，日本経済全体のなかで各産業を対象にして適用されてきた．

スウェーデンの積極的労働市場政策では，産業構造の高度化をはかるため，生産性の低い部門は整理され，そこでの余剰労働は生産性の高い部門に吸収されたが，日本の場合は，このようなことは起こらなかった．日本では，生産性の低い部門も保護され，競争力がなくなったあとも存続して，一定の雇用を生み出し続けたからである．日本とスウェーデンはともに低失業率の国として知られるが，その実現方法はまったく逆だったわけである．

社会規制の弱さ

こうした経済規制の強さとは対照的に，社会規制が必ずしも強くないというのが日本の規制活動の特徴である．

使用者による労働者の解雇は比較的強く規制されているため，ひとたび正規雇用を手にした労働者の失業のリスクは小さい[8]．しかし労働市場における雇用機会の均等化のための規制は，概して弱いのが日本の実情である．性や年齢など属性（ascription）を理由とした雇用差別が日本では長らく放置されてきた．国連の女性差別撤廃条約を批准する過程で，男女雇用機会均等

法が制定されたが，募集・採用，配置・昇進についての男女差別が禁止されるのはようやく1997年の法改正のときである．それ以前，そうした差別は放置されていたのである．年齢を理由とした雇用差別については，年齢階梯的な社会規範の影響もあり，一般には，そもそもそれが差別であるとの認識すらないのが実情である．また社会的マイノリティの雇用機会についても十分な規制措置がとられておらず，国連から是正の勧告を受けている．

市民生活に関する社会規制についても同様である．都市計画は十分に機能しておらず，土地・住宅問題を引き起こしている．土地利用規制が不十分であるため，日本の都市は空間のゾーニングに失敗している．借家居住に関する年齢差別や外国人差別を禁止するための立法措置はとられていない．ドメスティック・バイオレンスに関する規制も不十分である．子どもや高齢者の虐待に対する取り組みも不十分である．障害者差別の禁止という考え方は一般的となっていない．こうしたことすべての結果，経済的には強力な規制が行われているにもかかわらず，社会的には無規制の状態が生まれており，社会的レッセフェールの状況を呈しているというのが日本の姿である．

この点で，日本は，アメリカとは対照的な規制国家のありかたを示している．たしかにアメリカは規制の弱い国である．しかしそれは経済規制に関してであって，社会規制に関しては相当強い．雇用機会均等（EEO）に関する法律が整備され，雇用差別に対する差別禁止は徹底している．また市民生活に関する社会規制についても同様である．市場に委ねられる領域は他の国より広いが，そうでないところについては相当規制的である．

前節で指摘したように，公共事業への支出の多さは社会支出の少なさの原因の1つであるが，公共事業は政治・行政的に管理される事業であるから，経済規制の強さの原因ともなりうる．というより，正確には，公共事業の大きさと経済規制の強さは，強大な国家官僚制を背景とした国家介入の2つの形態とみるべきであろう．完全雇用の理由の一端はこの経済規制の強さに求めることができるが，これはジェンダー化された家族と結びつくことによって9)，場合によっては，社会規制を代替し，社会規制の発達を遅らせることにつながるだろう．

以上の特徴をまとめたのが，図5-1である．

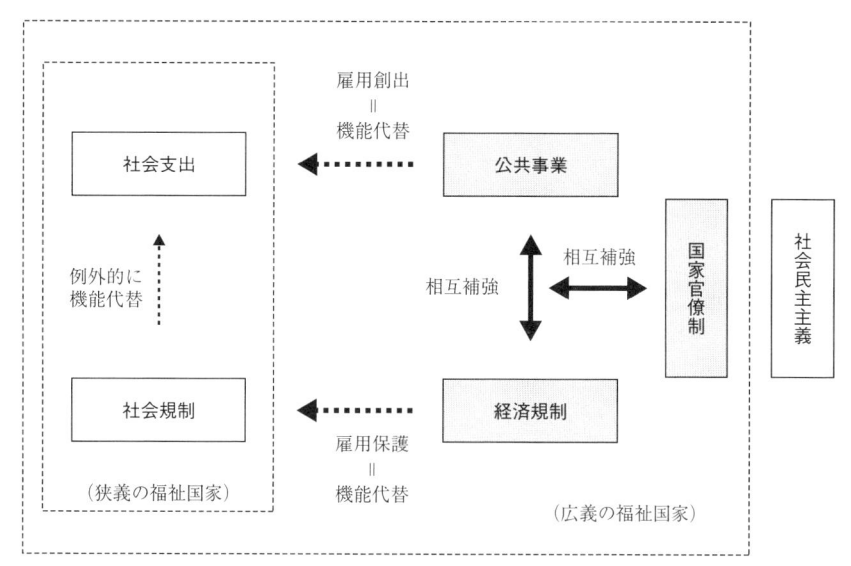

図5-1 日本の福祉国家レジーム

5 転換期にある日本の福祉国家レジーム

21世紀初頭の現在,日本の福祉国家レジームは転機に立っている.以上のような特徴づけを可能とした諸条件が,以下のような内発的ないし外発的な諸要因によって挑戦を受けているからである.

第1は,グローバル化である.20世紀の第4四半期は,今日的な意味でのグローバル化が開始した時代であった.そうしたなかで各国の経済政策や社会政策は,アメリカ主導のグローバル資本主義への適応を余儀なくされる(2,3章を参照).その結果,日本の福祉国家レジームの再分配構造や規制構造は変更を迫られることになる.

1つには,階級間再分配よりも地域間再分配を優先する再分配構造は,グローバル資本主義の圧力の前で維持することが困難となっている.資本の海外逃避の恐怖を前にした政府は,財政規律を回復しなければならない.このため政府は社会支出のみならず公共事業の削減にも取り組まざるをえなくな

る．このことは，公共事業をつうじて行われる後進地域への再分配が困難になっていくことを意味する．

2つには，グローバル資本主義の圧力の前で，従来のような強力な経済規制を維持することが困難となっている．日本株式会社のような成長産業の保護政策はすぐさま国際的な批判を呼び起こす．低成長部門の保護もまた自由貿易の障害として，その放棄をつねに海外から求められている．保護された低成長部門が余剰労働を吸収するといった従来の形での雇用創出は困難となりつつある[10]．

いずれの場合も，日本の福祉国家レジームにおける，これまでの経済政策と社会政策との癒合をデカップリングしていく可能性を有している．

第2は，脱ジェンダー化である．公共事業による社会支出の代替は，家父長制が存在することによって，より大きな効果をあげることができたわけだが，伝統的な性分業を前提とした家族のありかたが日本でも徐々にではあるが変化してきている．男性稼ぎ主モデルが通用しないところでは，公共事業による女性の生活保障を期待することはできないし，社会支出の構成の不均等発展は是正されざるをえないであろう．また労働市場における社会規制の強化の要請も強まらざるをえない．

第3は，政治構造の変化の萌しである．国家官僚制が政策を決定し，政党が利益の配分を行うという政治構造は，公共事業の順調な伸びによって維持されてきた．したがって公共事業の抑制はこうした政治構造の変化をもたらす可能性がある．また，1990年代初頭に，選挙区の構造が中選挙区から小選挙区へと変えられた結果，二大政党への収斂が徐々に進んでいる．この傾向が続いて，今後もし政権交代が頻繁に起こるようなことになると，国家官僚制と政党のあいだの関係は大きく変わらざるをえないだろう．さらに国家官僚制の内部にグローバル資本主義の教説が浸透しつつあるため，国家官僚制が従来のように擬似社会民主主義の役割を演じることが難しくなっていくかもしれない．以上のような諸変化によって，脱政治化されていた福祉が再政治化されることになるかもしれない．

日本の福祉国家レジームを支えてきた諸条件に，いろいろと変化の萌しが出始めていることは疑問の余地がない．しかし現在レジーム・シフトが生じ

つつあるか否かについて断定的なことは言えない．とはいえ日本の福祉国家レジームが，現在，岐路に立たされていることは間違いない．

1) この間の事情の変化は 1978（昭和 53）年版の『厚生白書』と 1996（平成 8）年版の『厚生白書』の記述のなかに表れている．すなわち前者のなかでは，当時の日本の家族における同居の習慣が「福祉における含み資産」として位置づけられていた（91頁）．しかし，後者のなかで，家族は次のように記されている．「さまざまな機能を担う家族の基盤」が「脆弱化」しており，「社会保障制度は家族の機能を補完する役割を果たす」（152頁）．70年代後半の政府は，日本は強力な家族が存在するから社会保障の水準を低く抑えることができると認識していたが，90年代の政府は日本の家族は脆弱であるから社会保障によって支えなければならないと認識するようになった．90年代になると，厚生省ですら日本型福祉社会論を正面きって主張することはできなくなったのである．
2) 田端博邦は，日本は「自由主義的福祉国家」と「組織された市場経済」の側面をもち，これは日本の労使関係のありかたに由来するとの見解を提出している（田端，2003）．
3) ただし 1973 年の福祉元年の背景には，革新自治体と呼ばれる社会党や共産党の推薦する首長が君臨する地方自治体が存在し，これが中央政府の社会保障改革に対する圧力となっていた．その意味で，社会民主主義勢力が一定の役割を果たしたことは間違いない．しかし，この場合でも，国家官僚制は革新自治体の圧力に屈して，不承不承，改革を推進したのではなく，国家官僚制の方が革新自治体の圧力を利用して自らの目的を実現したのである．
4) とはいえ，2004 年の年金改革以来，こうした従来の傾向からの逸脱が見られるようになった．2003 年の総選挙では，年金改革が 1 つの争点になった．といっても具体的な政策論争が行われたわけではなく，話題にのぼったという程度である．また，2003 年 11 月，厚生労働省の改革案に対して，財務省と経済産業省が公然と反対の烽火を上げたため，国家官僚制内部の対立が国民の目の前に明らかとなった．ただしこれも，厚労省の設定した枠組のなかでの条件闘争の色彩が強い．ところが 2004 年の参議院選挙では，年金が最重要争点の 1 つとなった．また 2007 年の参議院選挙でも同様である．この選挙では年金が最大の争点となり，政府与党は大敗を喫した．これら一連の動きが日本の福祉政治を変えていく端緒となるか否かについては，今後の動向を注意深く見守っていく必要があると思われる．
5) もっとも，近年，日本の公共事業は減少の傾向にあるため，2000 年には韓国の方が日本より高くなっている．

6) 公共事業の総枠は国家官僚制が決定するが，各事業の配分はいわゆる「箇所づけ」という形で政党が決定する．これはある意味で総論政治・各論行政ではなく総論行政・各論政治であり，政治と行政の役割の逆転である．そこでは官僚が政治を行い（政策を決め），政治家が行政を行う（事業を配分する）．
7) 税制もまた地域間の再分配を行ううえで貢献した．
8) もうひとつの例外は借地借家法である．借家人の居住の存続（security of tenure）は比較的強く保護されている．しかし，これは住宅給付が欠落していることとセットで考えられるべきだろう．
9) 男性稼ぎ主モデルの下では，雇用の機会均等の必要性は弱まる．
10) 社会民主主義レジームは公共部門の拡大によって，保守主義レジームは労働力の供給削減によって，自由主義レジームは低賃金労働の拡大によって，余剰労働力の問題解決をはかってきたのに対し，日本の福祉国家レジームの場合には，後進地域における公共事業と低成長部門の保護によって，この問題に対処してきたのであるが，グローバル化がこれを困難にするのである．

6章
福祉オリエンタリズムの終焉
韓国福祉国家性格論争の教訓

1 韓国福祉国家性格論争

　1997年のIMF危機後の韓国では，経済危機下であるにもかかわらず，「生産的福祉」のスローガンの下に，急速に福祉国家化が進んだ．近年韓国内で繰り広げられた福祉国家性格論争は，直接には，金大中政権下で生じた社会政策の変化をどのように特徴づけるかということをめぐるものであった．その意味では，韓国の個別性に根ざしている．

　しかしこの論争は，日本人研究者にとっても隣国の無関係な出来事として済ますことのできない，非常に重要な内容を含んでいると思われる．また日韓の研究者だけでなく，その他の国々の研究者にとっても，この論争が取り上げている事実と，この論争が含意する論点は，従来の福祉国家研究の方法に革新を迫るような，重要な内容を含んでいると思われる．

　本章は，この論争に介入して決着をつけることを目的としているわけではない．そのためには情報があまりにも不足している[1]．本章が目的としているのは，この論争とこの論争が扱っている事実が，福祉国家の比較研究にとって有している普遍的な論点を提示することである．これによって従来採用されてきた比較福祉国家研究の方法論は変更を余儀なくされることになると思われる．

　このため本章では，最初に，私が理解している限りでの論争の構図について整理する（2節）．次に，従来の福祉国家研究では，オリエンタリズムの傾向が支配的であったことを示すとともに，韓国における福祉国家の急速な

生成は，この福祉オリエンタリズムの傾向に対して反省を迫るものであることを論じる（3節）．さらに，経済危機下における韓国の福祉国家形成は，こんにちの世界を席巻するグローバリズムの例外としての位置を占めていることを示しながら，このようなことが可能となった理由や条件について考察する（4節）．そこで得られる仮説もまた，日韓両国を同一視するようなオリエンタリズムへの反省を迫るものである．さらにまた，以上で示された諸論点が，福祉国家の比較研究の方法論に対してもつ含意を指摘する（5節）．そして最後に，論争が示唆する方法論の革新を踏まえたときに現れてくる日本と韓国の福祉国家の姿を比較対照する（6節）．

2　論争の構図

　1997年の通貨危機以降，韓国政府は，IMFからの巨額融資の見返りとして，経済政策および社会政策において，緊縮政策の採用を余儀なくされた．このような状況に追い込まれた政府は，通常であれば，社会政策に関する公共支出の大幅な削減を実行する．1970年代末に同様の状況にあったイギリスでも，IMFから公共支出の削減を求められ，労働党のキャラハン政権は，公営住宅建設をはじめ，多くの社会政策分野において公共支出を抑制した．1979年に登場したサッチャー政権が，公共支出削減政策をさらに進めていったことは知られているとおりである[2]．
　ところが韓国の場合には，相当な経済危機であったにもかかわらず，社会政策への支出拡大が積極的に進められた．イ・ヘギョン（李惠炅）は，これを「韓国福祉国家の超高速拡大」と形容している．こうした事態に対して，キム・ヨンミョン（金淵明）は，金大中政権の下で，国民の福祉に対する国家責任の強化が進んでいるとの主張を繰り広げた．これに対して，チョ・ヨンフン（曺永薰）やチョン・ムグォン（鄭武權）が論争を挑んだ．彼らは，金大中政権では一見すると国家責任が強化されているように見えるが，実施された政策を詳細に検討してみると，国家責任の拡大というよりは，むしろ新自由主義の原則が貫徹されている，と述べ，国家責任強化説を批判した．さらにナム・チャンソブ（南燦燮）は，国家責任強化説と新自由主義貫徹説

の双方を睨みながら，政府の意図は国家責任の強化にあったが，実施された政策の結果は新自由主義の貫徹であり，意図と結果における食い違いがみられるとの主張を行った．

やや単純化しているきらいはあるが，以上が限られた情報源から私が理解した韓国福祉国家性格論争の構図である．

２つの次元

この構図から想像されるのは，この論争には，「隠れた参加者」がいるのではないかという点である．おそらく，この論争の当事者たちは，親福祉国家の立場に立つ人びとであろうと思われる．しかし反福祉国家の立場に立つ人びとが，金大中政権下の社会政策に対してどのような評価を下しているかということも，この論争の潜在的な側面として存在するのではないだろうか．

この点について考察するためには，この論争における２つの次元を区別する必要がある[3]．

ひとつは当為の次元（価値，評価，volitional の次元と言い換えることができる）であり，そこでは論争の当事者がどのような価値判断に立脚して発言しているかということが重要な意味をもつ．この論争の場合であれば，福祉国家にコミットしているのか，それとも福祉国家に反対しているのかといった点である．

他のひとつは，存在の次元（事実，認識，cognitive の次元と言い換えることができる）であり，そこでは，論争の当事者が現状をどう認識しているかということが重要な意味をもつ．この論争の場合であれば，現状を福祉国家であるとみているのか，それとも福祉国家ではないとみているのか，といった点である．

論争の隠れた参加者

以上の２つの次元を区別して，韓国福祉国家性格論争における当事者たちの配置を再整理してみたのが図 6-1 である．縦軸が当為の次元を示し，横軸が存在の次元を示す．図 6-1 のなかで考えると，国家責任強化論者は第１象

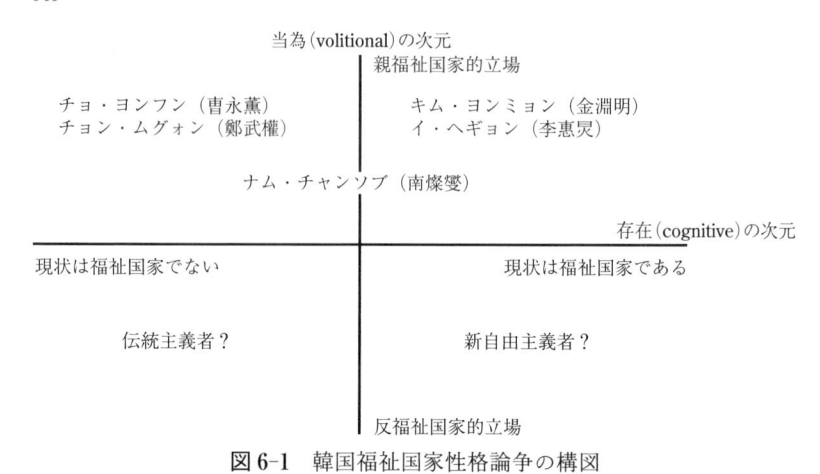

```
                    当為(volitional)の次元
                        親福祉国家的立場
   チョ・ヨンフン(曺永薫)        キム・ヨンミョン(金淵明)
   チョン・ムグォン(鄭武權)       イ・ヘギョン(李惠炅)

              ナム・チャンソブ(南燦燮)

                                        存在(cognitive)の次元
   現状は福祉国家でない         現状は福祉国家である

      伝統主義者?              新自由主義者?


                       反福祉国家的立場
```

図 6-1 韓国福祉国家性格論争の構図

限に属し,新自由主義貫徹論者は第2象限に属することになる.彼らは明示(エクスプリシット)的な論争参加者である.これに対して,この図の下半分に属する人びとが「隠れた論争の参加者」である.

第4象限に属する人びととは,反(アンチ)福祉国家の立場に立っているものの,現状があまりにも福祉国家的であることを批判的に考えている人びとである.おそらく新自由主義者がここに属するのであろう.グローバル資本主義が猛威をふるっている現在,彼らの存在は,韓国でも無視できないのではないだろうか.現代日本の知的状況のなかでは,この種の人びとは,マスメディアにおける発言力が大きく,かつ,政府の政策決定に対しても相当大きな影響力をもっている.

第3象限に属する人びとも論理的には想定することができる.伝統的な家族や共同体の醇風美俗を重視する人びと——たとえば韓国で「儒林」と呼ばれる保守派儒教知識人たち——が,現状を必ずしも福祉国家的と考えていなければ,現状維持的な発言をする可能性はある.ただし彼らが現状をあまりに福祉国家的であると考えた場合には,韓国の古き良き伝統が失われつつあるとして現状批判的となる(すなわち第3象限から第4象限へと移行する)かもしれない.

公共政策に関する社会科学上の論争の場合,そもそも公共政策が何らかの

価値を具体化しようとするものであることから，論争参加者たちの価値前提を捨象して議論することには意味がない．と同時に，こうした点を視野に入れることで，暗示的な論争参加者，すなわち「隠れた論争の参加者」の存在を浮かび上がらせることができるのである．

論争の構図を以上のように確認したうえで，以下では，この論争の普遍的なインプリケーションについて検討していきたい．

3 福祉国家研究におけるオリエンタリズム

福祉オリエンタリズムの特徴

サイードは，オリエンタリズムについて複数の意味合いを持たせながら，そのなかの1つとして，「オリエンタリズムは『東洋』と（しばしば）『西洋』とされるものとのあいだにもうけられた存在論的・認識論的区別にもとづく思考様式なのである」と指摘した（Said, 1978：上 20）．この種のオリエンタリズムの傾向は，これまでの福祉国家の国際比較研究においても非常に顕著であった．こうした福祉国家研究におけるオリエンタリズムのことをここでは「福祉オリエンタリズム」と呼びたい[4]．この「福祉オリエンタリズム」には，以下のような特徴がある．

第1は，スウェーデン中心主義（Swedocentrism）である．これは，福祉国家の典型を，理念型的に仕立て上げられたスウェーデンないし北欧諸国に置き，その他の福祉国家をそこからの逸脱ないし偏差によってとらえようとする思考法である．ここで福祉国家は，労働力の脱商品化や社会政策の脱ジェンダー化との関係から定義され，スウェーデンの社会政策がこれらの点で最も進んでいると評価される．エスピン＝アンデルセンの脱商品化スコアでもシーロフが工夫した脱ジェンダー化の指標でも北欧諸国は高得点を獲得している（Esping-Andersen, 1990; Siaroff, 1994）．

第2は，ヨーロッパ中心主義（Eurocentrism）である．これは，福祉国家の類型化や国際比較に際して，ヨーロッパ諸国間の差異については詳細な検討を行うが，ヨーロッパから地理的に離れてくるにつれて，差異ではなくて類似を強調するような傾向である．このため日韓両国，さらには東アジア

諸国，場合によっては全アジア諸国が一括して扱われることになる．マルクスは，ヨーロッパ以外における生産様式を「アジア的生産様式」として一括してしまったが，こうした思考法は現代でも生きている[5]．

第3は，エスノセントリズム（自民族中心主義）である．非ヨーロッパ諸国は，福祉国家の典型からの逸脱として一括して扱われるだけでなく，そこには，ヨーロッパ人の理解を超えた文化的伝統が投影されることになる．その結果，カトリック諸国とプロテスタント諸国の文化的相違やその社会政策への影響には敏感に反応するが，非ヨーロッパ諸国の宗教は一括りにされ，これが社会政策のあり方に対して何か決定的な影響を及ぼしているかのごとく考える傾向が生まれる．

「儒教資本主義」や「儒教福祉国家」(Jones, 1993) などといった，まさにオリエンタリズムの典型のような概念が作り上げられるのは，こうした理由によるところが大きい．日本・中国・韓国が儒教文化圏にあるということは，ヨーロッパがキリスト教文化圏にあるのと同様の意味で主張することができるにしても，カトリック，プロテスタント，ロシア正教がそれぞれ異なっているように，日本・中国・韓国は異なっている．ロシアからスペイン・ポルトガルにまで至る地域を「キリスト教資本主義」や「キリスト教福祉国家」として一括することができないのと同じように，東アジア諸国を「儒教資本主義」や「儒教福祉国家」として一括することには相当な困難が伴う．

東アジア・レジームは存在するか？

福祉国家の東アジア・レジームの存在を予想するようなこの種の一般化に対して，私は懐疑的である．こうした文化的伝統の相違に加えて，東アジア諸国は，経済構造・社会構造の点においても非常に多様である．福祉国家形成に影響を及ぼすと言われている経済発展，人口高齢化，社会保障制度の導入年次などの点において，東アジア諸国は多様性をきわめており，これらを同質のものとして扱うということは，素朴に考えてもそもそも無理がある．ところが福祉オリエンタリズムはこうした点を無視することによって，東アジア諸国の福祉国家に対する正確な認識を妨げるのである[6]．

さらにまた，韓国福祉国家性格論争が明らかにしたように，近年の社会政

策をめぐる動きは，日本と韓国とのあいだでまったく異なる様相を呈しており，斉一的な東アジア・レジームなるものを想定することがますます困難となってきていると言わざるをえない．おそらくドイツとイギリスが同じ福祉国家レジームに属すると主張する研究者はいないだろう．ところが福祉オリエンタリズムは，日本と韓国の扱いを，ヨーロッパにおけるドイツとイギリスの関係としてではなく，スウェーデンとノルウェーの関係として扱うのである．日韓両国のあいだでは文字でさえ異なっているにもかかわらずである．韓国福祉国家性格論争は，福祉国家研究におけるこうしたオリエンタリズムの終焉を宣告するものである．

東アジア諸国の社会政策について考える場合，今後は，日本，韓国，そして中国について，これまで以上に綿密に観察し，その比較研究を進めていく必要がある[7]．もし仮に東アジア・レジームなるものが存在するとしたら，それは，これら3国に共通していなければならない．ところが従来の研究のなかでは，便宜的な理由から，香港やシンガポールについて言及されることが多く[8]，日中韓3国に関する言及はきわめて限定的であった．韓国福祉国家性格論争は，日中韓3国に関する，オリエンタリズムに囚われない自由な比較研究のための出発点とならなければならない．

4　グローバル資本主義と福祉国家形成

グローバリズムの例外

韓国福祉国家性格論争の普遍的なインプリケーションの第2は，この論争が対象とする事実が，グローバル資本主義による福祉国家への縮小圧力が必ずしも不可避のものではないことを示している点にある．

20世紀の第4四半期は，本書の第I部で検討したように，世界中でグローバル化が進展した．グローバル資本主義は，世界中の福祉国家に対して，税負担の軽減，規制の撤廃，社会保障費の削減などを要求してきた．80年代におけるサッチャーのイギリスやレーガンのアメリカのように，いちはやく，みずからの意思によって，グローバル化への適応戦略を採用した政府もある．しかし他方で，グローバル資本主義の圧力に屈して，みずからの意思

に反して，国内の社会政策の変更を受け入れた政府も少なくない．2章で見たように，80年代初頭におけるミッテランのフランス政府は，伝統的なケインズ型福祉国家（KWS）の政策を実行しようとして失敗した典型例である．80年代のスウェーデンも，一時，伝統的な福祉国家とグローバル化を両立させたかのように見えたが，90年代に入ってから，社会政策の大規模な調整を余儀なくされた（宮本，1999）．

　先進諸国の政府の場合，グローバル資本主義の圧力は，無言のそれであり，間接的である．グローバル資本主義への適応を受け入れなければ，その後に資本の海外逃避（キャピタルフライト）が待ちかまえているが，いちおうグローバリズムを拒否する「自由」はある．ところが，開発途上国の政府の場合，その圧力は，より直接的であり不可避的なものとなる．アジアの通貨危機のときにみられたように，一国の政府が，たった1人の投機家の一挙手一投足に翻弄されるというようなことが起こりうるのである．また旧共産圏諸国や中南米諸国におけるように，グローバル資本主義の推進機関であるIMFや世界銀行が，融資のコンディショナリティとして社会支出の抑制を課した場合，各国政府は，不本意ながらもそれらを受け入れざるをえないのである．

　ところがIMF危機後の韓国社会政策の展開は，こうしたグローバリズムの社会政策における規則の例外としての性格を帯びている．

　もちろん韓国政府もIMFが要求する構造調整を受け入れた．その意味では，グローバル資本主義への適応を積極的に推進してきた．また，福祉国家性格論争における新自由主義貫徹論者が主張したように，金大中政権下の「生産的福祉」においても，グローバリズムの論理は冷酷に貫かれており，そこでは新自由主義の教説が影響力を持ち，社会政策は残余主義的な性格を帯びているとの見方もありうる．もしそうだとすると，IMF危機後の韓国社会政策もグローバル資本主義への屈服の一例であると見なすことができる．

　しかし他方で，社会支出の水準といった観点からみるならば，「韓国福祉国家の超高速拡大」（李惠炅，2004）は，否定することのできない事実である．そこには種々の留保を付けなければならない点があるかもしれないが，かりにそれらを認めたとしても，こうした社会支出の水準の上昇は，韓国と類似の状況に置かれた他国がよく成し遂げられなかった点である．その意味

では，IMF危機後の韓国社会政策の発展は，グローバリズムにおける規則の例外であった．

超高速拡大の条件

しかし，なぜ，そのようなことが可能となったのか．これは韓国人にとって重要な問いであるだけでなく，グローバル資本主義に苦しめられている世界中の人びとにとっても重要な問いである．

おそらく「福祉国家の超高速拡大」が可能となった理由は，第1に，国内の政治情勢に求めることができるであろう．IMF危機下における労働運動の高まりや，NGOの活躍が金大中政府に対する政策変更の圧力となったことはまちがいない．しかし，それだけでは，なぜ韓国だけが反グローバリズムに成功したかということを説明しない．社会保障の削減に対する政治紛争が生じた国は韓国だけではないからだ．その意味で，国内の政治的要因は，「生産的福祉」にとっての必要条件ではあっても十分条件とはいえない．

第2に，「福祉国家の超高速拡大」にあたっては，人口学的条件も寄与しているものと思われる．韓国の65歳以上人口比率は現在7%を超えているが，他の先進諸国に比べると相当低い．一般に，人口の高齢化は社会支出の増加に寄与することが知られており，この点で，IMF危機時における韓国は，社会支出の面で相対的に身軽だったといえる．80年代初頭のフランス政府がグローバル資本主義の圧力に屈せざるをえなかったのに対し，90年代末の韓国政府がそれを相対的に回避することができたのは，この人口ボーナスによって部分的に説明することができるかもしれない．しかし人口の若い国々は韓国だけではないから，これもまた十分条件とはならない．

第3に，韓国は，90年代末までに，すでに一定程度の経済発展を達成しており，この点も「福祉国家の超高速拡大」を可能にした条件だといえる．一般に，1人当たりGDPの増加は社会保障を促進する要因として知られている．また，人口がいくら若くとも，経済発展の水準が一定程度に達していなければ，社会支出を増加させることは困難である．支出増を経済的に支えることができたか否かということが，韓国と他の国々との命運を分けた最も重要な理由のなかの1つだとは言えないだろうか．

第4に，レトリックとしての「生産的福祉」が「福祉国家の超高速拡大」に対して微妙に影響を及ぼしているように思われる．「生産的福祉」という言葉自体は金大中政権の発明ではなく，金泳三政権の「韓国的福祉模型」に由来する．また「生産的」という形容には，ワークフェアを連想させる響きがある．つまり「生産的福祉」は，伝統主義者や新自由主義者などの反福祉国家陣営にとっても，にわかには否定しがたいスローガンとなっているのである．こうしたイデオロギー的要因も無視できないのではないだろうか．

韓国がグローバリズムに抗して「福祉国家の超高速拡大」をすることのできたのは，国内政治，人口高齢化，経済発展，イデオロギーといった，以上の諸要因の微妙な均衡によるものだったのではないかと思われる．

5 国際比較の方法論

水準とベクトル

東アジア諸国の場合，各国の経済構造や社会構造があまりにも異質であるから，自由主義レジーム，保守主義レジーム，社会民主主義レジームと同様な意味において，東アジア・レジームなるものを想定することは困難であろう，ということをすでに述べた．しかしこのことは，東アジア諸国における社会政策を比較することがまったく無意味であるということまでは意味しない．韓国福祉国家性格論争は，このような異質な国々を比較するさいの方法論についても，重要な示唆を含んでいる．

この点を図6-2によって考えてみよう．この図は，福祉国家化の程度という点においてそれぞれ異なる水準にある国々が，それぞれ異なるベクトルの政策を採用している状況を示している．縦軸が社会的な給付や規制の水準を示し，横軸が時間を示している．

A国とB国は，福祉国家による給付や規制が同程度の水準にあるが，それぞれ現時点で採用している政策が逆方向である．A国政府は，給付を現状よりさらに引き上げるか，あるいは規制を現状よりさらに強化する政策を採用している．これに対して，B国政府の方は，給付を現状より引き下げるか，あるいは規制を現状より緩和する政策を採用している．同様に，C国と

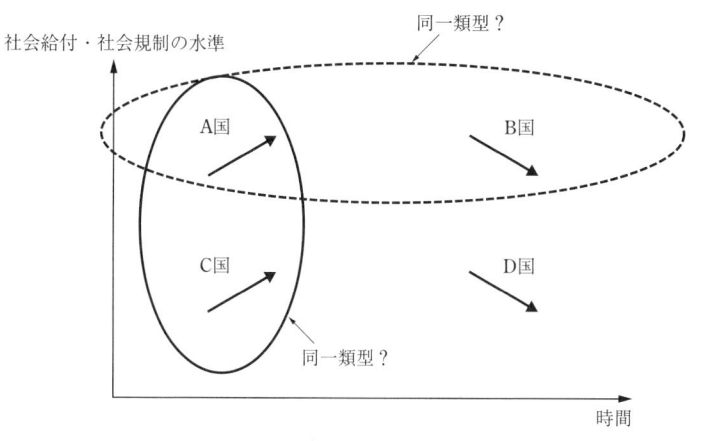

図 6-2 福祉国家の分類

D国も福祉国家化の水準は同程度だが,それぞれの政府が採用する社会政策のベクトルは逆方向に向いている.

このような状況が観察されるとき,福祉国家のありかたに関して,どのような類型化が可能であろうか.政策のベクトルが同方向であることから,水準は捨象して,A国とC国が同一の福祉国家類型に属すると考えるべきであろうか.それとも,水準が同程度であるということから,ベクトルは捨象して,A国とB国が同一の福祉国家類型に属すると考えるべきであろうか.

従来のアプローチの難点

従来の国際比較研究では,ベクトルを捨象して水準に注目する後者の方法が採用されることが多かったように思われる.たとえばウィレンスキーは,そうした研究の典型であり,そこでは,一時点での社会保障費の対 GNP 比が福祉国家化の指標となっている(Wilensky, 1975).またウィレンスキーをパラダイムとするそれ以後の計量社会学的研究のなかでも,社会給付の水準を被説明変数とするアプローチが主流を占めた.

しかし国際比較に際して,社会的給付の水準や所得再分配の規模だけを用いると,序章で述べたように,各福祉国家の正確な理解を妨げることもある.繰り返しになるが,再確認しておこう.

第1に，社会保障費の水準が高ければ高いほど，その国の社会保障制度の脱商品化が進んでいるとは限らない．社会給付の水準は高いが，それが階層再生産的に用いられている福祉国家というものも想定することができる．年金の所得比例部分が大きく，年金の受給権が現役時代の職業地位に強く結びついているときには，そうした傾向が生まれる．保守主義レジームにはそうした側面がある．反対に，そもそも当初所得が平等な国の場合には，所得再分配の必要性が低くなる．したがって給付水準は低いが，再分配後所得の平等度は高いということもありうる．オセアニア諸国にはそうした傾向がある (Castles, 1985)．

　第2に，社会保障費の水準が高ければ高いほど，脱ジェンダー化が進んでいるとは限らない．家族政策に対する公共支出が高くとも，それが家父長制を再生産する方向で用いられることがありうる（武川，1999a：239-240）．同規模の公共支出であっても，それが遺族年金の財源として用いられるのか，育児休業期間中の所得保障の財源として用いられるのかによって，その効果はまったく異なってくる．また，社会支出の水準は低くても，雇用の機会均等政策が有効に機能していれば，脱ジェンダー化は進む．

比較研究の新しい基準

　韓国福祉国家性格論争は，給付水準の比較だけでは，福祉国家の比較研究として不十分であることを示唆する．ここから，従来とは異なる基準として，少なくとも，次のような3つを考えることができるだろう．

　第1は，規制の水準による比較である．社会給付の水準による比較がまったく無意味ということではないが，上述のように，そこには一定の限界がある．たとえばアメリカ合衆国は給付の水準では，ドイツのような保守主義レジームの国に劣っており，脱商品化のスコアも低い．しかし雇用の機会均等の面における規制の水準が高く，脱ジェンダー化が進んでいる．また日韓両国の公的年金制度についても，社会規制の水準でみるのと，社会給付の水準でみるのとでは，異なる姿が現れてくる．たとえば日本で夫婦間の年金分割が導入されたのは2004年の年金改革のときであるが，韓国の場合は日本よりも早い段階でこれを制度化している．また，韓国では，女性政策が改善さ

れた結果，男女間の「直接差別」だけでなく「間接差別」も規制の対象となっているが，日本では，そこまで至っていない（成垠樹，2003）．

　第2は，給付や規制の絶対的な水準がどこにあるかということではなくて，各国政府の給付政策や規制政策がどの方向にむかっているかという，ベク・・・トルによる比較である．あるいは，水準とベクトルの双方を視野に入れた国際比較である．

　図6-2のなかでみると，従来の国際比較研究では，A国とB国を同じ類型に属するとみなすアプローチが強かったと述べた．上述のウィレンスキーのアプローチはその典型であるが，それ以外にも，たとえば次のようなケースがある．スウェーデンで政権交代が起こると，日本では，「福祉国家の失敗」や「福祉国家路線の転換」などといった決めつけがマスメディアによってなされることが多い．こうした俗論に対して，政権交代による政策の微調整は多少あるにしても，スウェーデンの給付や規制の水準はほとんど変化していないから，福祉国家としての性格は保守党政権であろうと社民党政権であろうと不変であるといったたぐいの反論が出されることがある．これはベクトルの微妙な違いよりも給付水準の類似性を強調するアプローチである．またエスピン＝アンデルセンの福祉国家レジーム論も，変化よりも構造を重視しているという点で，この種の前提を置いているといえよう．

　しかし他方で，政策のベクトルを視野に入れたアプローチがこれまでまったく存在しなかったわけではない．図6-2のなかでみると，発展の水準は異なるが，ベクトルが同じA国とC国を，また，B国とD国を同じ類型に属するとみなすアプローチである．たとえば80年代の福祉国家の危機のなかで，給付水準が異なる様々な国々において，共通して，新保守主義的ないし新自由主義的な再編が進んだというような言い方がされるとき，そこには暗黙のうちにこうした方法論が前提とされていた．

　これに対して，これまで，A国とD国との比較や，B国とC国との比較については，あまり関心が払われてこなかった．共通性が乏しいから比較しても意味がないと思われたからであろう．しかし，韓国福祉国家性格論争から示唆されることは，こうした比較もまた有意味だということである．90年代末における日韓両国の社会政策はまったく正反対の動きを示したわけだ

社会給付・社会支出の水準

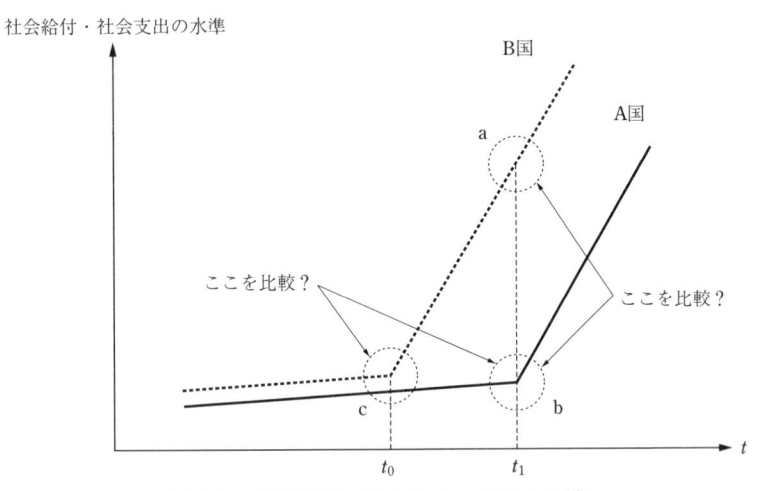

図6-3 発展段階の異なる2カ国間の比較

が——この点についてはのちほど述べる——，こうした点は，水準とベクトルの双方を視野に入れることによってはじめて浮かび上がってくることである．

　第3は，福祉国家化の発展段階をコントロールした比較である．従来，福祉国家の国際比較を行う場合，横断的（クロスセクショナル）な比較が主流を占めた．福祉国家の発展には経路依存的な側面が多く，単純な収斂理論は成り立たないが，長期的・マクロ的にみた場合，一定のパターンがあることが，これまでの研究から実証されている（下平，1985；平岡，1987；三重野，1987）．緩やかな意味ではあるが，そうした共通の発展パターンが存在することを前提とするならば，発展段階の異なる国同士の場合には，同一時点ではなく，同一の発展段階において比較すべきだとも言えるだろう．このことを図6-3のなかで説明すると，A国とB国の比較をする場合，同一時点t_1におけるaとbの比較だけでなく，t_0とt_1といった異なった時点におけるbとcの比較についても検討してみることができるということである．韓国福祉国家性格論争はこうした発展段階をコントロールした比較の可能性を示唆する．

6 比較研究からみた韓国と日本の福祉国家

類似と相違

韓国福祉国家性格論争が示唆する以上のような方法論上の反省を踏まえるとき，福祉国家をめぐる韓国と日本との比較については，どのようなことが言えるだろうか．

これまで日韓両国の社会政策に関しては，その類似性のみが強調されるきらいがあった．福祉オリエンタリズムの影響は欧米人に対してだけでなく，韓国人や日本人にも及ぶ．じっさい韓国はその社会保障制度の導入にあたって，日本を参考にしたことが少なくなかったから，法律の名称や条文の内容に共通性が見られた．韓国の国民生活基礎保障法（1999年制定）以前の生活保護法は，日本の生活保護法に非常によく似ている（藤村，1999）．老人福祉法についても同様の指摘がなされている（袖井・朴，1986）．また社会福祉協議会のように，同じ名称の組織が日韓両国に存在する．

しかし，これらの類似制度の背後にある福祉国家の下部構造が，両国の間では相当に異なっていることに注意しなければならない．人口高齢化の水準が両国のあいだで大きく異なることはすでに指摘した．しかし異なるのは，それだけでない．「儒教資本主義」などと簡単に片づけられることがあるが，両国の経済構造も大きく異なっている．労使関係やコーポレート・ガバナンスなどの点でも大きな相違がある（金成垣，2002；金正勲，2003）．さらに，政治構造の相違も決定的である．韓国と日本とでは，政党と官僚制との関係が異なっている．日本では，官僚制の方が政党よりも政策決定において実質的に優位に立っている．福祉国家の上部構造（法律）がいかに類似していようと，下部構造（政治・経済）が相当異なっているのであるから，両国に対して東アジア・レジームといったラベルを貼ることに対しては慎重でなければならない．

このような断り書きをしたうえで，両国の類似と相違について，従来とは異なった観点から指摘してみたい．ひとつは，すでに述べたような発展段階をコントロールした比較によって明らかとなる知見であり，他の1つは，水

準ではなくベクトルによる横断的な比較によって明らかとなる知見である．

生産的福祉と福祉元年

　福祉国家の発展段階という観点から日韓両国を比較してみると，20世紀末以来の韓国の状況は，1970年代の日本の状況に非常によく似ているように思われる．現在の韓国の65歳以上人口比率は7%前後であるが，日本の65歳以上人口が7%を超えたのが，ちょうど1970年の国勢調査のときだった．そして1973年は「福祉元年」と呼ばれ，医療や年金などの社会保障の給付水準が大幅に改善され，社会保障費の対国民所得比もこのとき以降，急速に上昇した．こうした理由から，私は，日本が福祉国家へと「離陸」（take off）したのは，皆保険皆年金が成立した1961年ではなく，1973年であったと主張したことがあり（武川，1999a），5章でもこの点を再確認した．韓国の現在の状況というのも，日本のこのときと同じく，福祉国家への「離陸」の時期に当たるのではないだろうか．

　しかも共通しているのは，社会政策の充実という点だけではない．日本の場合も，韓国と同様，福祉国家形成にあたって政治危機と経済危機が随伴したということである．

　日本の1960年代は，高度成長期と呼ばれ，急速な工業化と都市化によって社会的な矛盾が累積した．このため東京・大阪をはじめとする大都市では，共産党や社会党の支持する左派の知事や市長が相次いで当選した．国政レベルでも自民党支配が脅かされていた．地方自治体が，中央政府に先行して多くの福祉施策を実施していた．1973年の日本の福祉国家化は，その意味では政治危機を背景としていたのである（新川，1993）．金大中政権の「生産的福祉」が政治危機を背景としていたのと同様である．

　時間の前後関係は韓国の場合と異なるが，日本の場合も，福祉国家化と同時に経済危機が生じた．1973年は福祉国家化が始まった年であるとともに，第1次石油ショックの年でもあり，これをきっかけに世界中でスタグフレーションが進行した．日本の高度成長も終わりを遂げ，低成長時代が出現した．日本は次第に財政危機に陥っていったが，当初は「福祉聖域論」が唱えられ，少なくとも70年代末ころまでは，社会政策は拡大基調だった．韓国の場合

もIMF危機という経済危機のなかで福祉国家化が進められており，この点も共通である．

日本の80年代は，高齢化がますます進展していたにもかかわらず，社会支出は抑制基調を貫いた時期である．そのイデオロギー的表現が日本型福祉社会論である（5章を参照）．この時期は，欧米諸国でも「福祉国家の危機」が叫ばれた時期であり，日本の状況変化もこれに対応する．ヨーロッパの福祉国家は成立が早かったから，十分に成長を遂げた後，危機に陥ったのだが，日本の場合は，福祉国家の形成と危機が同時に進行した点で独自性がある[9]．そして，この点が，その後の日本の社会政策の発展に影響を及ぼし続けている（8章を参照）．

IMF危機と「失われた10年」

それでは横断的な比較の観点からみると，日韓両国の福祉国家の姿はどのような像を結ぶだろうか．すでにふれたように，20世紀から21世紀への転換期における両国の動きは，政策のベクトルという点で対照的である．これは，グローバル化による経済危機という環境に対して，日韓両国政府が異なる適応行動を採ったことを示唆する．

90年代末の韓国はIMF危機によって特徴づけられるが，日本の90年代も「失われた10年」と呼ばれ，経済停滞によって特徴づけられている．国内の経済システムが，アメリカの主導するグローバル資本主義への適応を迫られているという点で両国の置かれる状況は共通する．ところが両国政府の対応は対照的だった．韓国政府はいちはやく不良債権の処理を実施するなど金融システムの安定化を成し遂げ，経済の回復に成功した．ところが，日本の方は金融システムの安定化が遅れ，「失われた10年」はそのまま「失われた15年」とまで言われるようになった．

こうした状況を目撃して，イギリスのフィナンシャル・タイムズは，「日本は韓国の改革に学べ」と論じた（2002/3/21）．ニューヨークタイムズも「日本流を捨てることで，繁盛する韓国」との記事を掲載している（2002/5/4）．日本国内でも，小泉政権の政策遂行能力に苛立ちを覚えた人びとが「韓国に学べ」と主張した（伊丹，2002）．

これは，80年代までの成功に導いた日本的なシステムが，新自由主義的な改革に対する障害となっているからである．従来の日本の福祉国家システムの特徴は，5章で検討したように，経済政策を通じて国民の生活保障を行い，社会政策への支出を低水準に抑えるというものであった．このため社会保障費の対国民所得比は欧州諸国に比べると低いが，多くの公共事業によって雇用を創出し（失業を予防し），農業補助金（減反）によって農家の所得を保障した（貧困の予防）．現在，こうしたシステムが崩壊しつつあるが，旧来のシステムに既得権を持っている人びとの数は多く，しかも，その政治的発言力は大きい．

日本政府の経済政策も，もちろん，新自由主義的なそれを目指しているが，そこには依然としてケインズ主義や社会民主主義の要素が残存し，その払拭が遅れた．その意味で，グローバル資本主義への適応という類似の条件下において，韓国政府の経済政策が新自由主義的であったのに対し，日本政府のそれは社会民主主義的であったとさえ言えるのである．

ところが社会政策については，経済政策と反対のことが生じた．IMF 危機下の韓国では，「福祉国家の超高速拡大」が見られたのに対して，「失われた10年」の日本では，そのようなことは生じなかった．つまり，極論すると，韓国の社会政策が拡大基調という意味で社会民主主義的であったのに対して，日本の社会政策は抑制基調という意味で新自由主義的であったのである．

90年代の日本は，80年代と異なり，単純に社会支出の抑制が支配的だったとは言えない．対人社会サービスの領域に限ってみると，とくに高齢者福祉の分野では80年代に比べてサービスの供給が著しく増大したからである．図6-4は1990年を100としたときの高齢者向け社会サービスの伸びを示したものであり，90年代における対人社会サービスの拡大が確認される（図中，施設は定員，訪問介護員は人数を表す）．世論調査の結果でも，「失われた10年」のあいだに，経済的な不安や不満を感じている人びとの数は増加しているが，介護に対する不安を抱いている人びとの数は減少している（生命保険文化センター編，2002）．他方，社会保障費の対国民所得比についても，90年代をつうじて一定の増加が観察される．1990年が13.45%であった

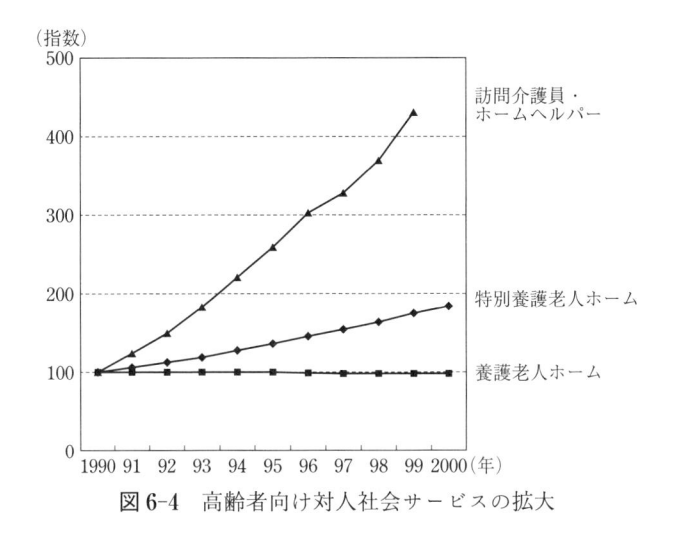

図 6-4 高齢者向け対人社会サービスの拡大

のに対して，2000年は20.53%に達している．80年代が，高齢化にもかかわらず，社会保障費の伸びが著しく抑えられていたのとは対照的である．1980年の社会保障給付費の対国民所得比は12.41%であり，10年間の伸びは約1ポイントにすぎないのである．

しかし，全体としてみると，日本では，80年代以降の抑制基調が90年代に入っても継続しているとみなければならない．社会保障費の対国民所得比の増加は，公的年金制度の成熟にともなう自然増によるところが大きく，これは「拡大政策の結果増加した」のではなく「抑制政策にもかかわらず増加した」と考えるべきである．また，高齢者福祉の充実も，医療費節約の一環といった性格がある．そして何よりも，この10年間，年金と医療を中心に，社会保障費抑制のための政策変更が一貫して追求されてきたという事実が存在する．

年金についてみると，当初60歳だった被用者年金の支給開始年齢を65歳まで段階的に引き上げていくことが決定され，現在，その計画を実行中である．また2000年には，将来の保険料率を引き下げることを決定するとともに，給付総額を抑えるための措置を導入した（物価スライドから賃金スライドへの変更，有職の年金受給者から保険料徴収，高所得者の年金額の調整，

等々).さらには公的年金の民営化に関する議論も出た[10].医療保険についても,給付率の引き下げ傾向が続いている.とりわけ被用者本人に対する給付率の引き下げは著しく,当初10割だったのが現在では7割となっている.これは社会保険としての医療保険の正当性を脅かす水準である.

このように年金や医療を中心とした90年代の日本の社会政策は,社会支出に対して抑制的であるという意味では,概して新自由主義的な政策変更のベクトルを有していたといえる.韓国が同じ時期に社会民主主義的ないし「第三の道」的なベクトルの社会政策を追求したのと対照的である.

政治システムの違い

グローバル資本主義を前にしたときの日韓両国の社会経済政策の対照は,福祉国家としての発展段階の違いに由来する部分が少なくない.しかし,それ以上にここで注目したいのは,両国の政治構造の違いである.まず議院内閣制か大統領制かという憲法上の違いがある.しかしそれだけではない.政治文化や政治権力の布置連関も異なっている.合意を重視する日本の政治システムは,インクレメンタリズム的であり,ダイナミックな政策転換を行うことがむずかしい.また,日本の官僚制組織は,政党から相当な自律性を確立しており,政策決定においても重要な役割を果たしている.これに対して,韓国の福祉政治では,政党や市民団体の役割が相当大きい(キム・ヨンミョン,2005b).軍事独裁政権との対決によって鍛えられた結果によるところもあるのではないか.こうした政治システムの相違が,日韓両国のグローバル資本主義に対する適応行動の相違を生み出した理由のひとつであろう[11].

韓国はこれから本格的な高齢化が進行する.このため年金や医療や対人社会サービスに対する負担が大幅に増加することが不可避である.こうした変化に対して韓国の政治システムはどのように立ち向かっていくのだろうか.この点について,福祉オリエンタリズムから自由な検討を行っていくことは,福祉国家の比較研究にとって,今後,重要な課題となるものと思われる.

1) 本章の初出時において,韓国福祉国家性格論争自体に関する私の情報源は,Kim Yeon-Myung(2001)と金成垣(2003)に限られていたが,その後,この

論争を扱った論文集が翻訳され，日本でも，この論争の全貌を知ることができるようになった（金淵明編，2006）．
2) ただしサッチャー政府による削減効果はそれほど大きなものではなく，同政府が「小さな政府」の公約を実現できたわけではなかった（武川，1999a：chap. 2）．
3) この2つの次元の区別については，見田（1979）を参照．
4) オリエンタリズムの概念を福祉国家研究の領域に適用した例としては，グッドマンらによるものがある（Goodman et al., eds., 1998）．彼らは，現在のヨーロッパ人の東アジアの福祉に対する見方のなかに，東アジア礼賛型オリエンタリズム（positive Orientalism）が存在することを主張する．彼らは文化本質主義的な福祉国家理解の弊害を指摘している点では本書と立場を共通にするが，相変わらずヨーロッパ中心主義の立場に立っているという点で，彼らと本書の立場とは異なっている．彼らが「東アジア福祉モデル」として取り上げているのは，シンガポール，韓国，台湾，日本，香港であるが，これは自国の社会支出を減らそうとするヨーロッパ人の関心に基づく選択であり，何らかの客観的な基準によるものではないと思う．
5) ヨーロッパ中心主義は，アジア・アフリカ諸国の認識を曇らすだけではない．アメリカの認識についても同様である．たとえばアメリカ合衆国では，社会保障は連邦政府の管轄だが，その他の社会政策については州政府の管轄によるところが大きい．しかも各州は，Stateと呼ばれるように，人口や経済規模などの点において，ヨーロッパの一国と同程度かそれ以上のところが少なくない．ところが従来の福祉国家研究では，アメリカもやはり一括され，ヨーロッパの小国と同じ一国の扱いになる．アメリカの各州を欧州諸国と同様に1つの単位として分析するならば，福祉国家レジームの設定も現在一般に流通しているものとは，かなり異なったものとなるはずである．この点については，1章（41ページ）ですでに指摘した．
6) 経済学の世界では，東アジア経済に関して「雁行モデル」なるものが提唱されたことがある．これは東アジア諸国の多様性を前提としながら，東アジア諸国を統一的に把握しようとしたものである．「雁行モデル」の総体としての妥当性は留保するが，このモデルが時間の要素を考慮している点は評価してよい．東アジアに対する現在の福祉国家理解に関しては，残念ながらこうした時間軸や発展段階といった工夫はいっさいされずに，単純化と画一化が支配的となっている．
7) 中国に関して，私は「中国は1つだが，福祉レジームは複数ある」との仮説をもっている．従来の比較研究では，福祉レジームは複数の福祉国家をクラスター化するための認識道具であると前提されていたが，中国の事例は，こうし

た前提は捨て去らなければならないということを示している．
8) 「儒教福祉国家」として参照されるのは，香港，シンガポール，韓国，台湾，日本である（Jones, 1993）．福祉オリエンタリズムを批判するグッドマンの場合も同様である（Goodman et al., eds., 1998）．ある比較研究の教科書のなかでは，アジアからは香港のみが取り上げられている（Cochrane and Clarke, eds., 1993）．エスピン＝アンデルセンらの1996年の研究のなかで，「東アジア福祉国家」として言及されるのは，日本，韓国，台湾であるが，中国は視野に入っていない（Esping-Andersen, ed., 1996）．福祉オリエンタリズムは日中韓よりもアジアNIESへと向かわせる研究上のバイアスがある．
9) あるいは，このような福祉国家の形成と危機の同時進行も，日韓両国に共通する点かもしれない．韓国福祉国家性格論争のなかで，国家責任強化説と新自由主義貫徹説とが同時に出てくるということも，この点と関係がある（8章を参照）．
10) その後の2004年の年金改革において，公的年金の民営化に関する議論は鎮静化した．また，人口の高齢化に給付水準を自動的に対応させるため，マクロ経済スライドと呼ばれる新しいスライド方式が導入された．
11) 日本の政治システムの特徴づけに関しては，日本国内では，従来，欧米との対比で言及されることが多かったが，韓国との相違についても目を向けるべきだと思われる．ヨーロッパの内部でも，スイスのように合意を重視する国と，イギリスのように多数決主義の国があり，この点でもオリエンタリズム的理解からは抜け出さなければならない．

7章
福祉レジーム論と東アジア世界

1 東アジア世界への2つのアプローチ

福祉オリエンタリズム

　東アジアの比較社会政策研究のなかでは，これまで2つのアプローチが大きな影響力をもっていた[1]．ひとつは福祉オリエンタリズムであり，もうひとつは福祉レジーム論である．

　サイードは，オリエンタリズムのことを「『東洋』と（しばしば）『西洋』とされるものとのあいだにもうけられた存在論的・認識論的区別にもとづく思考様式」(Said, 1978：上20) であると述べているが，社会政策の比較研究のなかに現れたこの種の思考様式を，前章で，私は「福祉オリエンタリズム」と呼んだ．それは，スウェーデン中心主義，ヨーロッパ中心主義，自民族中心主義（エスノセントリズム）といった3つの思考法の混成体であり，東アジアにおける福祉国家や社会政策をこれら3つのプリズムを通して見ようとする態度を意味している．このことをまず再確認したい．

　スウェーデン中心主義（Swedocentrism）とは，世界で最も進んだ福祉国家はスウェーデンであり，スウェーデン以外の福祉国家を，スウェーデンとの距離によって位置づけようとする一次元主義的なアプローチのことを指している．たとえば，著名なエスピン＝アンデルセンは，比較対象となった18カ国の脱商品化スコアを測定したうえで，トップのスウェーデン (39.1) から，最下位のオーストラリア (13.0) に至るランキング表を作成している (Esping-Andersen, 1990: Table 2.2)．この表のなかで日本の脱商品化スコア

は 27.1 で 18 カ国中 11 位である．他の東アジア諸国の値は掲載されていないが，おそらくスウェーデンからは相当遠いところに位置づけられるだろう．

　ヨーロッパ中心主義（Eurocentrism）とは，ヨーロッパの社会政策については詳細な比較検討を行うが，東アジアを含む非欧州諸国については，残余カテゴリーとして一括して扱おうとするアプローチである．ここで東アジアはオケアノスの扱いを受ける．EU の共通社会政策への言及を別にすれば，一般には，比較研究のなかでは，「欧州モデル」や「欧州レジーム」といった言い方はしない[2]．北欧と南欧が異なるだけでなく，英独仏 3 国の社会政策も相当異なっているのはあまりにも自明なことだからである．ところが東アジアについては，「東アジア福祉モデル」「東アジア・レジーム」「東アジア福祉国家」などといった言葉が人口に膾炙しているのが現状である[3]．

　このようなスウェーデン中心主義とヨーロッパ中心主義の結果として，残余的で斉一的な東アジア像が形成されることになる．この東アジアの不可解な社会政策をヨーロッパ人の理解を超えた文化的伝統によって説明しようとするのがエスノセントリズムのアプローチである．カトリックとプロテスタントとロシア正教の相違を捨象したうえで，キリスト教の文化のみによってヨーロッパの社会政策を説明するということは，まずありえない．ところが東アジアの社会政策に対しては，そのようなことが往々にして行われる．東アジア諸国に「儒教福祉国家」（Jones, 1993）といったレッテルを貼るのは，まさにこうしたエスノセントリズムの典型である．

　このような福祉オリエンタリズムの影響を受けた研究は，欧米の研究者の間では珍しくない（Midgley, 1986；Jones, 1993）．しかしこのアプローチは東アジアの研究者に対しても一定の影響を及ぼしている．こうしたセルフ・オリエンタリズムの傾向は，欧米の研究者と東アジアの研究者による共同研究の場合に顕著である．たとえばグッドマンとペンは，「台湾と韓国のような『日本に焦点を当てた（Japanese-focused）東アジア社会福祉レジーム』と呼ばれるものの展開について論じるのが妥当であると信じる」と述べている（Goodman and Peng, 1996：194）[4]．また影響のされかたは自覚的な場合もあるが，無自覚的な場合もある．東アジアの研究者が，無意識のうちに福祉オリエンタリズムの図式を受け入れて，「東アジアは福祉国家として

は遅れている」と述べたり，あるいは反対に「東アジアは欧州とはまったく異なる新しいタイプの福祉システムを構築した」などと述べたりする場合である[5]．

福祉レジーム論

東アジアの社会政策研究のなかで影響力をもっているもう1つのアプローチは福祉レジーム論である．比較福祉国家研究のなかでは，第1章で明らかにしたように，1990年代以降，それまでのウィレンスキーの研究に代わって，エスピン＝アンデルセンがパラダイムの位置を占めるようになった．この流行の波は東アジアにも押し寄せている．このため比較福祉国家の研究者の間では，東アジア諸国の社会政策がエスピン＝アンデルセンの3類型のどれに当てはまるかといった「パズル解き」(Kuhn, 1970)に熱中する人びとが現れ，東アジアの福祉レジームに関する論争を繰り広げた[6]．

たとえば日本の福祉レジームについて，エスピン＝アンデルセンが設定した類型のなかに位置づけようとする研究が生まれている（埋橋，1997；宮本・ペング・埋橋，2003）．日本を保守主義レジームに分類したり，保守主義と自由主義のハイブリッドに分類したり，あるいは最近では，南欧レジームとの親近性を示唆したりするのがこんにちの流行である．新川の研究のように，もともと福祉レジーム論とは無縁のところで行われたものでさえも，旧著（新川，1993）を復刊するにあたっては，エスピン＝アンデルセンを意識した改訂が施されている（新川，2005）．

韓国でも事情は同じである．世紀転換期に行われた韓国福祉国家性格論争のなかでは，生成しつつある韓国の福祉国家をエスピン＝アンデルセンによる類型のなかにどう位置づけるかということが1つの論点となっていた（金淵明編，2006）．一方の極に，金大中政権の社会政策は国家責任を拡大しつつあり，社会民主主義レジームの性格を持っているといった見解があり，他方の極に，社会支出の増加という外見にもかかわらずそこにはIMF主導の新自由主義の政策が貫徹されており，自由主義レジーム的性格を持っているといった見解がある．

2つの命題

福祉オリエンタリズムと福祉レジーム論という2つのアプローチを前提に置くと，日本や韓国に関する社会政策研究のなかでは次のような2つの命題が導き出されることになる．

(1) 日本と韓国は同一の福祉レジームに属する．
(2) 日本と韓国はエスピン＝アンデルセンの3つのレジームのうちのいずれか，あるいは東アジアに固有の第4の福祉レジームに属する．

これら2つの命題の妥当性について，私は非常に懐疑的である．したがって本章で，これら2つの命題を受け入れることができない理由を，東アジア諸国とりわけ日韓両国の経験的事実に照らして説明したいと思う．そのことによって，福祉オリエンタリズムに囚われた思考から自由になるべきであるということと，東アジア諸国に関する福祉レジーム論争を終わらせるべきであるということを主張したい．さらに次章では，東アジアの経験が欧州諸国をも含む普遍的な比較福祉国家研究に対して持ちうる理論的な貢献について示唆したい．

2 福祉オリエンタリズムを超えて

伝統社会の相違

欧米の研究者は，日韓両国が儒教文化の伝統のなかにあると考える．これは，ロシアとイギリスが同じくキリスト教文化の伝統のなかにある，というのと同程度の意味であれば間違いではない．また欧米の研究者は日韓両国が地理的に近い距離にあると考える．東京とソウルはロンドンとパリに比べれば近いと言えないし，ロンドンとベルリンに比べても遠いが，両国が「極東」（これもまたオリエンタリズム的な表現であるが）の一角を占めていることは間違いではない．

しかし日本と韓国では，伝統的に，文化や社会の構造が異なっていた．
第1に，言語や文字が日本と韓国では異なっている．日本語と韓国語の文

法構造の類似が指摘され，両言語は同じくアルタイ諸語の系列のなかに位置づけられる．しかしアルタイ諸語というのはトルコからオホーツク海にいたる地域で話されている言語の総称であり，非常に広いカテゴリーである．日本語と韓国語の類似というのもスウェーデン語とデンマーク語の類似に比べれば，どれほどそれが顕著であるかは疑問である．また表記方法も漢字という共通文字があるものの，表音文字はまったく異なっている[7]．ヨーロッパにもキリル文字やギリシャ文字はあるが，少なくとも西ヨーロッパはローマ字によって統一されている．

第2に，家族や親族の構造が日本と韓国では異なっている（服部，2005: 6-17）．韓国では「同姓同本不婚」の制度があって，同じ姓で同じ本貫（本籍地）の人間同士の婚姻は禁じられていたが，日本は他の社会に比べ概してインセストに関するタブーが弱かった．いとこ婚が公認されていただけでなく，天皇家をはじめ日本の古代の支配階級の間では，きょうだい婚などの近親婚も多く見られた．日本では血縁関係が絶対的なものと考えられていなかったため，女性が結婚すると夫の姓を名乗ることができたが，韓国の場合はそれが許されていなかった．日本では，「家」の相続にとっても血縁が必須とはいえず，血のつながりのない養子が「家」を継ぐこともできた．

第3に，宗教も日本と韓国では異なっている．仏教徒が多い点は両国に共通する．しかし神道は韓国にはない．他方，韓国には民間信仰と仏教・儒教を融合させた天道教という宗教が一定の信者数を誇っているが，日本にはこのような宗教はない．キリスト教は両国に共通するが，その信者数はまったく異なる．韓国では李朝末期にキリスト教の布教が認められて以来，急速に信者数を増やし，現在，プロテスタントとカトリックを合わせた信者数は人口の20％程度に達していると言われているが，日本のキリスト教徒は人口の1％程度に過ぎない．また李朝では排仏運動の結果，仏教よりも儒教の影響が圧倒的に強かったが，中世や近世の日本で民衆の生活を支配したのは儒教ではなくて仏教であった．

第4に，近代化以前の政治構造が日本と韓国では異なっている．日本は12世紀末に封建制が成立して以来，武家による政治支配が続いた．このため日本には中国の士大夫や韓国の両班のような儒教的教養を身につけた文人

の支配階級は形成されず，600年以上にわたって武人による支配が続いた．江戸時代には儒教が政治的支配のイデオロギーとなったが，儒教知識人は現実の政治にほとんど影響を及ぼさなかった．この点に限ってみれば，日本は儒教文化の圏外にあったと言える[8]．また統治の構造も近代化直前の日本は幕藩体制であり，幕府ではなく地方領主がそれぞれの領地を統治する分権的な制度だった．これに対して朝鮮王朝では中央集権的な官制が布かれた．

近代社会の相違

日韓両国の間では伝統社会の構造が異なっていただけではなく，こうした伝統社会を背景に成立した近代社会の構造も異なっている．

第1に，近代化の開始時期が日本と韓国では異なっている．両国ともイギリスに比べれば近代化における「遅れてきたもの」(late comer)である．しかし近代化の後発国であるということそれ自体は東アジア的な特徴ではない．日本の産業革命はイギリスに比べれば約1世紀遅れだが，ドイツの産業革命もイギリスより半世紀遅れている．結局，イギリス以外の国はすべて後発国で，後発の程度は相対的な問題である．とはいえ日本が近代化を開始したのが19世紀後半であるのに対して，韓国の場合は近代国家の成立直前に日本の植民地となったため，本格的な近代化の開始は20世紀後半まで俟たなければならなかった．この差は現在の社会構造の違いにも影響を及ぼしている．

第2に，経済的な発展段階が日本と韓国では異なっている．韓国は1996年にOECDに加盟したことによって，先進国と見なされるようになった．両国とも世界経済のなかで見れば，先進諸国の部類に属する．しかし2004年の日本の1人当たりGDP（名目）が3万6,187ドルであるのに対して，韓国は1万4,118ドルであり（購買力平価でみても大同小異である），両国の経済発展の水準は異なっている．英独仏が3万数千ドルでほぼ拮抗しているのと対照的である．また社会支出を引き上げる要因である65歳以上人口比率も，2000年の時点で日本が17.21%であったのに対し，韓国は7.13%であった．これは日本の1970年代の水準である．日韓の高齢化は，英独仏の高齢化率が16%前後でほぼ同じ水準にあるのと対照的である．

第3に，政治構造も日本と韓国では異なっている．1945年のアメリカによる占領以後の日本と，1987年の民主化以後の韓国はリベラル・デモクラシーの政体をもっている国として共通である．欧州諸国とも共通である．しかし日本が議院内閣制であるのに対して，韓国は大統領制を採用している．しかも1955年体制以降の日本の政治システムが比較的安定しているのに対し，韓国では，フランスのコアビタシオンと同様，「分割政府」（divided government）が繰り返し現れている．このような統治構造の相違は異なった拒否点構造を生み出すから，新制度学派の政治学者が主張するように，社会政策の決定にも重大な影響を及ぼす（新川／ボノーリ編，2004）．しかも注意すべきは，こうした政治構造の違いは欧州諸国の内部にも見られるということである．日本と韓国の政治構造の違いがイギリスとフランスの政治構造の違いより小さいとは言えない．東アジアにあるか西欧にあるかということは，政治構造——社会政策の形態に対して影響がある——の決定に関してはあまり関係がないのである．

第4に，経済構造については，日韓両国で類似のところもあるが，異なっているところも多い（服部，1988；二村，1998）．まず企業統治の構造が日韓両国では異なっている．財閥解体後の日本では所有と経営の分離が進んだが，韓国では同族企業が一般的であり，財閥系企業は創業者の親族によって経営されている（二村，1998：289）．意思決定の方式も，日本の企業が，他の諸組織と同様，伝統的に「関係者の合意形成を重視する」ボトムアップ式であったのに対して，服部民夫によれば，韓国の企業は「意思決定の権限が上部，ことに家族経営者に集中しており，それに基づいたトップダウン式経営が行われている」（服部，1988：109ff.；二村，1998：286ff.）．なお企業の社会貢献のありかたも日韓両国では対照的である（金成垣，2002）．また労使関係についても企業別組合という点では共通だが，日本が協調的であるのに対して，韓国は戦闘的である．雇用慣行，労務管理，賃金決定制度などの点においても両国は異なっている（李旼珍，2000；呉学殊，2001；金正勲，2003）．さらに労働市場は，IMF危機の影響もあって，現在では，韓国の方が日本よりも柔軟化が相当進んでいる．

社会政策は社会的な真空のなかに存在しているわけではない．政治，経済，

文化などの社会構造によって支えられることによってはじめて存在することができる．ところが以上でみたように，日韓両国の社会政策を支える社会構造は相当異なっているのである．

1990年代の動向

さらに付け加えるならば，1990年代後半における日韓両国の経済政策・社会政策の動きが，6章でみたように対照的だったことにも注意しなければならない（153ページ以下を参照）．日韓両国は世界経済のグローバル化のなかで共通してグローバル資本主義の圧力にさらされた．しかし両国政府の経済政策および社会政策への対応は対照的だった．

1990年代の日本政府の経済政策の課題は，バブル崩壊によって露呈した不良債権を処理して，経済成長を回復することだった．ところが表向きの新自由主義的な改革にもかかわらず不良債権の処理は遅々として進まず，経済停滞から脱することができなかった．このため日本の1990年代は「失われた10年」と呼ばれた．政府内外の既得権勢力によって「改革」が阻まれたからだった．韓国政府もアジア通貨危機に端を発した1997年のIMF危機によって，新自由主義的な経済政策を採用することを強いられた．ところが韓国の場合は，国外からの圧力が国内からの抵抗を凌いでいたこともあって，新自由主義的な経済改革が断行され，それが功を奏して「IMF早期卒業」が喧伝された．前章で指摘したように，ここから海外の経済ジャーナリズムのなかには，韓国の成功と日本の失敗を対比した記事を掲載するところが出てきた（Brooke, 2002；Thornhill, 2002）．日本国内からも「韓国に学べ」との声が出てきた（伊丹，2002）．

他方，社会政策についても，前章で指摘したように，1990年代の日韓両政府の姿勢は対照的だった．日本の場合，社会保障給付費の対国民所得比は1970年代半ばから急増し，80年代は横這い，90年代になって再び急増している．しかし年金や医療に対する日本政府の姿勢は，70年代半ばまでは「拡張」（expansion）で一貫していたが，80年代に「抑制」（retrenchment）に転じてからは，この傾向が継続している．90年代に福祉サービスの領域で「福祉爆発」が一部見られたものの，社会保障制度の根幹部分では「抑

制」の姿勢が貫かれていた．これに対して，韓国の場合，後に見るように，1998 年に金大中政府が成立して以来，「生産的福祉」のスローガンの下で「拡張」の姿勢が示された．もちろん日韓両国では福祉国家形成の発展段階が異なっているから単純な比較は禁物であるが，少なくとも「日韓両国が同一の福祉レジームに属する」などと単純に言えないことはここからも明らかである．

以上から分かるように，日韓両国は近代化以前の伝統社会において相当異なる文化や社会を有していた．また近代化以後の社会構造においても相当異なっていると言わざるをえない．さらに近年の日韓両国政府は，経済政策・社会政策に関して対照的な姿勢を示した．したがって「日本と韓国は同一の福祉レジームに属する」といった上記の第 1 命題を支持することは困難である．日韓両国を同一視するような福祉オリエンタリズムの思考法は棄却されなければならない．

3 福祉レジーム論の射程と限界

日韓両国における福祉レジーム論争

次に，「日本と韓国はエスピン゠アンデルセンの 3 つのレジームのうちのいずれか，あるいは東アジアに固有の第 4 の福祉レジームに属する」といった第 2 命題の妥当性について検討していこう．すでに第 1 の命題が棄却されたから，もはや日韓両国を同一の福祉レジームに帰属させるべき理由はない．このことは日韓両国が第 4 の（単数形の）東アジア・レジームに共通して属すると考えるべき根拠が乏しいことを示している．しかし日韓両国が同じレジームに属するか否かということとは別に，エスピン゠アンデルセンによる問題設定のなかにとどまり，両国が 3 つの類型のうちのいずれに属するか，あるいは第 4 の類型に属するか，と問うことはできる．実際，日本でも韓国でもこの種の論争が繰り広げられてきた．

日本については，エスピン゠アンデルセン自身が保守主義ないし保守主義と自由主義のハイブリッドであるとの診断を下している．また，埋橋孝文は，「日本モデル」について，「新しい比較軸」の設定が必要だとしながらも，

「リベラル・コーポラティズム的性格をもっている」（埋橋, 1997：189）として, エスピン゠アンデルセンの見解に同意した. また, 宮本太郎らは,「日本型福祉のあり方を, ……『3つの世界』と『東アジア・モデル』の間に位置するというその特性から説明しようとしている」（宮本／ペング／埋橋, 2003：295）. さらに平岡公一は, 1980年代以降,「保守主義レジームの特徴は弱まってきて」おり, 介護保険は「自由主義レジームの方向に展開していく可能性と, 社会民主主義レジームの方向に展開していく可能性の双方が含まれている」としながらも, エスピン゠アンデルセンが用いた1980年のデータの時点で,「日本の福祉国家レジームは, 保守主義と自由主義の要素が組み合わさったハイブリッド型の様相を呈していた」と述べ, エスピン゠アンデルセンの見解を支持した（平岡, 2006：138-139）. 新川敏光は,「日本は自由主義と保守主義の混合類型というべきかもしれない」（新川, 2000：147）という過去の自らの見解を「エスピング-アンダーセンの3類型に縛られたが故の短慮であった」と述べながら, 南欧と同様, 第4の類型である「家族主義型福祉国家に属する」と述べている[9].

韓国については, 韓国福祉国家性格論争のなかで, チョ・ヨンフン（曺永薫）が, 90年代末の韓国の社会政策は新自由主義的性格を有しており, 韓国が「残余的あるいは自由主義的類型の福祉国家に再編するであろう」と述べた（金淵明編, 2006：62）. キム・ヨンミョンは金大中政府の社会政策には「国家福祉強化路線が明確に現れている」としたうえで,「韓国の福祉レジームを構成する一貫した原理はなく, 各レジームの特徴が折衷的に混ざっているという意味で,『混合モデル』(hybrid) になる可能性が高い」と結論づけた（同前：85, 86）. またナム・チャンソプの分析によれば,「韓国の福祉レジームは初歩的な水準の保守的コーポラティズム体制からより近代化された保守的コーポラティズム体制へと向かっている」（同前：108）. さらにキム・ヨンボム（金榮範）によれば,「制度は保守主義類型と似た変化をたどっているが, その帰結は自由主義と保守主義の混合として表れて」おり,「韓国の社会政策は保守主義と自由主義の分かれ道に立たされている」ことになる（同前：158）. 韓国の場合は, 日本以上に諸説入り乱れているが, いずれもエスピン゠アンデルセンの問題設定を前提にして議論を展開している

という点では共通である．

　このように答えが多様になってしまうときには，そもそも問いそのものが誤っているのではないか，といった点について疑ってみる必要がある．

　学説が対立するというのは社会科学の世界ではまったく正常なことである．しかし福祉レジーム論争の場合はそれが限度を超えている．欧米に関しても福祉レジームに関する論争は行われるが，それはイギリスとアメリカを同じ福祉レジームと見なすことができるか否かとか，福祉レジーム論がジェンダーを無視しているか否かといった類の論争である．ところが東アジアでは，そもそも同じ国が複数のレジームの特徴を兼ね備えていて，どのレジームにも帰属させることができるし，どのレジームにも帰属させることができないといったような状況で行われている論争である．アメリカ，ドイツ，スウェーデンが3つのレジームに対応するということについてはまったく紛れがない．3つのレジームがこれら3国を一般化したものだからである．ところが日本と韓国に関しては，どのレジームに帰着させても，容易に反例を見つけ出すことができるのである．

　もちろん欧州にも限界事例はある．たとえばフランスをドイツと同じ保守主義レジームと見なしてよいかどうかということは問題として成立しうる．ところがフランスが社会民主主義レジームと保守主義レジームと自由主義レジームの特徴を兼ね備えているのではないか，などといったことが問題になるということは寡聞にして知らない．欧州で見解が分かれるのは，同種か亜種かといった程度の対立点である．

　複数のレジームの特徴を有しているというところから，日本と韓国に関してはしばしば2つのレジームのハイブリッドといった特徴づけがなされることになる．しかしこれは福祉レジーム論の最も重要な理論的支柱である脱商品化のテーゼと矛盾する．というのはエスピン＝アンデルセンの福祉レジームの妥当性は，経験的に測定された脱商品化指標の値の大きさによる先進諸国の3区分を1つの根拠としているからである．彼自身は「現実にはいずれかただ1つの次元で構成されている国家という純粋ケースは存在」せず，「すべての国でシステムは混在化している」と前置きをしているものの（Esping-Andersen, 1990: 49），統合脱商品化度による福祉国家のランキング

表を掲載しており,その意味で,3つのレジームは多次元的というよりは一次元的なのである.もちろん2つのレジームの特徴をあわせもつということであれば,それは境界事例として処理することができる.ところが日本や韓国に関しては,2つのレジームの特徴をあわせもつだけでなく,3つのレジームの特徴をあわせもった特徴づけすら可能であり,これは統合脱商品化度における境界事例と見なすことができない.西ヨーロッパと違って東アジアでは,福祉レジーム論,というより3類型論が,プロクルーステースの寝台の役割を果たしているのではなくて,多数のキメラを生み出していると言わざるをえない.

福祉レジーム論の意義

以上のように述べたからといって,福祉レジーム論の意義を否定しようとしているわけではない.福祉レジームの考え方が比較福祉国家研究における重要な理論的革新であることは間違いない.しかしそれは福祉レジームの「3つの世界」論のなかにあるのではない.類似の3類型論は彼以前の伝統的な社会保障論のなかにも見られたし,彼自身も認めているように,それはティトマスによる有名な社会政策の3つのモデルを継承したものである(Titmuss, 1974 ; Esping-Andersen, 1990 : 49).そしてティトマスのこのモデルもさらに遡れば,ウィレンスキーとルボーによる残余モデルと制度モデルの区別にまでたどり着く(Wilensky and Lebeaux, 1965).日本の社会福祉学者のなかにはティトマスの3つのモデルがすべて彼の独創であると誤解しているひともいるが,ティトマスの独創はウィレンスキーのモデルに「産業的-業績達成モデル」を追加した点である.その意味で「3つの世界」論のクレジットはティトマス,ウィレンスキー,ルボーにも分有されるべきものである.

また福祉レジーム論の意義は,脱商品化という理論的概念を操作化して,計量社会学や計量政治学による研究を可能にした点にあるのでもない.いま操作化の手続きや尺度の妥当性については措くとして——これらの不備は仮にあったとしても後続の研究によって容易に乗り越えられるものである——,社会保障比率とは異なる測定可能な変数を比較福祉国家研究のなかに導入し

た意義は否定できない．しかしそこで行われている分析手法は比較的単純なものであり，エスピン=アンデルセンよりも前のウィレンスキーによる研究の方が，計量社会学の分析方法としてはより洗練されたものであった．

エスピン=アンデルセンによる福祉レジーム論の比較福祉国家研究に対する意義は，一般にもてはやされているような，以上の2つの点（「3つの世界」論の定式化や脱商品化概念の操作化）とは別のところにある．それらは理論と現状分析の2つのレベルに分けて考えることができるだろう．

理論的な意義

彼の理論レベルでの貢献は，序章でもふれたように労働力の商品化／脱商品化という変数を社会政策研究のなかに導入することによって，福祉国家と資本制の密接な関係を明確に示した，という点にある．この点に比べれば，概念の操作化というのは二の次である．労働力の商品化は，宇野弘蔵やポランニが，マルクス経済学と経済人類学というまったく異なる立場から独立に理論的解明を行ったように（宇野，1950; Polanyi, 1957），また，ILO 憲章の労働非商品原則に結実させた国際労働運動の実践が直観的に認識していたように，資本制経済を他の経済システムから分かつ本質的な部分である．したがって福祉国家の社会政策による労働力の脱商品化，より正確には部分的な脱商品化は，資本制経済の存立にとっての最も根幹的な部分である[10]．ここから2つの理論的革新が生まれる．

ひとつは，比較福祉国家研究（のなかのとりわけ計量社会学の部分）における被説明変数の置換である．それまでの比較研究は，社会保障比率（ないしはそれに準じた社会支出の対 GDP 比，等々）の大きさを説明することに腐心してきた．しかし福祉国家と資本制との結びつきを前提にして考えるならば，説明されるべきは社会保障比率ではなくて脱商品化の方である．しかも注意すべきは，これら2つの変数が論理的には独立だということである．社会保障比率の大きさが必然的に脱商品化を随伴するのであれば，社会保障比率を脱商品化によって置き換える意味は乏しい．ところが両者は経験的には相関することがあるとはいえ，理論的には別物である．社会保障比率の大きさは脱商品化を保証しないのであって，社会保障比率が大きいにもかかわ

らず脱商品化が進んでいない国はありえるし，反対に，社会保障比率が小さいにもかかわらず脱商品化の進んでいる国もありえる．また，こうした従属変数の転換は，1章で指摘したように，福祉国家の量的性格から質的性格への視座の転換も含んでいる．

もうひとつは福祉レジームと生産レジームの結びつきである．福祉国家が資本制と密接に関連しているところから，資本制の形態が福祉国家の形態と相関していることは容易に察しがつく．資本制の発展には異なる段階があるという点は，20世紀における資本主義論の共通理解であったが[11]，20世紀末には，資本制の類型化について多くの探究が試みられた[12]．それらのなかで福祉レジームとの関連でとりわけ重要な役割を果たしたのが，ソスキスの「生産レジーム」の概念であり，その後，福祉国家の再編に影響を及ぼす制度的要因としての生産レジームに着目した研究が続出した（Soskice, 1999）．ソスキスは「生産レジーム」を調整型市場経済（CMEs）と自由型市場経済（LMEs）の2つに類型化しているが，彼の比較福祉国家研究への貢献は類型化それ自体のうちにではなく，生産レジームのパラメータ（たとえば労使関係，教育・訓練，企業の資金調達，企業間関係，企業統治など）を確定し，資本制と福祉国家との関係をより特定化したことのうちにある．21世紀初頭の現在，福祉レジーム論はもはや生産レジームとの関連を抜きにして論じることができない段階に達しているのである．

このように福祉レジーム論は資本制との関連について理論的に前進したが，家父長制との関連についての分析が，その理論にとっての最も弱い環にとどまっていた．福祉レジーム論がジェンダー・ブラインドだとのフェミニストによる批判は90年代の比較的早い段階からすでにあったが（大沢，2004：22-23），これらの批判を踏まえて，90年代半ば以降，福祉レジーム論のなかにジェンダー視点を導入するいくつかの試みが現れた（Sainsbury, ed., 1994；武川，1997；Sainsbury, ed., 1999；武川，1999a；深澤，2003）．エスピン=アンデルセン自身も，フェミニストの批判に応えて，家族主義・脱家族化といった概念を福祉レジーム論のなかに導入して，彼の理論の修正を試みた（Esping-Andersen, 1999）．しかしジェンダー秩序や家父長制は，家族だけの問題ではない．性分業は家族内に見られるだけでなく，労働市場にも

労使関係にも企業統治にも見られる．その意味では，家族主義・脱家族化は理論的に不十分な概念である．むしろ序章で提案したような「ジェンダー化」の概念の方が理論的な射程は広いと思われる．資本制にとって商品化が本質的な部分であるとするならば，家父長制にとってはジェンダー化が本質的な部分である．理論的な水準でみるならば，資本制に対応するのは家父長制であり，商品化・脱商品化に対応するのはジェンダー化・脱ジェンダー化であろう．

　また家父長制の領域では，資本制の領域における「生産レジーム」に対応すべき概念も未開拓である．資本制が生産に関するものであるとするならば，家父長制は再生産に関するものである．この理論的欠落は「再生産レジーム」という概念の確立によって埋められるべきであろう．かつてシーロフがありうべき「再生産レジーム」のパラメータに関する検討を試みたことがあるが（Siaroff, 1994），理論的に不適切な部分を含んでいたと思われる（武川，1999a：239-240）．また私も脱商品化の指標化を試みたことがあるが（同前：153-154），これも「生産レジーム」の理論的洗練に比べるならば，きわめて不十分であることを否めない．「生産レジーム」に匹敵する「再生産レジーム」の概念を発展させることが，福祉レジーム論の今後の課題である．

現状分析の意義

　エスピン＝アンデルセンの比較福祉国家研究に対するもう１つの重要な貢献は，現状分析におけるものである．彼は，自由主義・保守主義・社会民主主義といった３つの福祉レジーム，というよりはアメリカ・ドイツ・スウェーデンといった３つの国の福祉資本主義を，それぞれの国の歴史と構造に関連づけながら精緻に分析した．これによって，それまでの比較研究の水準は一気に引き上げられることになった．

　第１に，彼が行った３カ国に対する共時的かつ通時的な分析は，それまでブラックボックスのなかにあった部分を明るみに出した．ウィレンスキーが明らかにしたように，各国の社会政策の水準は，超巨視的なレベルでは，経済発展と人口構成と制度の経過年数によって決まる（Wilensky, 1975）．ところが，その決定の因果連関はブラックボックスのなかにある．「制度の経

過年数」については「官僚制の政治学」(ibid.) として片付けられた．エスピン＝アンデルセンの功績は，この「政治学」の内実を明らかにしたことである．たとえばスウェーデン（社会民主主義レジーム）では，労働者階級と農民のいわゆる「赤緑連合」によって彼ら彼女らの階級利害に合致するような形で福祉レジームが形成されたが，ドイツ（保守主義レジーム）ではカトリックや保守勢力の影響下で彼らのイデオロギーと両立するような形での福祉レジームが形成された．これに対してアメリカ（自由主義レジーム）では，福祉国家を形作るにあたっての自由主義ブルジョワジーの影響力が決定的だった．したがって，それぞれの国の福祉資本主義が現在のレジームの形態となっているのは，過去および現在の政治（主体）と制度（構造）の相互作用の結果である．

　第2に，エスピン＝アンデルセンは，ポスト工業化時代における雇用問題という共通の問題に対して，3つの国の福祉資本主義がまったく異なった仕方で解決している姿を鮮明に描き出している（Esping-Andersen, 1990）．工業化の時代には経済成長の導出によって完全雇用を実現することができたが，ポスト工業化の時代には「雇用なき成長」の状況が生まれる．このような状況のなかでスウェーデン（社会民主主義レジーム）が採用した雇用問題の解決策は，労働市場に対する社会規制は維持しながら，社会サービスのための社会支出を拡大するというものだった．これによって公共部門による雇用創出がもたらされた．これに対して，アメリカ（自由主義レジーム）の戦略は，社会支出の抑制と労働市場に対する規制緩和であった．これによって民間部門による低賃金サービス労働の拡大がもたらされた．他方，ドイツ（保守主義レジーム）が採用した雇用戦略は，早期退職やジェンダー化を通じた労働力の供給制限によって失業問題を解決するというものであった．このようにポスト工業化の時代の雇用問題に対する解決の仕方は複数あるのである．この点で，エスピン＝アンデルセンの『福祉資本主義の三つの世界』のなかでは「3つの世界」論を扱った第1部――こちらの方が俗耳に入りやすいために頻繁に引用される――よりも，ポスト工業化時代の雇用問題を扱った第2部の方が比較研究にとっては重要である．

　このような現状分析における卓見は「3つの世界」論の利用の仕方に対し

ても反省を迫るものである．福祉レジームはしばしば理念型として理解されている．言い換えるならば，いずれの国の福祉資本主義も福祉レジームの3類型と完全に合致するものでなく，現実は理念型から若干乖離していると考えられている．韓国福祉国家性格論争のなかでもこの点を強調する論者もいた[13]．しかし「3つの世界」は理念型や何らかの論理的演繹物というよりは，アメリカ・ドイツ・スウェーデンという3カ国の現状分析から得られた経験的一般化であると考えた方が適切ではないだろうか．何よりもエスピン＝アンデルセンの現状分析の的確さがこの点を雄弁に物語っているように思われる．このことが意味するのは，アメリカ・ドイツ・スウェーデンの3国は3つの福祉レジームに合致するということである（理念型ではない）．しかし，これら3国とは歴史や構造の異なる国々に「3つの世界」論を適用すると，途端に無理が生じる．これは比較的類似点の多い欧米諸国に対して適用する場合でも同様である（たとえば独仏の相違）．ましてや非欧米諸国に対して「3つの世界」論を機械的に適用することは，あまり生産的だとはいえない[14]．

4　福祉レジーム論争の終焉

　以上の検討から明らかなように，福祉レジーム論には，福祉国家研究のなかで脱商品化の視点を確立したという理論的な意義と，福祉国家をそれが置かれる社会の歴史と構造との関連で分析したという現状分析における意義があり，それに比べれば，福祉資本主義の「3つの世界」を構築したという類型論の意義は小さい．それどころか「3つの世界」が抽出されるもとになった経験的現実から離れて，3類型をあらゆる国に機械的に適用しようとするような傾向を生んでいるという点では有害である．「3つの世界」は理念型というよりは，すでに述べたように経験的一般化と見るべきであり，日本や韓国がどのレジームに当てはまるかというのはそもそも問いが間違っていると言わざるをえない．したがって「日本と韓国はエスピン＝アンデルセンの3つのレジームのうちのいずれか，あるいは東アジアに固有の第4の福祉レジームに属する」といった1節で示した第2命題についても棄却されなけれ

ばならない．その意味で，福祉レジーム論争は終わらせなければならないのである．

福祉レジーム論を東アジア研究に生かすために必要なことは，日本や韓国を3つの鋳型のなかに無理矢理流し込むことではなくて，脱商品化（そして脱ジェンダー化）の視点から両国の福祉国家を分析することである．社会保障制度がどの程度商品化／脱商品化的か，どの程度ジェンダー化／脱ジェンダー化的かということだけでなく，社会保障制度以外のどのような社会給付と社会規制が商品化／脱商品化とジェンダー化／脱ジェンダー化に関わっているかということを明らかにすることも重要である．また福祉レジーム論が採用している現状分析における方法論に忠実であろうとするならば，日本や韓国の社会政策を社会的真空状態のなかで取り上げることは厳に慎まなければならない．そのためには生産レジーム（や再生産レジーム）と福祉レジームとの相互連関にも注意を払わなければならないのである．

このように福祉レジーム論を正しく利用することによって，東アジア福祉レジームなるものの存在が確認されるならば，そのことを否定することはできない．しかし，そうした作業を経ることなく，単数形の東アジア福祉レジーム（や東アジアモデル）を最初から前提にして研究を進めることは危険である．韓国や台湾では近年，福祉国家の形成が始まったばかりである．また福祉国家形成に関するこれらの国の研究も始まったばかりである．したがって，この問題に結論を出すのは時期尚早だと言わざるをえない[15]．

ちなみに福祉レジーム論は，東アジアでは，西欧で果たしたのと異なる役割を果たすことになるかもしれない，という点について顧慮すべきである．西欧諸国に対して福祉レジーム論はクラスター分析の役割を果たした．しかし福祉レジーム論がその方法論に忠実であろうとするならば，文化的に多様であるだけでなく経済的な発展段階も多様な東アジア諸国に対してはクラスター分析の役割を果たすことはできない．むしろ東アジアでは各国ごとに異なる福祉レジームが析出されるかもしれない．さらにいえば1つの国が複数の福祉レジームに分解される可能性さえある．たとえば，中国はひとつであるが，大陸と台湾と香港では，福祉レジームが異なっていると考えてよいだろう．それどころか中国本土のなかでも内陸部と沿海部，あるいは農村部と

都市部では，福祉レジームが異なっているかもしれない．河南省，山東省，四川省は1つの省だけでもドイツより人口が多く，香港は1つの行政区だけでデンマークやノルウェーよりも人口が多い．したがって，このように考えることもあながち荒唐無稽とは言えないだろう[16]．

1) 東アジアの範囲については，東北アジア（北東アジア）と東南アジアの両地域を含むものとして考える場合と，東北アジアに限定して考える場合があるが，本章は後者の立場に立っている．東南アジアまで含めて考えると，本章で述べている以上に多様性が顕著となり，収拾がつかなくなってしまうからである．
2) ただし2章で検討したように，「福祉レジーム間のヘゲモニー競争」のなかでは，英米モデルとの対抗関係を鮮明にする意味で，EUモデル（社会的ヨーロッパ）という考え方を採用した方がよいと私は考えている．
3) 東アジアという地理的範疇を持ち出すのであれば，「欧州福祉モデル」を定式化すべきであるが，それをしないで「東アジアモデル」なるものを主張することは，分類学における分類階級を無視した誤りであろう．それは属と種を混同するようなものである．
4) この論文および後出の宮本／ペング／埋橋（2003）の問題点については，田多（2004）を参照．
5) 上述の「東アジア福祉モデル」はセルフ・オリエンタリズムの典型であろう．なおポストオリエンタリズムの立場からの日韓比較研究の試みとしては，武川／キム・ヨンミョン編（2005），武川／イ・ヘギョン編（2006），金成垣（2007）などを参照．
6) 当初，エスピン＝アンデルセンは福祉国家レジームという術語を用い，その後，福祉レジームという術語に改めた．両者は背後仮説が若干異なっているから，厳密には同じであるとは言えないが，本章での議論にとってその区別は本質的ではないので，両者を互換的に用いる．というより，福祉レジームという術語で統一する．
7) ハングルに対する日本人の違和感から「ハングル酔い」という言葉も生まれた．小説家・関川夏央は『ソウルの練習問題』というエッセイを「ソウルに来た日本人は二時間でハングル酔いの症状に入る」というセンテンスから始めている．
8) この点に関しては，丸山真男の次の指摘を参照．「中華帝国や李氏朝鮮の読書人は儒教古典の精通者であるという建前によって文字通り統治階級を構成してきたのであり，野にあってもやがて時節が来れば官になるという前提があるわけです．ところが科挙制度のなかった日本では儒教が政治権力によって正統

とはいえないまでも準正統的位置を与えられていた江戸時代でさえ，職業的儒者はせいぜい知的アドヴァイザーであっただけで，現実に政策を決定する地位になく，仕官しても禄は一般に低かった（のです）」（丸山，1982：90）．

9) 新川の「家族主義型福祉国家」は，脱商品化と階層化を組み合わせて析出されたものであり，高脱商品化・低階層化の社会民主主義，高脱商品化・高階層化の保守主義，低脱商品化・低階層化の自由主義とは異なる第4の類型（低脱商品化・高階層化）を意味している（新川，2005）．この類型化の問題点は2つある．ひとつは序章で指摘したように，脱商品化と階層化が論理的に独立であるかのごとく扱っている点である（20ページを参照）．もうひとつは自由主義レジームを低階層化と認識している点である．自由主義レジームの社会保障制度を社会的コンテクストから切り離して単体で観察すれば，たしかにフラットレートなどの点で平等主義的だと言えるかもしれないが，社会全体のコンテクストのなかで考えれば階層再生産的である．

10) ポランニが指摘したように，労働力の商品化は1834年の救貧法の成立によって完成する．その意味で社会政策は労働力を商品化する（Polanyi, 1957）．しかし他方で，福祉国家の段階の社会政策は，労働力を一部脱商品化する．近代化にともなう生活水準の上昇によって，商品としての労働力の特殊性の部分が拡大してくるからである．とはいえそれは資本制が維持されるという一定の閾値のなかでのことである．このことの含意は重要である．資本制は福祉国家の社会政策に対して，商品化と脱商品化という矛盾した要請を行うことになるからである．福祉国家は資本制を修正する可能性があるが，その修正には一定の限界がある．

11) たとえば重商主義段階・自由主義段階・帝国主義段階，自由資本主義・後期資本主義，外延的蓄積体制・内包的蓄積体制，等々．その他，組織資本主義，国家資本主義，現代資本主義など段階を示す概念の例は枚挙にいとまがない．

12) その先駆的仕事としては，あまり学術的ではないが，アルベールによるものがある（Albert, 1991）．

13) チョ・ヨンフンは，エスピン゠アンデルセンを引用しながら，次のように述べ，ハイブリッドの存在を否定している．「福祉類型は理念型であり，現実的にはどの国も純粋な福祉類型には属さず，『今日のすべての国家は（福祉）体制混合（system mix）の様相を呈している』．すなわち，すべての福祉国家は3つの類型の特徴を部分的に併せ持っているが，どの特徴が相対的に強いのかによって，自由主義・保守主義・社会民主主義の1つの類型に分類されるのである」（チョ・ヨンフン，2006：220）．

14) この点に関連して，イ・ヘギョンは，きわめて的確に，韓国の福祉レジームが「エスピン゠アンデルセンのいずれのレジームモデルにも分類し難い」の

は，ひとつには「彼の福祉レジーム論が，主に西欧の先進福祉国家の経験を基にした類型論である」からであり，ひとつには「彼が分析した福祉資本主義は，基本的に冷戦体制下で成長したケインズ主義的福祉国家のレジームであ」ったからである，と述べている（イ・ヘギョン，2006：327-328）．
15）新川も，東アジア（韓国，日本，シンガポール）の年金改革に関する比較分析の結果，「他の地域と区別された明確な東アジア福祉モデルというものを見出すことはできなかった」と結論づけている（新川／ボノーリ編，2004：17）．この点については，私も新川にまったく賛成である．
16）この点と関連するが，中国では，「1つの中国，4つの世界」（胡鞍鋼）と言われることがあるらしい．楊団の紹介によれば，4つの世界とは，以下のとおりである（社会政策学会編，2006：73）．
　　第1世界　上海，北京，深圳．1999年の1人当たりGDP1万ドル前後．総人口の2.2%．
　　第2世界　天津，広東，浙江，江蘇，福建，遼寧．同4000ドル前後．総人口の21.8%．
　　第3世界　河北，東北，華北中部．国別1人当たりGDPの順位で100位から139位に相当．総人口の26%．
　　第4世界　中西部，少数民族地域など．同140位以下．人口の約半分．
　　要するに，一国のなかに先進国の部分と「第三世界」の部分を擁しているのである．

8章
福祉国家形成の国際環境

1 福祉国家形成の要因

収斂説,経路依存説,その統合

　前章で示した理由から,東アジアの比較研究は,福祉オリエンタリズムから自由になり,福祉レジーム論を正しく用いるところから始められなければならない.このような視座に立ったとき,東アジアにおける比較研究はどのような方向に向かって進んでいくことができるだろうか.その方向は様々でありうる.第1に,比較をつうじて各国の福祉レジームの特徴を明確にすることができるだろう.第2に,比較によって,東アジア諸国における類似と相違を正確に見極めることができるだろう.第3に,比較研究は,東アジアだけに限定されない普遍主義的な意味合いを持つことができるかもしれない.本章の以下の部分では,こうした東アジアの比較研究が持ちうる可能性のなかから,第3の方向,すなわち東アジアにおける比較社会政策研究の普遍主義的なインプリケーションを探る作業を試みたい.もう少し具体的に言うと,次のようになる.日韓の比較研究から,さらに日韓と西欧との比較研究によって,ある重要な事実,すなわち各国が福祉国家を形成するにあたっては,そのときの国際環境が決定的な役割を果たしているという事実が浮かび上がってくるが,本章では,この事実のもつ普遍的な意味合いを探究する.

　従来の福祉国家形成の理論のなかで最も重要な役割を果たしたのは,収斂説と経路依存説の2つである.前者が福祉国家形成における一般法則的側面に焦点を当てているのに対して,後者は個別具体的側面に焦点を当てている.

もちろん現実はこれら両者のそれぞれの側面をあわせもっているが，収斂説と経路依存説は福祉国家形成に対する両極の見解を示しているという点で重要である．

収斂説の典型はウィレンスキーであるが，彼は，1人当たりGNP，自由主義的国家，全体主義国家，65歳以上人口比率，制度の経過年数，GNP比率でみた社会保障支出といった変数を含む因果モデルを設定してパス解析（経路分析）を行った結果，これらの変数のなかで重要な役割を果たすのは政治的変数ではなくて，①経済発展，②人口構成，③制度の経過年数であることを明らかにした（Wilensky, 1975）．そして，1人当たりGNPが増大することによって人口が高齢化し，高齢化が社会保障制度を発達させ，その結果それぞれの国の社会保障比率が高くなる，といった因果経路の存在を示した．しかも世界60カ国をサンプルとした分析の結果，彼のモデルの決定係数は83％にまで達したのである．収斂説に対しては，その後，批判も寄せられ，修正も試みられたが，地球規模で超長期的に観察すれば，これら3つの変数は重要である（下平, 1985）．

これに対して，経路依存説のなかでは，各国の制度の遺産が福祉国家の形成（とその変化）に対して重要な役割を果たすことになる．ある時点の政策決定は，それ以前の時点における政策決定によって制約を受ける．福祉国家形成の場合も，制度形成の初期条件がその後の発展にとって決定的な役割を果たすことになる．過去からの制約の大きさは様々でありうるが，最も強い制約は「ロックイン効果」と呼ばれ，この場合，一度形成された制度は変更不可能となる．経路依存を強調する新制度派の政治学者たちは，たとえば各国における年金改革における相違を，過去の政治アクターの政策決定による制約を示す「経路依存」と，現在の政治アクターからの制約を示す「拒否点構造」によって説明しようとしている（新川／ボノーリ編, 2004）．経路依存説は，歴史の偶然性，個別性，特殊性を強調する点で，収斂説と対照的な位置にある．

とはいえ以上の2つの学説は，福祉国家の形成における国内要因の役割を重視しているという点では共通している．収斂説が重視するのが国内の経済発展，人口構成，制度の経過年数であるのに対して，経路依存説が重視する

のは国内の過去および現在における政治過程である．これに対して，日韓両国の経験は，福祉国家形成の説明に関する「第3の道」を提起する．それは国際環境という変数の強調にもとづく福祉国家形成の説明である．国際環境が各国の福祉国家のありかたに対して決定的な意味をもつという考え方は，従来から，政治学者によって強調されてきた（Ruggie, 1983；2003；Keohane, 1984）．日韓両国の比較分析は，この考え方をさらに別の方向に発展させ，収斂説と経路依存説を統合させる可能性をはらんでいると思われる．すなわち，それぞれの国の福祉国家形成がいつ開始するかといった点については収斂説的な国内要因が重要な役割を果たし，そのときの国際環境がそれぞれの国の福祉国家形成にとっての初期条件となるが，その後の福祉国家の発展は，この初期条件によって制約を受け，経路依存的なものとなる，というものである．

したがって日韓両国に対する分析から引き出される福祉国家形成の仮説の中心部分は，次の3つの仮説である．

仮説Ⅰ：国内要因によって福祉国家への離陸の時期が決まる（収斂説的前提）．
仮説Ⅱ：離陸の時点における国際環境が福祉国家形成の初期条件となる（国際環境の重視）．
仮説Ⅲ：この初期条件がその後の福祉国家の発展を条件づける（経路依存説的前提）．

このような3つの仮説が念頭に置いている日韓の事実は以下のとおりである．日本の場合，福祉国家形成の開始は1973年前後であり，これはちょうど世界的なスタグフレーションの時期と重なった．このため日本では福祉国家の形成と危機が同時進行した．このことが日本の福祉国家のその後の形成を条件づけた（武川，1999a）．また韓国の場合，福祉国家形成の開始は1998年前後であり，これはグローバル化が一段と進行し，グローバル資本主義が各国の社会経済政策に影響を及ぼしている時期と重なる．ポスト冷戦期のグローバル資本主義の圧倒的な影響下で福祉国家の形成が始まったとい

う点が，韓国の福祉国家を特徴づけている（イ・ヘギョン，2006；金成垣，2007）．この点を敷衍すると，日本の場合，ケインズ主義的福祉国家が転換しようとしていたフォーディズムからポストフォーディズムへの転換期に福祉国家形成を開始したのに対して，韓国の場合は，ケインズ主義的福祉国家への合意が喪失したポストフォーディズムの時期に福祉国家形成を開始したということになる．

福祉国家への離陸時期

このような福祉国家形成の開始時期に関する日韓の相違は，さらに日韓以外の諸国の福祉国家へと関心を向かわせる．そこで本章では，日韓両国に加えて，イギリスを西欧の代表として取り上げることにしたい．西欧諸国がいつ福祉国家化したかという点については，すでに述べたように諸説がある（武川，1999a）．しかし国際環境との関係で見るならば，第2次世界大戦後と考えるのが適当である（Ruggie, 1983）．そして，この時期，英独仏の各国では共通して社会保障制度の大改革が行われている．もちろんこれら西欧の3国は福祉レジームを異にしているが，福祉国家の成立時期という点に限ってみれば共通している．したがって以下では日本，韓国，そして西欧の代表としてのイギリスを事例に取り上げながら，上記3つの仮説命題の検討を行っていきたい．

それぞれの国の福祉国家形成がいつ始まるかを決めるうえで重要な要因は，仮説Ⅰによれば国内要因である．ウィレンスキーの因果モデルのなかでは，経済発展と高齢化がより基底的な変数である．これら2つの変数について，日本，韓国，イギリスを比較しておこう．高齢化に関しては比較可能なデータを容易に入手することができるが，1人当たりGNPについては必ずしも比較可能なデータの入手が容易でないため，ここではOECDへの加盟を代理指標として用いることにする．この点についてまとめたのが表8-1である．表8-1は，英日韓3国がOECDに加盟した年次と65歳以上人口比率が7％を超えた年次を記してある．これによってわかることは，経済発展に関して，日英間で16年，日韓間で32年のタイムラグがあり，高齢化に関して，日英間で40年，日韓間で30年のタイムラグがあるということである（図8-1参

表8-1 福祉国家形成の国内要因（経済成長と高齢化）

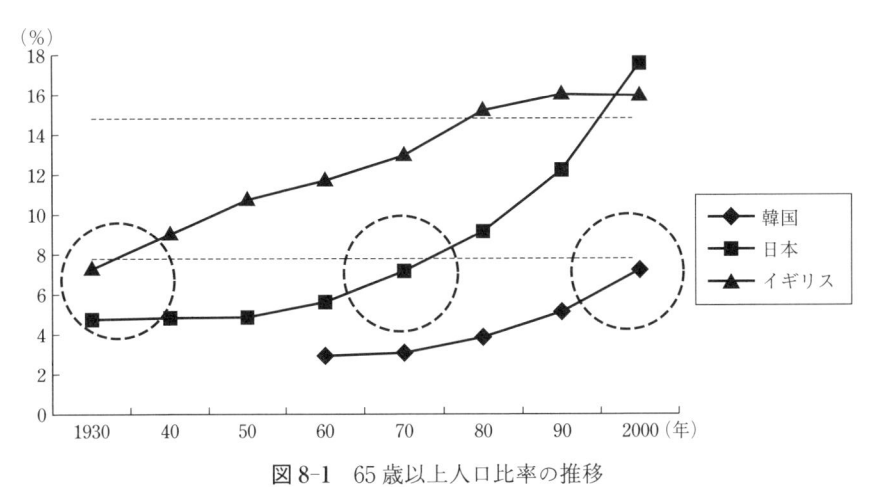

(年)

	イギリス	日本	韓国
OECD加盟	1948	1964	1996
高齢化率7%	1930	1970	2000

図8-1 65歳以上人口比率の推移
資料：『社会保障統計年報（平成16年版）』国立社会保障人口問題研究所.

照）．ここから国内要因の発展に関しては日韓の間では約30年のタイムラグがあると言える．日英間のタイムラグの大きさをどう見るかという点については意見の分かれるところだが，イギリスはOECDが発足する以前から先進国であったことを考えれば，日英間にもやはり30年前後のタイムラグがあると考えてよいだろう．そして，この表から，イギリスについては1930年代から40年代にかけて，日本については1960年代から70年代にかけて，韓国については1990年代末以降が，福祉国家形成の国内要因にとってのクリティカルな時期であったとの推測が成り立つ．

　他方，福祉国家形成の開始の時期については，ここでは序章で示した，三重野の加速化原理の考え方に依拠することにしたい（三重野，1987）．これによると，社会保障給付費（の対GDP比）は単調に増加するのではなくて，ある時点までは緩慢な伸びを示すが，ある時点を境にして急速に増加する傾

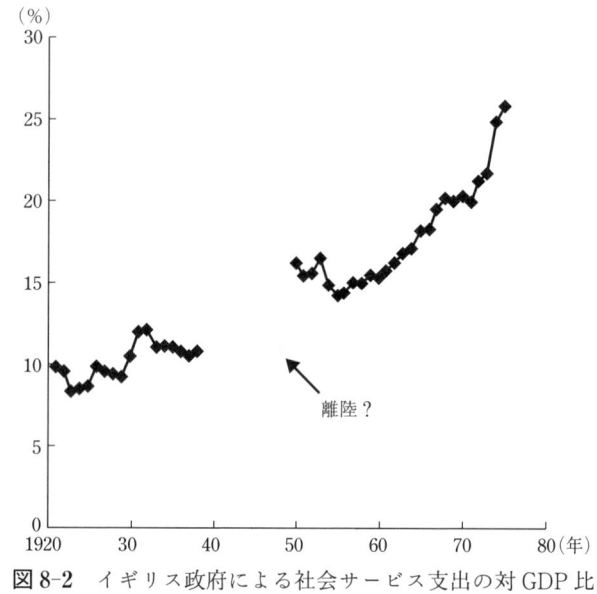

図 8-2 イギリス政府による社会サービス支出の対 GDP 比
資料：Flora (1983).

向がある（序章図序-3）．高齢化と（産業社会への離陸後の）経済成長は連続的に変化するために，どこからが高齢化社会であり，どこからが先進国であるかといった線引きは便宜的なものとならざるをえないが，社会支出の伸びについては，加速化原理によれば，非連続的な点が存在する．もし，そうだとすると，この非連続の点を，社会支出からみた福祉国家——給付国家としての福祉国家——への離陸時期と定義することができるだろう．

それでは英日韓3国の福祉国家への離陸は，いつ起こったと考えたらよいか．次に，この点についての検討を試みよう．長期にわたる国際比較が可能なデータを入手することは困難であるから，この仕事はパッチワーク的なものとならざるをえない．

まずイギリスについてはどうか．同国に関しては，社会支出（OECD）や社会保障給付費（ILO）に関して長期的なデータを入手することができないが，幸いにして，フローラのグループが，イギリス政府の社会政策サービス支出の対 GDP 比の推移について，20世紀初頭から20世紀後半に至る推計

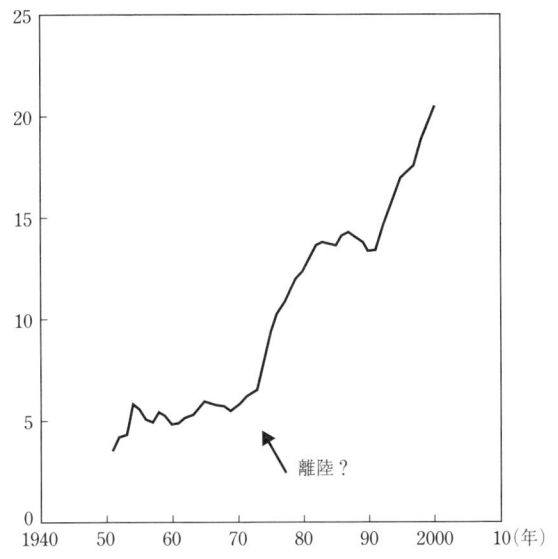

図 8-3 日本の社会保障給付費の対国民所得比の推移
資料：国立社会保障・人口問題研究所「社会保障給付費」各年版．

を行っている (Flora, 1983). その結果を示した図 8-2 によると，1920 年代 30 年代には微増ないしほとんど変化していなかった社会サービス支出が，1940 年代以降，急速に増加していることがわかる．この点から判断すると，イギリスは 1940 年代後半に福祉国家へ離陸したと考えることができる（アトリー政府は 1945 年から 1951 年まで政権を担当した）．この財政支出の急激な増加は，従来，財政学者によって転位効果として説明されてきた．すなわち戦費調達のために膨張した国家財政が戦後も戦前の規模には戻らずに維持されたという説明である．この転位効果説は，ここでの国内要因の変化による説明と両立する．国内の経済発展と社会変動によって社会サービスに対する必要が生まれていたからこそ，戦費としては不要になった財政支出を新たな使途に振り向けることができたのである．

次に日本についてはどうか．日本の場合は，国際比較研究で頻繁に用いられてきた ILO データを長期にわたって入手することができる．図 8-3 は，日本の社会保障給付費の対国民所得比の推移を示している（日本政府は伝統

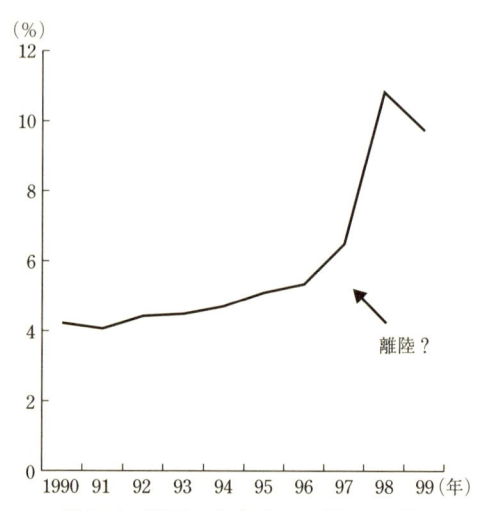

図 8-4　韓国の社会支出の対 GDP 比
資料：保健福祉部・韓国保健社会研究院『OECD 推計方法による韓国純社会福祉支出推計』(2000 年)より作成.

的に GDP や GNP との対比ではなくて，国民所得との対比を用いてきている）．この図から明らかなように，日本の場合は，1973 年の「福祉元年」以降，急速に社会保障給付費が増加している．この点から考えるならば，日本の福祉国家への離陸は 1970 年代半ばと考えることができる．日本の福祉国家形成に関しては，皆保険皆年金の 1961 年を起点とする考え方が有力だが，社会支出の規模という観点から言えば，1961 年より 1973 年の方が重要である．また 1961 年の時点では，福祉国家形成の国内要因である経済発展と高齢化の条件が整っていなかったが，表 8-1 からも明らかとなったように，1970 年代半ばまでにはこれらの条件が整っていたという事実も，1973 年を日本の福祉国家の起点とする説の根拠である（武川，1999a：272-277）．

　韓国の場合には，ILO データの入手が容易でない．その代わり，保健福祉部が OECD 基準でみた社会支出の対 GDP 比の推移について算出している．図 8-4 が 90 年代におけるその推移を示している．この図を見ると，1997 年から 1998 年にかけて，韓国の社会支出が急速に伸びたことがわかる．この時期は，金大中政権によって，「生産的福祉」のスローガンの下に，各種社

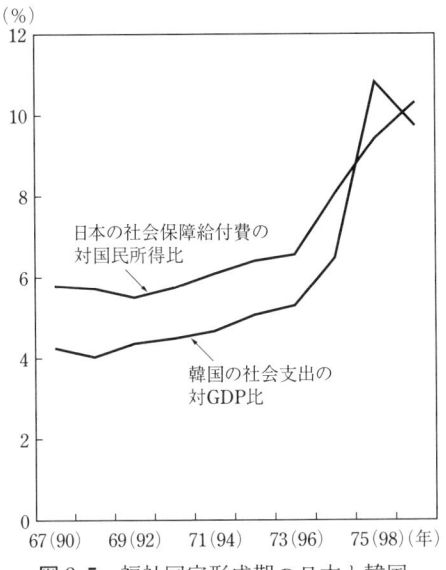

図 8-5 福祉国家形成期の日本と韓国

注：年次は括弧内が韓国，括弧外が日本．
資料：国立社会保障・人口問題研究所，韓国保健社会研究院．

会政策の改革が実施された時期と重なる．したがって韓国の1990年代は，イギリスの1940年代後半，日本の1970年代半ばに相当すると考えてよいだろう．実際，図8-4を図8-3の1960年代後半から70年代前半に重ね合わせてみると，社会支出と社会保障給付費という違いがあるとはいえ，グラフの形状が非常によく似ていることがわかる（図8-5を参照）．もちろん1970年代前半の日本の社会保障給付費の上昇に寄与しているのが年金と医療であるのに対して，1990年代末の韓国の社会支出の上昇に寄与しているのが応急対策的な公的扶助と失業増加にともなう退職金の増加であるため，社会給付の中身が異なっている点については注意しなければならない．しかし，これらの時期に，給付国家としての福祉国家の拡大が生じたという点では共通である．

以上，仮説Iについて検討してきた．その結果，イギリス，日本，韓国の福祉国家への離陸時期を特定することができた．以下の各節では，仮説II

表8-2 福祉国家形成における3つの世界

	イギリス	日本	韓国
福祉国家への離陸時期	1946年	1973年	1998年
福祉国家形成の国内要因		経済発展・社会変動	
福祉国家形成の国際環境	冷戦：埋め込まれた自由主義	経済危機：福祉国家の危機	グローバル資本主義：ワシントン合意
福祉国家形成のイデオロギー	福祉国家	日本型福祉社会	生産的福祉
福祉国家形成の特徴	黄金時代における十全な発展	福祉国家形成と福祉国家危機の同時進行	ウェルフェアとワークフェアの同時出現

と仮説IIIについて検討していくことにしたい．それぞれの国が福祉国家へと離陸するときの国際環境はどうだったのか．また，そのときの国際環境が，その後の各国の福祉国家の発展経路にどのような影響を及ぼしたのか．あるいは及ぼす可能性があるのか．これらの点についての検討を行いたいが，その結論をあらかじめ要約的に示しておくと表8-2のようになる．

2 イギリス ── 埋め込まれた自由主義

国内要因と国際環境

イギリスの国内条件の整備については前節で見たとおりである．産業革命をいちはやく経験して「世界の工場」となった同国は，その経済力と軍事力を背景に20世紀前半まではヘゲモニー国として全世界に君臨した．人口も比較的早い段階から高齢化し，1930年代までには65歳以上人口比率が7％を超えた．制度の経過年数についても，ドイツよりは20-30年遅れるが，1908年には老齢年金法（無拠出制）が，1911年には国民保険法（医療と失業）が，1925年には孤児・老齢拠出年金法が成立した．1940年代後半までに，イギリスが福祉国家へと離陸するための国内条件は整っていた．

このような条件下の1945年7月，アトリー率いる労働党が総選挙で地滑り的な勝利を収めた．アトリー政府はアメリカやカナダからの借款によって

戦後の財政危機を回避しながら，イングランド銀行や主要産業を国有化し，社会政策に関する数々の改革を断行した．1946年に国民保険法を成立させて，ベヴァリジ報告の実現を図った．また，同年の国民保健サービス法によって医療を社会化した．さらに住宅法を改正して，公営住宅の建設に力を入れた．1948年には救貧法を廃止して国民扶助法を成立させた．これらの改革によってイギリスが福祉国家化したことは，よく知られているとおりである．

　それでは，このときの国際環境はどのような状況にあったのだろうか．

　第2次世界大戦の遠因の1つは1929年の大恐慌である．大恐慌の後，各国は自国の輸出を拡大するために金本位制から離脱して平価の切り下げ競争を行った．その結果，1930年代には金本位制が崩壊した．このため各国の切り下げ政策は効果をあげることができなくなった．列強諸国は自国の経済権益を守るために排他的な経済圏を形成し，世界経済はブロック化して，自由貿易の体制は崩壊した．第2次世界大戦の勃発はこれら一連のできごとの帰結でもあった．この点に対する反省から，アメリカが主導する連合国は，戦後に自由貿易体制を再建することを決め，1944年7月，45カ国の代表がアメリカのブレトンウッズに集まって連合国通貨金融会議を開催した．この会議では，自由で多角的な貿易を拡大するために，IMFと国際復興開発銀行（世界銀行）を設立することが合意され，ブレトンウッズ協定が締結された．この協定は戦後に実行に移され，ブレトンウッズ体制と呼ばれる世界経済のレジームが形成された．自由貿易は，イギリスに代わって新たにヘゲモニーを握ったアメリカの国益にも適っていた．同国は自国の工業製品や農産物の輸出先を求めていたからである．

　ところが当時のヨーロッパは，アメリカに比べて自由主義へのコミットが弱かった．ヨーロッパでは19世紀以来，労働運動や社会主義運動の伝統が強く，いずれの国も国内に一定の左翼勢力を有していた．イギリスでは20世紀初頭に結成された労働党が着実に議席を伸ばしていたし，ドイツではヒットラーによって解散させられた社会民主党が復活した．フランスでもレジスタンス運動に参加した社会主義者や共産主義者が臨時政府や第四共和制の下で一定の勢力を有していた．しかもこれら各国の左翼勢力が，戦後，その

政治的影響力を増しつつあった．第2次世界大戦は総力戦であったため，敗戦国ドイツはもちろん，イギリスやフランスなどの戦勝国でも国民は耐乏生活を強いられ，その不満から左翼勢力への期待が高まっていた．これら西ヨーロッパ諸国の労働運動や社会主義運動は，自由貿易主義を妨害する可能性があった．

ヘゲモニー国アメリカは，西欧諸国の国内で保護主義が台頭することを避けるため，各国政府に対して経済援助を行う必要に迫られた．また西欧諸国の復興は共産主義の進出を防ぐためにも必要だった．チャーチルが「鉄のカーテン」の演説をしたのは1946年だった．1947年3月には，共産主義の防波堤としてのトルコとギリシャに対して軍事・経済援助を行うためトルーマン・ドクトリンが発表されていた．

このような状況のなかで，アメリカの国務長官マーシャルは，1947年6月，ヨーロッパが協力して長期的な復興計画を策定するならば，これに対して資金援助をする用意があると表明した．イギリスとフランスはアメリカの提案を受け入れ，1948年，他の諸国とともにマーシャル・プランの実施機関として，ヨーロッパ経済協力機構（OEEC）を結成した．アメリカはOEECを通じて，欧州各国にイギリス，フランス，イタリア，西ドイツの順で，1952年までに総計130億ドルの援助資金を供与した．アメリカは4年間にわたって同国のGDPの3％に相当する額を援助したことになる（Maddison, 1989：83）．マーシャル・プランによって，西欧諸国は経済復興を遂げ，福祉国家の形成が可能となった．そして域内の貿易も拡大した．

福祉国家の黄金時代

このように第2次世界大戦後の西ヨーロッパでは，ヘゲモニー国アメリカの主導の下に，自由貿易主義が福祉国家のなかに埋め込まれたのである（Ruggie, 1983）．この「埋め込まれた自由主義」の下で自由貿易は拡大することになるが，他方で，このレジームの下で各国政府は固定相場制を採用し，厳格な為替管理を行った．これによって各国政府は資本の移動を統制することができたから，国内の経済政策・社会政策に対して大幅な裁量権をもつことができた．言い換えると，自由貿易と福祉国家は両立することが可能とな

った（3章参照）．

　さらに「埋め込まれた自由主義」は，良好な交易条件の下で，1950年代 60年代に史上未曾有の高成長を記録し，成功を収めた．このためこの時代は，マジソンによって「戦後経済の黄金時代」と呼ばれている（Maddison, 1989）．そして，この高成長がさらに西ヨーロッパの福祉国家の成長を支えた．たとえばある研究によれば，西ヨーロッパでは「1950年代初頭には社会支出の割合がGNPの10％から20％の間であったのに対し，1970年代半ばまでにGNPの1/4から1/3の間にまで増加した．なかには1/3をはるかに超える国もあった」（Flora, ed., 1986-: XXII）．また別の研究によっても，「EU諸国の社会支出の対GDP比は1960年から1980年までの間に2倍以上，すなわち10％から20％以上に増加した」ことが明らかにされている（Tanzi and Schuknecht, 2000：32）．しかもこの時代の増加は空前絶後であり，2つの世界大戦や大恐慌のときの伸びを凌いでいるのである（ibid.）．したがってこの時代は「戦後経済の黄金時代」であるだけでなく，「福祉国家の黄金時代」とも呼ばれている（Flora, ed., 1986-: XXIII）．

　このように1970年代までの西ヨーロッパで福祉国家の拡大が可能となった理由を，フローラは，「比較的安定した国際システム，高水準の国内的合意と制度的安定性，歴史的にユニークな経済成長」といった3つの条件のうちに求めている（ibid.: XXIIIff.）．彼によれば，朝鮮戦争以降の西ヨーロッパで「アメリカによる平和」が達成され，このため軍事費と社会支出がトレードオフの関係に陥らなかったことが，この時期の社会支出の膨張を支えた第1の条件である．第2の条件は，国内政治の安定であり，第2次大戦後の西ヨーロッパでは民主的諸制度の正当性が維持され，投票率も高く，政党制度も安定と適応力をもち，小党乱立や少数与党による政局の不安定が回避された．そして社会支出膨張の最大の要因は「先例のない戦後の経済成長」だった．この点について，彼は次のように述べている．「国民生産の絶対的成長が，福祉国家の相対的成長の基礎を形成した．欧州経済は1950年から1980年の間に平均で約4％成長したのに対して，社会支出の平均成長率はおよそ6.5％に及んでいた．しかも，この経済成長と社会支出成長の関係は長期にわたって変化しなかった」（ibid.: XXV）．

他方，この時期の社会支出の増大は自由貿易の拡大と結びついており，開放的な経済を有する国の間で社会支出の増加が著しいことが明らかにされている（Cameron, 1978；下平，1985）．したがってこの時代は，1940年代後半とは別の意味において，「埋め込まれた自由主義」の妥協が貫かれていたとも言える．ラギーによると，「より強力に国際的開放を期そうとすると，そのリスクに対してある種の国内的補償策を実施せざるをえなかった」からである（Ruggie, 2003）．

西欧諸国の福祉国家形成

以上の検討から明らかなように，イギリスをはじめとする西ヨーロッパでは，1940年代半ばまでには，福祉国家形成の国内条件が整っていた．そして戦争が終わるとともに，各国は福祉国家へと離陸していった．このときのアメリカは，一方で，冷戦構造のなかでソ連の進出に対抗するため，また，他方で，西欧諸国の国内における保護主義の台頭を抑えるため，ヨーロッパの左翼勢力と妥協する必要に迫られた．その結果，アメリカのヘゲモニーの下で，ヨーロッパの自由主義は福祉国家のなかに埋め込まれた．この「埋め込まれた自由主義」こそが，西欧諸国が福祉国家形成を開始するときの国際環境だった．もともと福祉国家は耐乏社会のなかで形成されたものだったが，「埋め込まれた自由主義」が西欧諸国に対して高成長の恩恵をもたらすことによって，福祉国家はそうした耐乏社会の軛から解放された．1950年代から1970年代半ばまでの間，ヨーロッパは空前絶後の経済成長を遂げ，社会支出は経済成長率以上に成長した．

ところが「埋め込まれた自由主義」を支えた条件が変化を来すようになり，世界経済は第1次石油ショックをきっかけとして，スタグフレーションの時代に突入する（Keohane, 1984）．このことは「福祉国家の危機」（OECD, 1981）の時代の到来を意味した．実際には，福祉国家の解体や後退が生じたというよりは，各国で福祉国家の再編が進んだという方が正確であろう（武川，1999a）．しかし1980年代以降のヨーロッパで経済成長が鈍化し，これにともなって社会支出に対する抑制政策が生まれたのも事実である．要するに，西欧の福祉国家は，1940年代の耐乏社会のなかで生まれたとはいえ，

1950-60年代に十分な成長を遂げ，そして1970年代に国際環境の変化によって，危機（ないし再編）に直面したのである．このことは，ヨーロッパの福祉国家は危機（ないし再編）に直面する前に十分な成長を遂げることができたということを意味する．そして1980年代以降の福祉国家の「縮減の政治」のなかでも，このときまでに形成された福祉国家の構造が，1980年代以降の福祉国家の発展経路にとっての制約条件となっているのである．このようなヨーロッパにおける福祉国家形成とは異なった福祉国家形成の仕方をしたのが，以下で見ていく日本と韓国の場合である．

3 日本——福祉国家の危機

福祉元年——国内要因

以上のようにアメリカが欧州の左派勢力との妥協の結果として自由主義を福祉国家のなかに埋め込み，経済成長と社会支出の好循環のなかで，欧州諸国の福祉国家が黄金時代を迎えたとき，日本の国内状況はどのような状態にあったのだろうか．

第2次世界大戦後の一時期，日本でも，欧州諸国と同様，社会党や共産党などの左派が一定の勢力を誇っていた．しかしこの時期の日本は，まだ福祉国家離陸の国内条件が整っていなかった．1950年の1人当たりGDPは，OECD諸国の平均の約1/3に過ぎなかったし，65歳以上人口比率も5%に達していなかった．イギリスはこのときすでに10%を超えていた．また制度の経過年数も短かった．したがって欧州のようにアメリカの援助によって日本が福祉国家へと離陸することはなく，社会支出の急激な膨張も起こらなかった．日本も1950-60年代には年平均10%を超える高度成長を経験したが，それは，欧州諸国のような「福祉国家の黄金時代」にはつながらなかった．日本では，経済成長の果実が社会支出に回される以上に公共事業へと回され，地域間格差の是正に利用された（5章参照）．

しかしながら1970年代の初頭までに，日本の国内条件も大きく変化した．1970年代初頭の時点で，日本の1人当たりGDPは，OECD諸国平均の4/5を超えた．1970年の国勢調査では，65歳以上人口比率が，高齢化社会

の基準とされる7%を超えた．制度の経過年数も，1970年には医療が40年，年金が26年に達した．これはイギリスが福祉国家へと離陸した直後の1950年の水準に匹敵する．したがって日本が福祉国家へと離陸するための国内条件は，1970年代初頭までには十分成熟していたと言える（武川，1999a）．

　このような条件下の1973年，「福祉元年」と呼ばれる社会保障の諸改革が行われた（横山，1988：30ff.）．1971年に家族手当が「日本最後の社会保障」として導入され，1974年から完全実施された．1973年1月，70歳以上の高齢者を対象に老人医療費が無料化され，10月には，健康保険の家族療養費の給付率が50%から70%に引き上げられた．11月，年金の給付水準が「5万円年金」に引き上げられ，物価スライドが導入された．1974年2月，失業保険法が改正されて雇用保険が発足し，75年4月から施行された．これらの諸改革の結果，日本の社会保障給付費は1970年代半ば以降に著しく増加した（図8-3）．このような改革の実施と社会支出の増加から，日本の福祉国家への離陸は，「福祉元年」の前後と見なすことができるだろう．イギリスで1940年代後半以降に生じたのと同じことが，日本では1970年代半ば以降に生じたのである．

　ただし日本の場合には，イギリスと異なる国内条件もあった．それは福祉国家形成の推進勢力である．イギリスの場合は労働党という左派勢力が政権を獲得することによって福祉国家化が始まったのに対して，日本の場合は，保守党と国家官僚制によって福祉国家化が推進された（5章参照）．もちろん当時の日本は，1960年代の高度成長がもたらした歪みの結果として，政治の舞台では左派勢力が伸張し，保守党政府は政権喪失の危機に直面していたから，日本の場合も国内の左派勢力の存在を無視することはできない．しかし，これらの勢力に妥協して改革を進め，その結果として政権を維持することに成功したのは保守党の方だった．

スタグフレーション──国際環境

　それではこのときの国際環境は，どのような状況にあったのだろうか．

　日本が福祉国家へと離陸した1973年は，ちょうど「戦後経済の黄金時代」（1950-73年）が終わりを告げた年と重なる．60年代末までには，すでに交

易条件の悪化によって戦後の高成長を支えた条件が失われつつあったが（Keohane, 1984），これに追い打ちをかけたのが，1971年のアメリカによる金とドルの兌換停止（ニクソン・ショック）と，1973年の第4次中東戦争にともなう原油価格の急騰であった．とくに石油ショックは欧州経済の繁栄にとどめを刺し，以後，世界経済はスタグフレーションに襲われた．言うところの「埋め込まれた自由主義」の危機である（ibid.）．欧州諸国ではこれまでと同様の社会支出の成長を行うことができなくなり，むしろ「成長の限界」がにわかに問題となった．さらに「福祉国家の危機」の風潮が生まれた（OECD, 1981）．これによってただちに福祉国家の縮減が始まったわけではないが，1950年代から70年代前半に見られたような福祉国家の拡大はもはや望むべくもなかった．

　このような世界経済の変化は日本経済にもただちに影響を及ぼした．高度経済成長は1973年に突然ストップし，翌年には戦後初のマイナス成長を記録した．その後やや持ち直すが，日本でも低成長の時代が到来したことは間違いなかった．成長の低下にともない国家財政の赤字が拡大したが，増税することは政治的に困難だった．欧州諸国では「戦後経済の黄金時代」に付加価値税を導入して課税ベースを広げ，これによって福祉国家拡大の財源にしていたが，このようなことは欧州諸国が高成長の時代だったからこそ可能だったのであり，日本のように，低成長の時代になってからの新税の導入は政治的に困難であった（Kato, 2003）．じっさい1978年に一般消費税の導入に失敗してから（1986年には売上税の導入に失敗），消費税として1989年に新税が導入されるまでに10年以上かかっており，またその税率も欧州諸国に比べると相当低い水準に抑えられた．このため国債の発行が増大して財政は危機に陥ったが，増税によって財政を均衡させることが政治的に不可能だったため，1980年代以降の日本では「増税なき財政再建」がスローガンとなった．すなわち財政支出の削減が1980年代以降の日本の一貫した政策である．日本が福祉国家へと離陸したのは，まさにこのような時代だったのである．

形成と危機の同時進行

　このため日本の福祉国家形成は，イギリスをはじめとする欧州諸国とは異なる経路をたどることとなった．欧州のように福祉国家が好条件のなかで十分に成長してから危機に陥ったのではなく，日本は悪条件のなかで福祉国家を形成しなければならなかった．言い換えると，福祉国家の形成と危機が同時進行したのである（武川，1999a）．このため日本国内には，一方で福祉国家形成を推進しようとする力が存在するとともに，他方で，これを一定の範囲のなかに抑え込もうとするさらに強い力がたえず存在してきた．この２つの力を両立させるため，後者は一般に見えにくい形で作用する．ここから日本の福祉国家に固有の特徴が形成されることとなる．

　形成と危機の同時進行という日本の福祉国家形成の初期条件は，第１に，給付国家としての福祉国家の量的側面に影響を及ぼした．日本の社会支出の水準は，アメリカと同程度で，欧州の福祉国家諸国に比べると相対的に低い水準にあるが，この社会支出の相対的低位という特徴は，日本の福祉国家の離陸時の初期条件に由来するものである．

　この点は，しばしば欧米の研究者（だけでなく日本の研究者）によって儒教や家族主義などの観点から説明される．企業の福利厚生の充実によって説明されることもある．しかし日本の社会支出の相対的低位を，このような福祉オリエンタリズムによって説明するのは困難である．たとえば利用に対するスティグマ感が強いといわれる福祉サービスの場合であっても，待機者リストが解消されたことはほとんどなかった．社会サービスに対する必要や需要があったにもかかわらず，それが十分に供給されなかったのは，日本の家族や企業が特殊だったからではなくて，社会政策の財源調達メカニズムを確立することができなかったからである．西欧諸国は比較的早い段階で付加価値税を導入して福祉国家の財政基盤を確立したため，「福祉国家の危機」の時代にあっても，これが慣性（イナーシャ）となって社会支出の大幅な削減を免れた．しかし日本が付加価値税の導入を図ったときは，すでに国際環境が大きく変わっており，日本は福祉国家を拡大するための財政基盤を確立するための機会を逸してしまったのである．家族や企業が強固であったから福祉国家の規模が小さくなったのではなくて，福祉国家の規模を拡大することができなかっ

たから，家族や企業の役割が過度に強調されたのである．日本の家族や企業の特殊性に関する言説は，社会支出の拡大に限界があることから生まれたイデオロギーにすぎない．

　第2に，形成と危機の同時進行は，給付国家としての福祉国家の質的側面に対しても，西欧諸国とは異なる特徴を与えている．それは社会給付における普遍主義と配給政策の同時追求である．日本では，一方で，福祉国家の形成期にあるというところから，普遍主義に対する支持が強かった．福祉国家への離陸後，とりわけ1980年代以降には，それまで選別主義の色彩が濃かった福祉サービスが，普遍主義の方向へと拡大されてきた．ところが他方で，福祉国家が危機のなかにあるというところから，このための支出を一定範囲に抑え込もうとする強い力が存在した．結果として，日本では，サービス利用者のターゲティングではなくて自己負担の導入と引き上げが，総費用抑制の配給政策(ラショニング)として選好されることになる．これを正当化する論理が「受益者負担」のロジックである[1]．

　第3に，形成と危機の同時進行は，親福祉と反福祉をめぐる日本の福祉政治，言説政治のなかにも刻印されている．日本では「福祉」という言葉が超党派で支持され脱政治化されている．アメリカでは，保守派の政治家は選挙期間中であっても反福祉の言辞を弄す．ところが日本の場合は，左派の政治家だけでなく右派の政治家も，親福祉のスローガンを掲げて選挙を戦う．日本の保守政治家は，福祉を正面から攻撃する英米のニューライトとこの点では異なる．これは福祉国家の形成に由来する現象である．ところが他方で，国民負担という独特の概念が存在し，これを一定範囲に抑え込むべきとの合意が超党派で成立している（126ページを参照）．国民負担とは税と社会保険料（と最近では財政赤字）の国民所得に対する割合を示すが，この伸びを抑えることに対しては左派の政治家でさえも支持する．これは福祉国家が危機にあることに由来する現象である．このような親福祉と反負担を両立させるために発明されたのが「日本型福祉社会論」のイデオロギーであった（5章を参照）．それは福祉の名によって，社会支出を一定水準に抑え込もうとするための工夫であった（新川，1993）．

日本の福祉国家形成

　以上から明らかなように，日本の福祉国家は離陸時の初期条件の違いによって，西欧とは異なる福祉国家形成の経路をたどった．その結果，日本の福祉国家は，社会支出の相対的低位，普遍主義的な割当・配給(ラショニング)，親福祉反負担の政治によって特徴づけられることとなった．しかし次のような疑問も生じる．このような形態の福祉国家は，はたして福祉国家と呼ぶことができるのだろうか．仮にそう呼ぶことができるとして，日本の福祉国家は西欧の福祉国家と同じ社会的機能を果たしていると言えるのだろうか．この点に関しては「然り」とも「否」とも答えるのが難しい．しかし，次のように言うことはできるだろう．すなわち日本の福祉国家は，初期条件の違いから西欧とは異なる発展経路をたどることになったが，社会支出の相対的低位を補償するメカニズムを発達させることに成功し，社会統合を維持することができた，ということである．それは，5章で検討したような補償メカニズムであった．

　1950-60年代の「戦後経済の黄金時代」に，欧州はこれを利用して福祉国家の拡大をはかったが，同じ時期の日本は，上述の理由から福祉国家の拡大とはならず，資本蓄積が強化された．このため西欧諸国に比べて社会支出の規模は増大しなかったが，公共事業への支出は増大した．政府は大規模な公共事業を行って経済成長を促進し，経済への強力な国家介入を行って，高成長部門を育成した．と同時に後進地域や低成長部門の保護を行った．日本の場合，社会支出は少なかったが公共事業支出は多く，また，社会規制は弱かったが経済規制は強く，これらの諸手段をつうじて完全雇用と所得再分配を達成した．日本では，自由主義が埋め込まれたのは，欧州的な福祉国家のなかではなくて，公共事業や産業保護のなかであった．この蓄積メカニズムは70年代以降の福祉国家形成期にも残存し，欧州的な意味での福祉国家の機能を代替する，補償メカニズムとしての役割を担ったのである．

　したがって欧州の福祉国家とは異なる日本の福祉国家の特徴は，二重の意味で，国際環境によって説明される．1つは，福祉国家への離陸の時期が，世界的な「福祉国家の危機」の時期と重なったという点である．他の1つは，欧州で福祉国家の拡大が進んだ「戦後経済の黄金時代」に，公共事業支出と強力な経済規制を柱とする蓄積メカニズムが形成され，これがその後の日本

の福祉国家の発展に対して影響を及ぼしたという点である．

4　韓国——グローバル資本主義

生産的福祉への道——国内要因

西欧諸国が「福祉国家の黄金時代」を迎えていた1950年代と60年代，韓国はどのような状況にあったのだろうか．

1945年に日本の敗戦によって植民地支配が終わり，アメリカによる占領下の1948年8月，大韓民国が樹立されたが，それから2年もたたない1950年6月に朝鮮戦争が勃発した．このため福祉国家どころの騒ぎではなくなった．1960年代に入ると，韓国も西欧諸国や日本と同様に高度成長を経験する．しかし福祉国家へと離陸するために十分な水準にまでは経済発展が達したわけではなかった．65歳以上人口比率も当時は3%台に過ぎなかった．したがって1950-60年代の欧州における「福祉国家の黄金時代」は，日本にとってそうであったのと同様，韓国にとっても無縁の存在であった．

それでは日本が福祉国家へと離陸した1970年代の韓国は，どのような状況にあったのだろうか．1973年に「戦後経済の黄金時代」は終了した．ところが韓国を含むアジアNIESは高度成長を続け，韓国の場合，1970年代の年平均成長率は8.1%，80年代は9.5%を記録した（金宗炫・大西編，1995）．1人当たりGNP（GNI）も1990年には5,000ドルを超えたが，まだ西欧先進諸国の水準には遠かった．高齢化もそれほど進んでいたわけではなく，1975年の時点で65歳以上人口比率は3.5%に過ぎなかった．したがって日本が福祉国家化した1970年代も，福祉国家へと離陸するための国内条件が韓国では成熟していなかった．

ところが1990年代末までに，事態は一変する．1987年の民主化宣言によって，長年続いた権威主義的な政体は終わりを告げ，韓国は自由民主主義の政体に移行した．フローラによると，民主化は福祉国家形成の条件のひとつであるが（Flora, 1985），韓国はこの条件をクリアしたことになる．経済発展も著しかった．IMF危機の1998年を除いて，90年代の韓国の経済成長率は日本を大きく上回り，1995年には1人当たりGNI（GNP）が10,000ドル

を超え，1996年にOECDへ加盟した．人口の高齢化が進み，2000年には65歳以上人口比率が7％を超えた．このように1990年代の韓国は，西欧諸国の1940年代，日本の1970年代と類似の国内条件の下にあり，福祉国家への離陸前夜となっていた．

1998年に成立した金大中政府は，このような国内条件の下で，「生産的福祉」のスローガンを掲げて，福祉国家形成に乗り出した（李惠炅，2004；金淵明・金教誠，2004；イ・テス，2005；株本，2005；ムン・ジンヨン，2005；イ・ヘギョン，2006）．このときの改革は多岐に及んでいるが，イ・ヘギョン（李惠炅）は，①公的扶助改革，②四大社会保険（産業災害補償保険，雇用保険，医療保険，年金保険）の改革，③社会支出の拡大といった3つの点に注目している．第1の公的扶助改革については，それまでの生活保護の制度に代わって，1999年7月に，国民生活基礎保障法が成立し，2000年10月から施行された．この改革によって給付の権利性が強められ，就労の有無は給付の条件から外された．第2の四大社会保険の改革のうち年金については，1999年4月，都市自営業者と零細事業所の被用者に適用拡大して，国民皆年金を実現した．医療についても，医療保険の一元化を実現し，保険の給付範囲の拡大，保険の適用上限日数の撤廃，高額療養費に対する補助など数々の給付の改善が行われた．雇用保険も，1998年10月に，全事業所へと適用拡大され，失業給付の受給資格も緩和され，給付水準も引き上げられた．第3の社会支出の急増については，すでに指摘したとおりである（図8-4参照）．

グローバル化とワークフェア国家 ── 国際環境

それでは韓国がこのように福祉国家へと離陸した1990年代末の国際環境はどのような状況にあったのだろうか．韓国の福祉国家形成はIMF危機と前後して開始されたが，その背後には，1990年代以降のグローバル化の急速な進展があった．2章および3章で検討したように，グローバル化は各国経済に対してだけでなく，各国の社会政策に対しても深刻な影響を及ぼしてきた．このため20世紀の第4四半期の福祉国家は，第3四半期とは異なる国際環境のなかに置かれることとなった．

グローバル化とは，情報や資源の国境を越えた移動が著しく増大していく現象である．「埋め込まれた自由主義」は自由貿易のための仕組みであったから，第2次世界大戦後の世界では農産物や工業製品の輸出入が比較的自由であり，財やサービスの国境を越えた移動が増加した．しかしブレトンウッズ体制の下では，為替を安定化させるために固定相場制が採用され，為替管理は厳格に行われた．このため資本の国境を越えた移動には制限があった．ところが1980年代初頭から世界各国で金融の自由化が進み，資本の移動に対する規制は次第に撤廃されるようになった．これによって資本は移動の自由を確保した．

　他方，労働の方も，同じ時期，国境を越えた移動が増加した．「第2次大戦後の数十年間にみられた国際的人口・労働力移動の流れは，おそらく世界経済史上でも最大規模のもののひとつ」であり，「世界労働市場の形成という世界資本主義の新しい構造を生みだし」た（森田編，1987：1）．ところが労働は，資本のような完全な移動の自由を確保することはなかった．その理由のひとつは物理的なものである．IT革命によって資本が瞬時に世界中を移動することができるようになったのに対して，労働力の移動には物理的な制約がともなう．もうひとつの理由は社会的なものである．1973年の石油ショックを契機に，西欧諸国の多くは外国人労働者の流入に対する規制を強化し，本国送還を促進する政策に転じた．

　グローバル化の福祉国家に対する影響の多くは，この国境を越えた移動に関する資本と労働の非対称性に由来する．資本が安い賃金を求めて移動する方が，労働が高い賃金を求めて移動するよりも圧倒的に容易であるということから，3章で検討したように，さまざまな問題が生じる．第1に，資本と労働の非対称性は，給付国家としての福祉国家に影響を及ぼす．いつでも国外に逃避することが可能となった資本は，各国政府に対して税や社会保険料の負担の削減を要求する．第2に，規制国家としての福祉国家に対しても影響を与える．移動の自由を確保した資本は，各国の国内市場における自由な活動を保証するよう各国政府に対して規制撤廃の圧力をかける．第3に，各国の福祉政治の変容をもたらす．資本は国外に逃避することができるが，労働は国外に逃避することができないとの理由から，もともと存在していた資

本と労働の交渉力の格差は一段と拡大する．

　このようなグローバル化による給付国家・規制国家・福祉政治の変容を見ながら，ジェソップは，20世紀から21世紀の転換期に，「シュンペーター型ワークフェア・ポスト国民的・レジーム」(Schumpeterian Workfare Postnational Regime: SWPR) が成立しつつあると主張した．彼によれば，このレジームの下で，社会政策は経済政策の下位概念になり，社会賃金の下方圧力と福祉権に対する攻撃が行われるとして，これをウェルフェア型からワークフェア型への変化と見なした．彼は，ワークフェアの特徴が「社会政策や雇用政策の積極的形態によって勤労を勧奨ないし強化することに，また，福祉から勤労への経路（ないし移行）を円滑にするために移行的労働市場 (transitional labour market) を発達させることのうちに求められる」としている（Jessop, 2002: 219)．しかもこのワークフェアのアプローチは，90年代のOECD諸国やEUの社会政策のなかに取り入れられ，自由主義から社会民主主義や保守主義にいたる各福祉レジームで共通して採用されるようになっている（ibid.: 222)．

　韓国は，まさにこのような国際環境のなかで，福祉国家の形成を開始したのであった．

ウェルフェアとワークフェアの同時出現

　1970年代の日本が「福祉国家の危機」という国際情勢のなかで，社会支出抑制の圧力を受けながら福祉国家へ離陸したとしたら，1990年代の韓国はグローバル資本主義という国際情勢のなかで，ワークフェアの圧力をうけながら福祉国家へと離陸した．1970年代の日本が国際環境から社会支出削減の圧力を受けながらも，その国内的必要から社会支出の増大をはからなければならなかったとしたら，1990年代の韓国は，国際環境からワークフェアの圧力を受けながらも，その国内的必要からウェルフェアの追求をしなければならなかった．危機と形成の同時進行が日本の福祉国家の形態を特徴づけたように，ウェルフェアとワークフェアの同時追求が，韓国の福祉国家の形態を特徴づけている．

　ウェルフェアの追求とワークフェアの追求はある意味で矛盾する．前者が

労働力の部分的な脱商品化を意味しているのに対して，後者は労働力の再商品化を意味しているからである．この矛盾を解消するために発明されたのが「生産的福祉」のレトリックである．生産的福祉は，生産の要素の方に重点を置けば，ワークフェアの意味に理解することができるし，反対に，福祉の要素の方に重点を置けば，ウェルフェアを推進していくという意味に理解することができる．この両義性によって，福祉国家への離陸の国内的必要と国際環境に由来する圧力を調停させることができる．「福祉国家の危機」という国際環境のなかで福祉国家を形成した日本において，「日本型福祉社会」というレトリックが果たしたのと類似の役割を，韓国では「生産的福祉」のレトリックが果たしたと言える．

このようにウェルフェアとワークフェアが同時に出現したところから，韓国の社会政策はどのような特徴をもつようになったのだろうか．

第1に，公的扶助の改革では，一方において，いわゆる「有能貧民」(able-bodied poor)と「就労不能貧民」(impotent poor)の区別をなくして，救貧法段階の労働貧民（working poor）の問題を解決したが（ウェルフェアの追求），他方で，新しい公的扶助制度のなかに自活支援プログラムを導入した（ワークフェアの追求）．

金大中政府の下で制定された国民基礎生活保障法は，労働能力のある者は自活に必要な事業に参加することを受給の要件とすることを定めている．また地方自治体は自活事業の対象者に対して世帯別自活支援計画を作成することとなっている．この自活支援事業は，いわゆる「福祉依存」を避けるために導入されたものであり，政策当局は当初からワークフェアの意図を明確に持っていた（五石，2003：52）．この事業の運用では自活対象者に病人，障害者，高齢者などが含まれることがあり，しかも自活事業によって提供される仕事が重労働の場合もあることから，五石によると，「現場からは『強制労働』だとする声もあがっている」（同前：55）．

自活支援事業はグローバリズムの反映であるが，他方で，それが一定の範囲のなかに抑え込まれているという事実もある．というのは，1つには，自活支援事業の対象者数と予算額が，きわめて限定的なものであるからである（金成垣，2004：234）．2つには，韓国の場合，ワークフェアを採用してい

るが，その条件は比較的緩やかである．このため「基礎法における『ワークフェア』は……基礎法の核心的内容ではない」との評価もある（キム・ヨンミョン，2005a：18）．

このように韓国の福祉国家形成では，国内的必要に由来するウェルフェアの追求過程のなかで国際的影響に由来するワークフェアの要素がたえず混入し，ウェルフェアの要素が純粋な形で貫徹されることがなかったが，他方で，国際的な要請から導入されたワークフェアの要素は国内的必要に基づくウェルフェアの要素によってたえず稀釈化され，これもアメリカのような純粋の形で実現されることなく，一定の範囲の中に抑え込まれてしまったのである．

第2に，社会保険の改革では，一方において，国内条件の成熟にともなう適用範囲の普遍主義的な拡大がみられたが，他方で，国際環境の圧力によって，その実現が一定の制約を受けた．社会保険の適用範囲が拡大されて皆年金が実現したことについては，すでに述べた．また，文民政府（金泳三政権）の年金改革案は，賦課方式の基礎年金と確定拠出の完全積立方式の所得比例年金からなる2階建て方式であり，これはグローバリズムの要請に添ったものであったが，国民の政府（金大中政権）はこの改革案を拒否した．このような社会保険の普遍化やグローバリズムの拒否は，国内的必要に基づくウェルフェアの追求である．しかし他方で，こうした普遍主義の実現がグローバリズムに譲歩することによって実現されたという点にも注意しなければならない．たとえば世銀的な年金改革案が金大中政府によって撤回される過程で，国民年金の所得代替率は70％から60％に引き下げられた（キム・ヨンミョン，2005a：13）．また雇用保険の普遍的な適用が実現されたものの，失業給付では「求職活動に対する補償の原則」が強調され，ワークフェアの原則が貫かれている（チョン・ムグォン，2006：25-26）．さらに社会保険の普遍主義的な適用が形式的に実現されたものの，「死角地帯」という形で未適用者が実質的に放置されている（イ・テス，2005：203-204；ヤン・ジェジン，2006：表6）．

第3に，社会支出は，一方において，国内的必要から急増が生じたが，他方において，グローバリズムの影響によって一定の水準に抑え込まれている．韓国では1998年に社会支出が急増したが（図8-4を参照），その水準は依然

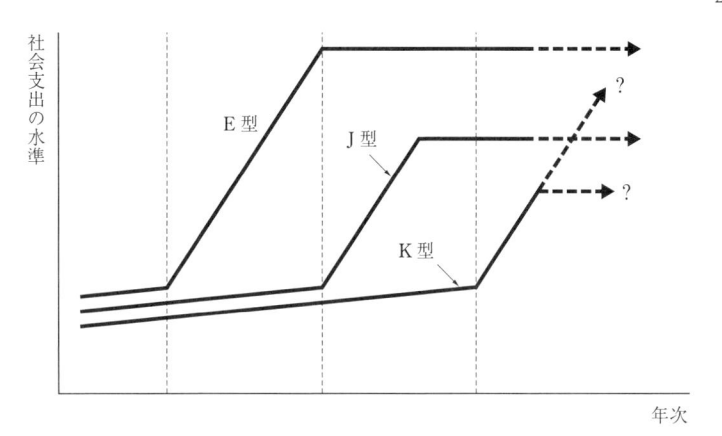

図 8-6　社会支出の増加経路の 3 類型

としてOECD諸国のなかで低位にある．ようやくOECD諸国平均（20%台）の半分に達した程度である．また，経済が好転してGDPが拡大したこともあるが，2001年以後，伸び悩んでいる．日本の場合も1970年代半ばに国内的必要から社会保障給付費が急増したが，80年代に入ると国際環境の制約を受けて伸び悩みの状態が続いたが，これと類似の現象が韓国の場合は比較的短時日のうちに観察されたことになる．日本の場合，90年代に入ると，GDPの停滞，高齢化による自然増などのために社会保障給付費の対国民所得比は再び増加を始めたが，韓国の場合も，完全年金の給付が始まる2008年以降，社会支出が，再度，増加の傾向に転じる可能性が高いと思われる．ただし日本の場合は，社会支出の相対的低位を補償するためのメカニズムが70年代までに形成されていたが，韓国の場合は，同様のメカニズムが形成されて社会支出の水準が現状を維持するのか，今後OECD諸国並みの水準に引き上げられていくのかについては，現段階では不明である（図8-6を参照）．

　第4に，労働市場の改革においてはどのような特徴が現れているだろうか．IMF危機に際して，韓国政府は経済改革の面では新自由主義的な処方箋を受け入れ，「IMF早期卒業」を宣言した．この点で，90年代末の韓国の経済政策はワシントン・コンセンサスに合致するものであった．労働市場は経済

政策の対象でもあり，金大中政府は労働市場の柔軟化政策を追求してきた．そのための手段が整理解雇制と派遣労働制度であるが，これらは労使政委員会の合意に基づいて導入された．こうした改革の結果，韓国の労働市場の柔軟性の水準は上昇した（ヤン・ジェジン，2006）．

このように金大中政府の下でグローバリズムの要請に基づいて労働市場を柔軟化するための政策——ワークフェアの追求——が採用されたが，他方で，国内的必要から柔軟化を中和するための措置——ウェルフェアの追求——も採用された．たとえば整理解雇が法制化される過程で，解雇要件のなかに「以前にはなかったいくつかの規制条項が挿入された」（同前：213）．このためOECDによる評価では，韓国の整理解雇制度における（正規職に対する）雇用保護の程度は，日本，ドイツ，フランスなどと同様，OECD諸国の平均に比べると高い水準として位置づけられている（OECD, 2000: 63）．

最後に最小ではなく，ほかならぬ韓国福祉国家性格論争の存在自体が，こうした韓国社会政策におけるウェルフェアとワークフェアの同時出現を雄弁に物語っていると言うべきであろう（キム・ソンウォン，2005；金淵明編，2006）．生産的福祉を韓国における急速な福祉国家形成の指標とみなす，キム・ヨンミョンやイ・ヘギョンらの国家責任拡大説は，韓国の福祉国家形成における国内要因，すなわち内生的な側面——ウェルフェアの追求——を反映した立場である．反対に，生産的福祉をIMF危機に由来する新自由主義的改革の一環とみなす，チョン・ムグォンやチョ・ヨンフンらの新自由主義貫徹説は，韓国の福祉国家形成における国際環境の影響，すなわち外生的な側面——ワークフェアの追求——を反映した立場である．韓国福祉国家性格論争における混乱は，6章で述べたように，エスピン＝アンデルセンの議論を機械的に適用したところに主たる理由があるが，このような韓国における福祉国家形成の両義的性格に由来するところもある．

以上の検討から明らかなように，本章における仮説IIが示すような，韓国が福祉国家へと離陸した時点の国際環境，すなわちグローバリズムの席捲やワークフェア国家の台頭が，韓国における福祉国家形成の初期条件となった結果，仮説IIIが示すように，その後の韓国の福祉国家形成においては，ワークフェアとウェルフェアの同時出現といった事態が生じた．これが韓国

の福祉国家形成の性格を特徴づけている．それは公的扶助改革のなかにも，社会保険改革のなかにも，労働市場改革のなかにも，社会支出の増大のなかにも現れた．生産的福祉や韓国福祉国家性格論争における諸言説は，これらのリアリティの単純な反映とは言えないまでも，これらのリアリティとの相関関係のなかにあることは間違いない．

5 福祉資本主義の3つの世界

近年の東アジアに関する比較福祉国家研究では，福祉オリエンタリズムの思考法が支配的であり，福祉レジーム論のアプローチが影響力を持っている．このため日本や韓国に関する社会政策研究のなかでは，次のような2つの命題が暗黙のうちに前提されることが多かった．

(1) 日本と韓国は同一の福祉レジームに属する．
(2) 日本と韓国はエスピン＝アンデルセンの3つのレジームのうちのいずれか，あるいは東アジアに固有の第4の福祉レジームに属する．

そこで前章では，これら2つの命題の妥当性について検討し，いずれも支持できない理由を示した．日本と韓国では伝統社会の構造が異なり，近代社会の歴史が異なっているだけでなく，1990年代における経済政策と社会政策のベクトルが正反対であり，これら両国を同一の福祉レジームに属すると考えることには無理がある，というのがそこでの結論であった．また，エスピン＝アンデルセンの「3つの世界」論は，脱商品化の概念をとおして福祉国家と資本制との関連を明確にした点に理論的な意義を，アメリカとドイツとスウェーデンの歴史と構造を分析した点に現状分析における意義があるものの，西欧諸国の歴史や構造から離れて「3つの世界」を機械的に適用することは福祉レジーム論の正しい使い方ではないということを論じた．

前章で，以上の2つの命題を棄却したうえで，本章では，西欧諸国と東アジア諸国の福祉国家を同時に説明するために，次の3つの仮説を提案し，その妥当性を，イギリス，日本，韓国の3国を事例として取り上げながら検討

した．この場合のイギリスは，単にイギリス一国ということではなくて，欧州諸国の代表としてのイギリスである．

　仮説 I：国内要因によって福祉国家への離陸の時期が決まる．
　仮説 II：離陸の時点における国際環境が福祉国家形成の初期条件となる．
　仮説 III：この初期条件がその後の福祉国家の発展を条件づける．

　本章の 2 節以下の検討で明らかとなったように，福祉国家への離陸の国内条件が整ったのが，欧州諸国の場合は 20 世紀半ば，日本の場合は 1970 年代半ば，韓国の場合は 20 世紀末であった．そして，社会支出の急増が始まったという意味で，それぞれの国はこのときに福祉国家への離陸を行った．これらの事実は仮説 I を支持している．
　20 世紀の半ばに欧州諸国が福祉国家へと離陸した時期における国際環境は，「埋め込まれた自由主義」（Ruggie, 1983）── 冷戦体制における自由貿易と保護主義との妥協 ── の生成と「戦後経済の黄金時代」（Maddison, 1989）であり，これらが欧州諸国の福祉国家形成における初期条件となった（仮説 II）．このため欧州諸国の福祉国家は，仮説 III が示すように，国際環境による制約を受けることなく，純粋な形で発展することができたのである（Flora and Heidenheimer, eds., 1981）．こうした福祉国家形成のパターンは自由主義レジーム，保守主義レジーム，社会民主主義レジームに共通して生じたことである．もしこれが正しいとすると，エスピン＝アンデルセンの「3 つの世界」は 3 つの種差的特徴を持つ独立のレジームというよりは，特定の離陸時期と特定の国際環境のなかで形成を果たした福祉国家レジームのなかの 3 つの亜種ということになる．
　他方，日本が 1970 年代の半ばに福祉国家へと離陸したときの国際環境は，石油ショック後のスタグフレーション，すなわち「埋め込まれた自由主義の危機」（Keohane, 1984）と「福祉国家の危機」（OECD, 1981）であり，これが日本の福祉国家形成の初期条件となった（仮説 II）．このため日本の福祉国家は，欧州諸国の福祉国家とは異なり，社会支出の相対的低位，普遍主義的な配給（ラショニング），親福祉反負担の政治といった特徴を持つようになった（仮説 III）．

これに対して韓国が福祉国家へと離陸したときの国際環境は，直接的には IMF 危機であるが，より本質的なところはグローバル資本主義の席捲と「ワークフェア国家の台頭」(Jessop, 2002) であり，これが韓国の福祉国家形成の初期条件となった（仮説 II）．このため韓国の福祉国家は，欧州諸国の福祉国家と異なるだけでなく日本の福祉国家とも異なり，ウェルフェアとワークフェアの同時出現といった特徴を帯びることになった（仮説 III）．

以上のようなイギリス，日本，韓国の検討から，仮説 II と仮説 III も支持されたと思う．要するに，それぞれの福祉国家を形成した国際環境が，イギリス，日本，韓国という 3 つの福祉資本主義を形作っているのである．これはエスピン＝アンデルセンとは別の意味で，「福祉資本主義の 3 つの世界」が存在することを示している．

これまで東アジアの経験は個別主義的に説明されることが多かった．しかしながら本章で試みたように国際環境という変数を導入することによって，東アジア諸国の経験も西欧諸国の経験と同様に，普遍主義的な観点から分析し解釈することができるようになるし，また，そうしなければならない．したがって福祉オリエンタリズムのような個別主義のアプローチは廃棄されなければならないし，欧州の経験に基づく理論を東アジアの現実に対して無批判かつ無分別に適用する愚は避けなければならない．

私たちは，ヨーロッパで生まれた理論のなかにある普遍主義的な要素を，個別主義的な要素から峻別して剔出すべきである．日本と韓国が福祉国家の逸脱事例でないのは，西欧諸国の福祉国家が逸脱事例でないのと同様である．私たちは，ユーラシア大陸の東部と西部に対して一貫した説明をすべく努力しなければならない．

1) この点に関して，埋橋孝文は，1980 年代以降の日本の社会保障改革の特徴を，イギリスなどと異なり，単純な選別主義ではなくて「応益原則志向の普遍主義」（宮本／ペング／埋橋, 2003）によって進められてきた点に求めているが，このような普遍主義と選別主義をめぐる日本的な現象は，福祉国家の形成と危機が同時進行したことによる結果である．ちなみに，杉野昭博は，80 年代の日本（の社会福祉学者の間）で普遍主義論が台頭したことについてふれ，

「これは『普遍主義はお金がかかる』というイギリスにおける教科書的知識から見れば，摩訶不思議なことであり，『財政危機のなかで日本は普遍主義的福祉を達成した』というようなタイトルの本をイギリスで出版すれば，たいへんな驚きをもって迎えられベストセラーになるのではないかと思う」と揶揄し，普遍主義をめぐる日英間のギャップを慨嘆しているが（杉野，2004），これも日本の社会福祉学者の誤解に基づくというよりは，福祉国家の形成と危機が同時に進行したという事実に由来するものだった，と言える．

終章
市民権の構造転換

1 問題の所在と射程

市民社会と市民権

　いままた市民社会が問われている．これは世界的な潮流である．1989年の東欧革命の前夜，国家社会主義のなかで，息詰まる独裁主義に風穴を開けたのは，東欧社会のなかで培われてきた市民社会の胎動ではなかっただろうか．このとき「複写機も電話もない」市民が「広場で集会を開くだけで，政権を退陣に追い込み，体制を転覆させた」のである（ギデンズによるベックの引用）(Giddens, 1998: 93)．同じく1989年の天安門の前に座り込んだ学生たちが求めていたのも市民社会ではなかっただろうか．また同時期の旧西側資本主義社会における 結 社〔アソシエーション〕の叢生は市民社会の再生ではなかったか．これらは国家を超えようとする市民社会の動きである．

　しかし市民社会は美しい言葉だけでは語れない．市民社会とはヘーゲル＝マルクス以来，なによりも欲望の体系であり，ブルジョワ社会であった．そのようなものとしての市民社会はすでに国家を超え出ている．現在，投機的資金の流れを通じて，諸国家を翻弄しているのは市場の力であろう．諸国家は久しく何ものにも制限されない力としての主権を持ちえていない．ここでも市民社会は国家を超え始めている．

　日本のばあい市民社会は長らく規範概念だった（庄司ほか編，1988）．それは遅れて近代化に着手した国にとっての，たどりつくべき目標だった．明治以来，向こう三軒両隣的人間関係のなかに囚われた文学者たちは，ヨーロ

ッパの文学者たちが「仮面紳士」として生きたのと異なり,「逃亡奴隷」として, この息苦しさから逃れようとした (伊藤, 1973; 1981). 市民社会の不在のなかで, 文士たちは「仮面をかぶって巧妙に生きる」必要はなかった. 日本社会の講座派的理解のうえに立った社会科学者たちも例外ではなかった (内田, 1967). 彼らにとって市民社会とは, 前近代的な日本社会を批判するための基準点だった. そこではマルクスの市民社会批判でさえ換骨奪胎されて利用された (平田, 1969).

これら近代日本の市民社会論が植民地主義的な倒錯であったか否かについて, ここでは問わない. しかし市民社会が黄金郷(エルドラド)ではないことは確かだ. それは家族と国家との間に存在する広大な領域である. 最初は真空だったかもしれない. いや, 家族と国家によってあまねく覆われていたかもしれない. しかしそこにもそれらとは異なる論理が頭をもたげてくる. 勝義の市民社会の誕生である. われわれは日本社会のなかにあって, あるべき市民社会だけでなく, 現にある市民社会を見なければならない.

こうした市民社会を考えるばあいに1つの鍵となる概念は市 民 権(シティズンシップ)である. 市民権とは (共同体とは異なるという意味での) 市民社会の正式な構成員(メンバー)としての資格を意味する. そこには当然さまざまな権利と義務がともなう[1]. 換言すれば, 市民権とは市民社会の会員権である. 市民社会のあり方を問うということは, 市民権のあり方を問うことを意味する. 市民権とは市民社会の1つの重要な指標である.

市民権論の射程

(法学ではなく) 社会学の伝統のなかでも, 市民権に関しては, すでに半世紀近くに及ぶ研究の蓄積がある. 20世紀半ばに出現したT. H. マーシャルの古典的著作以来, 社会学における市民権をめぐる議論は, 社会政策や福祉国家の周囲を旋回してきた (Marshall, 1992). そこで福祉国家は社会権 (social rights) ないし社会的市民権 (social citizenship) の表徴であった. またグローバル化のただなかにあるこんにち, 外国人や移民の市民権をめぐる問題が浮上している. このため社会学の伝統のなかでもエスニシティ研究や地域研究の分野で, 市民権が改めて取り上げられるようになってきた. し

かしこれら2つの研究群のあいだの連絡は乏しい．ここでは両者の架橋を試みたい．

　市民権をめぐる議論の射程はさらに広い．社会政策や福祉国家に関する規範を，その最も抽象的な水準においてとらえるときに問題となるテーマは，正義（Justice）と公共性（Öffentlichkeit）であろう．周知のようにロールズは，福祉国家における再分配を正当化するために正義の理論を定式化した（Rawls, 1971）．またハーバーマスは，社会国家（＝福祉国家）のもとにおける公共性の構造転換について論じた（Habermas, 1990）．正義と公共性とは社会学および社会哲学上の大問題である．市民権はこれら2つを媒介する位置にある．

　近代は「公民権」（civil rights）と呼ばれる自由権的市民権の確立とともに訪れた．これによってアリストテレス以来の主題だった分配の正義の問題は後景に退き，交換の正義の問題が前面に出てくる．それは「ブルジョワ的公共性」の確立に対応する．古典的な近代市民社会の成立である（身分から階級へ！　そして，身分から契約へ！）．しかし市民権は，そのみずからの論理の展開として，普通選挙に代表される政治的市民権の確立を促す．これによって交換の正義とブルジョワ的公共性との対が毀れ始める．政治的市民権の確立は社会的市民権の生成を促す．社会的市民権は未完である．しかし部分的ではあれこれを体化した福祉国家のもとで，公共性は構造転換する．そして分配の正義は再び公共性の議題（アジェンダ）となる（階級から身分へ！　そして，契約から身分へ！）．

　市民権をめぐる議論は，しばしば進歩史観に彩られている．T. H. マーシャルはいちおう市民権と社会階級との動態を描こうとはしている．しかし彼の議論の場合，市民権はいわば「表出的因果性」（Althusser and Balibar, 1965）にそって展開する．彼にとって市民権は歴史における進歩の証であり，とりわけ社会的市民権が解放の徴であった．しかし市民権のなかには抑圧も矛盾もある．ここでは市民権のなかに含まれる，こうした負の遺産の剔出も試みる．

2 市民権の内包と外延

同一化と差異化

市民権とは市民社会の正式なメンバーとしての資格を意味する，と述べた．このことは何を意味するか．市民権というものが成り立つためには，論理的には少なくとも次のような操作が必要だということを意味する．すなわち何らかの境界（border）が設定される．これによって境界の内側と外側が区別される．内側に属する人びとには市民権が付与され，外側に属する人びとには市民権が付与されない．前者は市民となり，後者は非市民にとどまる．つまり市民権の論理は，同一化と差異化という2つの契機から成り立つ．

同一化原理としての市民権は市民間の対内的な平等をはかる．そこで諸個人の有する個別性や異質性は，偶有性として捨象される．諸個人は市民としての抽象性のもとに無差別的かつ斉一的に扱われる．ゆえに諸個人は市民として平等である．

もちろん諸個人は市民として以外の側面において不平等である．財産家がいる．権力者がいる．名望家がいる．知識人がいる．しかし財産・権力・名誉・知は，市民としての本質的属性ではない．いや正確ではないかもしれない．正しくは「これらが境界の定義のなかに含まれない限りは」との留保をつけるべきだろう．無産の人間は独立不羈の人格となりえぬとの理由から，財産が市民としての条件となる社会はありうるし，現に存在したからだ．しかしそうした場合であっても，本質において市民は平等である．

共同体もまた「対内道徳」（Binnenmoral）と「対外道徳」（Außenmoral）とを区別する（Weber, 1916：239；大塚, 1955：44）．その意味では共同体においても同一化原理が作用する．しかしそこで重要な働きをするのは「直接に人格的な関係性」（真木, 1977：109）であり，共同体の同一性を支えるのはこうした関係性に基づく「共同体意識」である．共同体成員はこれに帰依し，そこに溶融する．したがってそこには個がない．

これに対して市民社会における同一化原理は，諸個人の差異を保持したまま貫徹される．しかし市民社会もまた市民に対して同化（assimilation）を

終章　市民権の構造転換　217

求める．市民であることの前で，宗教や皮膚の色は関係ない．しかしこのことが成り立つのは，ひとが宗教や皮膚の色を超えた何かを信ずるからである．最終審において，ひとはみずからの宗教や皮膚の色を棄てなければならない．寛容のためには不寛容に対して不寛容でなければならないのと同じように，普遍主義と同化主義は紙一重である．市民権はひとに棄教者となることを求める．

　差異化原理としての市民権は市民と非市民とのあいだを切断する．同一化原理によって市民間の対内平等がはかられることの対偶として，市民と非市民とのあいだには差別化がはかられる．非市民は市民社会から排除される．誰が非市民として市民社会から排除されるか．

　第1にそれは，当該社会の外で生きる者たちである．異邦人，他所者，外国人，alien, foreigner, Fremde, étranger……．彼ら彼女らは友でないだけでなく，敵であるかもしれない．彼ら彼女らは異なる社会の市民であるかもしれない．どこの社会にも属さない絶対的な非市民であるかもしれない．彼ら彼女らが差異化されるのは，共同体における場合と同じである．しかし彼ら彼女らが異教徒である必要はない．

　第2にそれは，当該社会の内で生きる者たちである．市民権の境界が必ずしも社会の境界と一致するとは限らないからだ．

　奴隷制度は古代社会においてだけでなく，近代市民社会においても存在した．奴隷は社会の内で生きている．しかし奴隷は権利において市民とはなりえない．その存在が当該社会にとっていかに不可欠であろうと，また，自由人とまったく変わらない生活をしていようと，また，周りからいかに尊敬を集めていようと，この点は変わらない．もっとも奴隷制度の廃止によって，この論点は消失した．

　これに対して，女と子どもは事実において市民とはなりえなかった．男の子どもは潜在的な市民ではあった．しかし女は，おとなも子どもも，市民ではなかった．場合によっては人間でもなかった．知られているように，人権宣言（Déclaration des droits de *l'homme* et du citoyen）は男の権利の宣言であり，グージュはすぐさま女の権利の宣言（Déclaration des droits de *la femme* et de la citoyenne）によって，これに対抗した（Blanc, 1989）．

また女と子どもは市民ではなかったから，例外的に国家の保護の対象となりえた（Marshall, 1992: 15）．工場法は，当初，児童労働の禁止と女子保護から成り立っていた．男のおとなたちにとっても，救貧法の対象となるということは，市民でなくなるということを意味した．

市民権の広さと深さ

市民権には2つの次元がある．広さと深さである．

市民権が成立するために境界が引かれるということは，市民権には空間的限界があるということを意味する．市民権はこの限界の内部だけで効力を有する．そしてその範囲は可変的である．この次元をここでは市民権の広さと呼んでおこう．

市民権にともなう権利と義務もまた可変的である．ある市民権は市民に対して非常に多くの権利を与え，非常に多くの義務を課すかもしれない．その反対の場合もある．ある市民権は市民をほとんど無権利状態に置き，義務だけを要求するかもしれない．その反対の場合もある．市民権に付随する権利と義務の内容を示す次元のことを，ここでは市民権の深さと呼んでおこう．

こんにち市民権の広がりは国民国家の広がりと一致する．しかしそれは市民権と国民国家とのつながりが論理的必然であることを意味しない．市民権の準拠する広がりは多様でありうる．ヨーロッパ中世のギルドは「党派的な貪欲や悪意のある野望を無理に押しつけて，社会の統一を破る」ものであったにもかかわらず，「厳しい団体的規律」によってギルド構成員のあいだに平等化と相互扶助を課した（Tawney, 1926：上 61-62）．そこには同一化と差別化の原理が貫かれている．それは市民権の亜種である．また都市は，字義どおりの市民の範囲の限界たりうる．地方，国民，そして国民を超えたものも市民権の広がりの準拠たりうる．

権利としての市民権と義務としての市民権

市民権の深さは権利の側面と義務の側面においてとらえられる．

権利としての市民権の深さは，法学的整理によれば，自由権または社会権として測ることができる．あるいは市民法における権利，または現代法にお

ける権利として概念化されるかもしれない．しかしT. H. マーシャル以来の歴史的・社会学的把握によれば，市民権は「公民権」ないし「市民的諸権利」（civil rights）と総称される権利群，「参政権」ないし「政治的諸権利」（political rights）との呼称をもつ権利群，「社会権」ないし「社会的諸権利」（social rights）と呼び慣わされてきた権利群として整理され，そして，この順に深まりを増すと考えるのが一般的である（Marshall, 1992）．

　市民には通常何らかの拠出義務が課される．国家が「租税国家」（Schumpeter, 1918）としての体裁を整え，その性格が強化されるならば，市民の拠出義務は納税という形態を採る．納税は国家に対してなされるが，国籍を有した当該国家の国民としての義務というだけでなく，当該国家に対応する市民社会の構成員の基本的義務でもある．したがって国家の正式のメンバーではない者であっても，そのことを理由に納税の義務が免除されることはない．納税は最も基本的な義務であり，定住外国人はもちろん，犯罪者であっても当該社会で暮らす限り，それを逃れることは困難である．

　また兵役も市民としての基本的義務に加えられることが少なくない．兵役は安全保障の関数であるから，その期間はゼロから常時にいたるまで多様である．しかし常態においてはともかく，危機においてはこの義務は多くの社会において決定的であった．

　市民としての義務は実定法上のそれだけではない．道徳的な義務もまた市民権には付随する（Culpitt, 1992）．利他主義(アルトゥルーイズム)は同一化原理の 系(コロラリー) である．市民は相互に助け合わなければならない．しかし利他主義は惻隠の情やボランタリズム（voluntaryism）にだけ依拠するのではない．場合によってそれは社会的強制だけでなく，暴力に担保された強制をもともなう．福祉国家の給付は，ある意味で，利他主義を組織化し強制化したものだと考えることができる．

　また，義務が深まりを増すと，それまでの権利が義務に転化することにも注意しなければならない．選挙への投票はほんらい権利である．しかし，オーストラリアをはじめとする少なからぬ数の国々では，投票が実定法上の義務となっている．また，法的義務でない場合でも，多くの国で，投票は道徳的・社会的義務となっている．他方，初等教育も権利であるとともに義務で

表終-1　市民権の深さ

	権利	義務
一般的	コミュニティへの参加	コミュニティへの参加
公民的	自由権的諸権利	納税，兵役，等々
政治的	選挙権，被選挙権	投票の義務
社会的	公教育，社会保険給付，等々	義務教育，社会保険の拠出，等々

ある．義務教育は，日本では，通常，親の義務として理解される．しかしそれは子どもにとっても文明化された市民となるための市民としての義務である．同じように社会保障給付は，権利であるだけでなく義務でもある．社会保険は受給を前提として，加入が義務づけられる．そこで拠出と給付は対(セット)となっている．社会保険に加入するということは，両者の関係のなかに入り込むことである．したがって拠出が義務であるのと同じ意味で，給付も義務たりえる．

　義務としての市民権の深さは，これまで権利におけるような明快な整理がなされているわけではない．しかし義務もまた深さにおいてとらえることが可能である．権利における深さとの類推で考えるならば，上述の納税や兵役などは「市民的諸義務」(civil obligations) と，投票の義務は「政治的諸義務」(political obligations)，義務教育や社会保険への拠出は「社会的諸義務」(social obligations) と呼ぶことができるだろう（表終-1を参照）．また，市民的，政治的，社会的な権利と義務は，いずれもコミュニティへの参加の手段であるところから，これらの諸権利と諸義務は「コミュニティへの参加」として総括することができるだろう．

3　市民権の広がりと国民国家形成

ベンディクス＝ロッカン・テーゼ

　近代国家は何よりも国民国家である．国民国家の形成にあたっては，市民権の確立が不可欠である．伝統国家における人口は，国家の構成員としての共属感情を必ずしも持っていなかった．これに対して近代国家における人口は，何よりもまず国民である．抽象的で無規定な人口に対して，国民として

の実質と具体性を保証するのは，国民国家を準拠にした市民権である．

この点については T. H. マーシャルも認識していた．たとえば彼は，近代的な装いを持った市民権が，伝統社会とは異なる種類の紐帯，すなわち「共通の祖先」といったような「虚構」に依拠せずに，みずからが「共同体の構成員であると直接的に感じ取る能力」（a direct sense of community membership）と結びついていることを強調する．彼によると，この感覚は権利のための闘争のなかで獲得され，「近代的な国民意識」（modern national consciousness）を生み出したのである（Marshall, 1992: 24-25）．

国民国家形成（nation-state building）と市民権との関連をさらに徹底的に論じたのはベンディクスとロッカン[2]である（Bendix, 1964: 74-101）．彼らによると，西欧社会では 18 世紀以降，市民権の下層階級への拡張の過程が進行した．この過程は，一方で「平等化」の過程であるとともに，他方で「全国民的な政府の権威」の形成の過程であった．これら 2 つの同時進行に基づいて国民が誕生した．「国民国家における各市民は，国の主権的権威に対して直接的な関係に立っている」（ibid.: 74）．それは伝統国家の下では存在しないものだった．

ベンディクス＝ロッカン・テーゼの核心は，国民国家形成を市民権の広がりにおいてとらえた点にある．国民国家の以前において，人民はまったくの無権利状態に置かれていたわけではない．そこにも一定の市民権が見られた．しかしそうした前近代的市民権——家産制と封建制——は，少なくとも以下の 2 つの点において，国民国家的市民権とは異なっていた．

第 1 に，前近代的市民権——それが市民権と呼べるとして——は，その広がりにおいて限定的であった．それは都市であったり団体であったりした．こうした地方主義を追放し，普遍主義を樹立することによって，近代の国民国家的市民権が成立した．

第 2 に，それにもまして重要な点は，前近代的市民権が，その広がりにおいて重複的であったという点である．各人は異なる権威の下に同時に属す．領主の従臣であったり，ギルドの会員であったりする．しかもそれぞれの管轄権は競合したり対立したりする．このため各人の権利と義務はたえず調整の過程に置かれることになる（ibid.: 38）．ベンディクスはヴェーバーを引用

する.「……その結果は数多くの『法的共同体』の共存であった. それら共同体の自律的な管轄範囲（autonomous jurisdiction）は重複し，強制加入の政治的結社が存在するとすれば，それもまた，自律的な管轄範囲のひとつにすぎなかった……」(ibid.: 39). そこでは「領土の法体系」(territorial law)ではなくて「人の法体系」(personal law) が支配的であった. 近代的な国民国家的市民権は市民権の共存を排除し，それらを唯一の市民権に統一した.

こうした広さの次元における限定性と重複性だけでなく，深さの次元における曖昧さ——ただし近代からみての——もまた前近代的市民権の特徴であった. そこでは市民権の内包する権利（と義務）は判然として一体的であった. こんにち社会権と呼ばれる諸権利の源泉は，地方共同体や職能団体のメンバーシップのなかに見出すことができる (Marshall, 1992: 14). スピーナムランド制度はその古典的事例である (Polanyi, 1957). しかしそれらは市民権が広さの次元において拡大し，「中間団体からの自立または離脱の強制」(毛利, 1990：45) を諸個人に課す過程で，整理され縮小された. それは「社会権にたいする市民的諸権利の当面の勝利」（同前：47）であった.

国民経済と国民文化の形成

ところで，こうした市民権をつうじた国民国家の形成は，他方で，国民経済および国民文化の形成と並行して進んだ.

覇権国オランダの地位がイギリスに逐われた理由を問うことは，大塚史学の主要な問題意識の1つであった（大塚, 1980）. 大塚久雄は「貿易国家の基本的諸型」として「内部成長型」と「中継貿易型」とを設定し，イギリスとオランダをそれぞれに割り当てた. そのうえで前者が国民経済を形成することに成功して国力を増していったのに対し，中継貿易に依存した産業構造の後者では国民経済が潰滅したことを指摘した. 大塚によると，この点こそが国際商業戦におけるイギリスの勝利の理由であった.

資本主義が芽生える時期には，数ヵ村程度の広がりをもった「局地的市場圏」が形成される. そこでは「農業に加えて，さまざまな種類の職人や小商人の営業が簇生し，それらが weekly market における売買によって統合されている」（同前：187）. これらの「局地的市場圏」はやがて融合して「地

域的市場圏」を生みだす．さらにそれらも融合し「統一的国内市場」が形成される．これがイギリスとオランダの勝敗を分けた「国民経済」であった．これが大塚によって示された国民経済形成のモデルだった．

すでにウォーラースティンを知ってしまったわれわれは，こんにち，「局地的市場圏」や「国民経済」の成立を，国民国家を超えた「世界システム」の成立，というコンテクストを抜きにして理解することはできない（Wallerstein, 1974）．しかし国民国家が形成される過程で，こうした国民経済の形成が同時進行していた，という点は忘れるべきではない．大塚の有名な言葉によると，国民経済はヘゲモニーの移行における「隅の首石」であった．しかしそれは国民国家の形成の場合も同じであった．

このような国民経済の担い手は，同じく大塚によれば，ロビンソン・クルーソウであった（大塚，1980）．「中産の身分」を体現したロビンソン・クルーソウの物語こそは，成立しつつあった国民経済の文化的バックボーンである．言い換えると，それは国民国家と国民経済とに対応する国民文化であった．しかしデフォウが出現するためには，デフォウを読むことのできる人びとが生まれていなければならない．そしてこの人びとこそが，国民国家・国民経済・国民文化を支えることになる，「国民」と呼ばれる人びとの母胎であった．この国民というものの恣意性とその宿命性を，きわめて即物的に解き明かしたのがベネディクト・アンダーソンである．

彼によれば，国民とは「想像の政治共同体」である（Anderson, 1991: 24-26）．それは「限定されたもの」として——国民が人類全体に同一視されることはない——，「主権的なもの」として，そして「1つの共同体」として想像される．したがって境界設定，同一化原理，差異化原理によって成り立つ市民権にとっての準拠たりうる．

こうした「想像の共同体」としての国民の成立に先立って，西欧社会では，(1)ラテン語の秘儀化——ルネサンス以降それは教会と日常生活からかけ離れた存在となっていた——，(2)宗教改革による俗語出版市場の成立，(3)中央集権化にともなう行政俗語の発展，が進行していた．これらの要因は国民という想像の共同体を形成するうえで役立った（ibid.: 76-82）．

しかし，より本質的な点は，これらの3つとは異なる，次の3つの要因の

あいだの，「なかば偶然の，しかし，爆発的な相互作用」であった（ibid.: 82-87）．すなわち，(1)資本主義，(2)コミュニケーション技術（印刷と出版），(3)言語的多様性という人間にとっての宿命性，の3つである．資本主義は貨幣という普遍的なメディアを有する．しかし，そうした資本主義をもってしても，人間の言語的多様性を征服することは困難である．したがって資本主義と言語的多様性との矛盾は，コミュニケーション技術を通じた言語の統一によって克服されるしかなかった．このとき生まれなければならなかったのが，想像の共同体としての国民である．

「局地的市場圏」の成立にとって，言葉は問題とはならなかったであろう．隣村の人間と言葉が通じないということはまれであるからだ．しかし「地域的市場圏」を超えた国民経済となると話は別である．「出版語」を通じて創造された「交換とコミュニケーションの統一的な場」が形成されない限り，国民経済の存在は可能ではない．言い換えると，国民経済の広がりは，想像の共同体としての国民の範囲に限界を持つことになる．それは国民国家の範囲と重なる．そしてそこは近代的市民権の広がりの限界でもあったのである．

4　市民権の深まりと福祉国家形成

T. H. マーシャル・テーゼ

近代国家が国民国家であるという点は現代でも変わらない．しかし国民国家の機能はここ数世紀のあいだに大きく変化した．あまりにも使い古されたために陳腐な響きをともなわずにはおかない言葉であるが，勇気を持ってこれを用いるならば，それは夜警国家——現代風に「最小国家」と言い換えてもよいのだが，あえてこのままにしておこう——から福祉国家への転換である．

この福祉国家形成（welfare-state-building）は，T. H. マーシャル以来，市民権の深まりとの関連で説明されてきた（Marshall, 1992；毛利，1990：chap. 1；伊藤，1996：chap. 5）．すでに指摘したように，市民権の広がりの過程で，公民権ないし市民的諸権利と衝突する市民権のなかの社会権的要素は，1834年の新救貧法とともに，いったんは「市民権の座から引きずり降

ろされた」(detached from the status of citizenship)(Marshall, 1992: 15；毛利，1990：47)．ところが国家による初等教育の模索とともに，「社会権の市民権的包摂」が開始した（毛利，1990：49）．また他方で，19世紀には，普通選挙制度を通じて，参政権ないし政治的諸権利が確立されつつあった．さらに20世紀になると，国民国家的な市民権のなかの社会権の深化が進み，福祉国家が確立された．

こうした説明はT. H. マーシャルの独擅場である．われわれもこのT. H. マーシャル・テーゼに格別の異を唱えようとは思わない．しかし彼から半世紀たった現在の時点では，市民権の深まりのうちに，彼がそこに見た光の部分だけではなく，闇の部分にも眼を向けなければならない．

イデオロギー装置としての公教育

国家による初等教育は社会権の再確立にとっての「決定的な第一歩」(the first decisive step)であった（Marshall, 1992: 16-17）．子どもは市民ではなかった．しかし潜在的な市民ではあった．その意味で公教育は，子ども自体の権利というよりは，大人の市民が市民となるために必要な権利である，とマーシャルは述べている．

19世紀的自由主義による義務教育の正当化の論理は，子どもは判断能力を欠いており，親も子どものためになることをするとは限らないから，初等教育には国家が介入する必要がある，というものである．ジョン・スチュアート・ミルも「消費者が商品について判断しうる適任の裁判官でない場合」として，教育を，一般原則である自由放任主義の例外扱いとした（Mill, 1848）．

しかしT. H. マーシャルは，そうした論拠は不十分であるという．教育が義務であるのは，それが個人の利益につながるからだけではなく，「社会が社会的な健全（social health）を保つためには，そのメンバーを文明化する必要がある」からである．したがって彼によると，教育は権利であるだけでなく義務であり，それも単なる個人的な義務ではなくて「社会的義務」(a social duty)であった．

われわれはそこからさらに進む必要がある．というのは，公教育には，ミ

ルが健全なる常識をもって指摘しているような，消費者である生徒が，教育という商品としてのサービスを消費するという側面だけではなく，それ以上の側面を有しているからである．つまり公教育は「国家のイデオロギー装置」(Althusser, 1970) であり，成立当初からそれは，近代社会がその統合を保つための社会化と社会統制の制度の一環であった．それは新たに想像された国民のアイデンティティを形成するため，言語（国語）と歴史（国史）を教え込む場であった．わが国では，明治以来，ミルの健全な常識よりは，公教育のこの面の方がむしろ自然のものとして受け入れられてきた．

また公教育は学校という制度を生みだした．否，森重雄が明らかにしたように，学校という装置がまずあって，そこにおけるプラティークが教育と呼ばれるようになった，といった方が正確なのかもしれない（森，1993）．学校は，ただちに近代社会の存立にとって不可欠なものとなった．学校は国民という想像的なものに「実体」を付与する働きをしただけではない．学校は，伝統社会のなかで社会化された大人たちに対してではなく，白紙状態（タブラ・ラサ）のなかにいる子どもたちに対して，同時に出現した工場の規律を教え込む場でもあった．産業革命初期の学校が工場に併設されて，工場の子ども（factory child）たちの非労働時間に読み書きを教えたということは，単なる挿話以上の意味を持つ．学校と工場とは同型であった（桜井，1984）．

市民社会と生活世界への介入

社会的市民権の深まりにおけるもう1つの重要な階梯は，社会保険の発明であった．社会保険の成立は，通常，恩恵としての給付から権利としての給付への発展の一里塚として理解される．この場合の権利の内容が，生計維持（subsistence）の水準なのか，適当十分（adequacy）の水準なのかについては，意見の岐れるところである．いずれにせよ，それは社会進歩の証であった．

しかし同時に忘れてならないのは，社会保険の成立が，国民国家の権力の拡大過程のなかで決定的な転轍機だったということである．量的側面からいえば，社会保険を通じた所得再分配は，国家支出の増加にとって，戦費調達とならんで重要な要因であった．社会保険を導入した国は，以後，国家財政

の肥大化を免れない．20世紀に入って各国民国家が総力戦のための体制を整備するなかで，社会保険と戦費調達とは相即不離の関係に入った．

　他方，質的な側面からいえば，次の2点を指摘しうる．

　第1に，社会保険の成立は，国民国家による市民社会への介入の端緒であった．社会保険の前身は，多くの場合，市民間の相互扶助組織である．国民国家は，社会保険制度を通じて，市民社会のなかで自発的に結成されていたこれらの諸組織を，国家の制度として取り込むことに成功した．国民国家は，その出発点において，国家と市民社会の分離という原則に立脚していたから，社会保険制度は，この原則の修正を意味した．言い換えれば，それは，ボランタリズムの領域に対する国家介入であった．

　第2に，社会保険の成立は，国民国家による生活世界への介入の端緒であった．国家と市民社会が完全に分離されているとき，民衆の生（生命・生活・生涯）は国家の関心の外にあった．それは私的な世界に属することがらであり，それが公共政策の対象であると夢想することは困難であった．ところが社会保険の導入によって，いまや人びとの身体は国家権力と直接的に対峙することになったのである．

　最初の国家介入は，死亡，老後生活，障害といった人びとの生の限られた局面だったかもしれない．しかし半世紀後には「揺籃から墓場まで」の生が国家の管理の下に置かれることになった．それが「胎児から墓場まで」に延長されるまでに要した時間はさらに短かった．

　もちろん社会保険だけによって，こうした事業が成し遂げられたわけではない．学校，病院，工場，社会福祉施設，……といった，さまざまなパノプティコン型施設の連携によってはじめて生活世界の管理は可能となった（Foucault, 1975）．ただ社会保険は，貨幣というメディアを通じて，諸身体を諸施設へと配分したにすぎない．しかし，こうした配分を欠いては，パノプティコンといえども何事もなしえない．社会保険は，ある意味で，諸身体を配分するための最も有効な機構であった．

　人びとの生は監視の対象となっただけではない．新たに範疇化された「生活」は，善導と教化の対象でもあった．国民生活の確立は，立派な国民を形成するための必要条件であった．社会的市民権の深まりとともに，すべてが

同時進行した．社会保険の発明は，こうした大きなうねりのなかに融合していった．

市民権の深まりは，20世紀半ばに，福祉国家と呼ばれる体制を生みだした．福祉国家は，19世紀以来継続していた社会的市民権の深化の最終局面を意味した．その意味では夜警国家から福祉国家への移行は連続的である．しかし福祉国家は，従来の社会政策を超えていたという意味で，それ以前とは非連続的なシステムとしてとらえられなければならない．福祉国家は社会保障をはじめとする社会政策だけではなく，完全雇用政策をも包含していた．完全雇用は，総需要の管理という手段を用いるか否かは別として，マクロ経済モデルのなかで経済政策を通じて達成されることが期待された．社会権の深化を通じて形成された膨大な社会政策群は，福祉国家という体制の下では，経済システムの一部をも構成した．政府はこれらを操作可能な変数として扱い，経済政策の手段として管理した．ひとはこれをフォーディズムと呼んだ．近年では「福祉資本主義」という言い方の方が一般的である．

補論：市民権の類型

本節と前節で，市民権の広がりと深まりを通して，国民国家と福祉国家の形成を跡づけてきた．それは，歴史としての性格から，その記述と説明は単線的かつ不可逆的な性格を有していた．しかし，広がりと深まりという2次元を交叉させることによって，市民権の諸類型を構成することができる．これを図示したのが図終-1である．ここでこの図について簡単に補足しておこう．

前近代的市民権は，その広がりが重複しており，その深さも渾然一体としていて機能的に未分化である．これに対して，近代的市民権では，その広がりが整理され，深さの次元も機能的に分化している．

近代的市民権のうち，その広がりが国民国家にまで拡大したのが国民国家的市民権である．そのうち深さの次元が公民権の水準にとどまっていたのが，ここでいう前期国民国家的市民権である（Ⅰ）．さらに，社会権の水準にまで深まりを見せたのが福祉国家的市民権である（Ⅱ）．前者から後者への発展が，T. H. マーシャル・テーゼによって描写された事態に対応する．

図終-1 市民権の類型

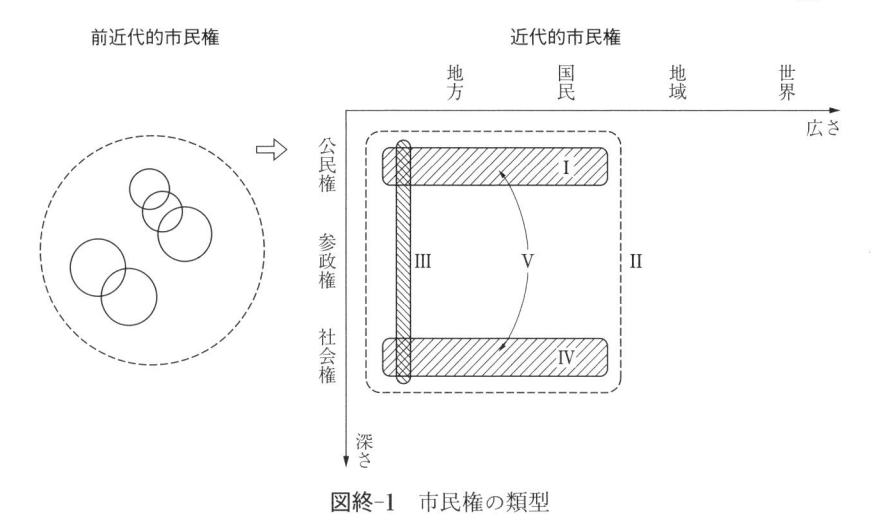

　これら2つの主要類型の他に，いくつかの市民権の亜種を考えることが可能である．
　まず，戦士共同体的市民権は狭いが深い市民権といえる（III）．市民権を保有している人口は少ないが，市民権にともなう権利・義務が著しく深い場合である．外国人労働力を多数擁していながら，彼らの市民権は認められず，しかも社会が比較的裕福である場合には，内国人に対してこうした市民権を付与することが可能である．
　これに対して，かつて存在した国家社会主義的市民権は，社会的市民権のみの市民権といえる（IV）．そこでは社会権の水準での権利・義務が存在しながら，公民権や参政権の水準におけるそれらが著しく制限される．福祉国家の通常の発達順序とは異なり，公民権や参政権は，社会権が成立するための必要条件とはなっていない．東欧革命以前の国家社会主義諸国では，こうした類型の市民権がみられた（Bottomore, 1992: 62-63）．
　さらにまた，定住外国人への市民権の付与のされ方も，T. H. マーシャル・テーゼから逸脱する．ここでいうデニズン的市民権が，そうした事態を示す（V）．移民の場合，まず自由権的市民権が認められ，やがて実質的な市民権である社会権も認められるようになる．しかし政治的市民権は最後ま

で認められないか，認められても限定的であるのが通例である（Layton-Henry, 1990）．

5 福祉国民国家の変容と市民権の限界

福祉国民国家の成立とその変容

　以上で見てきたように，市民権の広がりを通じて国民国家の形成がなされるとともに，市民権の深まりを通じて福祉国家の形成がなされてきた．20世紀の後半を，われわれは，こうした国民国家と福祉国家という二重の体制のなかに生きてきた．福祉資本主義はこれら2つの蝶番であった．この体制は「福祉国民国家」（welfare nation state）と呼ぶことができるだろう．

　福祉国民国家における市民権は，以上の行論から導出されるように，第1に，国民主義（ナショナリズム）の特質をもつ．福祉国民国家の市民権は，深さにおいて社会的水準にまで到達したが，この社会的市民権の適用される範囲は国民であり，それ以上でもそれ以下でもない．この点は，1960年代においてすでにミュルダールによって指摘された点である（Myrdal, 1960）．彼は西欧の福祉国家の自給自足的（アウタルキー）性格についてふれ，「福祉世界の建設」にまで言及した．

　福祉国民国家における市民権は，第2に，国家主義（エタティスム）の特質をもつ．市民権を保護するのは国家であり，とりわけ社会的市民権において，そうした性格は強まる（市民権の守護神としての国家！）．と同時に，そうした市民権の保護は，国家と市民との直接的な対峙によって成し遂げられる．そもそも国民国家的市民権は「中間団体からの自立または離脱の強制という局面」（毛利，1990：45）を経て形成されたものである．この「中間団体に敵対的な……市民的諸権利の個人主義的構成」は，後に市民権が社会化される過程において，不断の修正圧力にさらされることになった．しかしそれらはあくまで修正であって，原則は，国家対市民図式の方にある．その意味で，ル・シャプリエ法は現代にも生きている．

　福祉国民国家における市民権は，第3に，同化主義の特質をもつ．市民権の同一化原理は，市民間の対内的平等化をはかるためのものであった．それは「単一で均質の身分としての市民権」（Marshall, 1992: 21）を，国民規模

で確立する働きをする．その過程で各市民は，それぞれの特殊なアイデンティティを捨象しなければならない．それは全市民が普遍主義的で平等主義的に扱われる社会を実現するために，市民が支払うべき代償である（Gutmann, ed., 1992）．しかし，それは支配文化の事実上の強制でもある．

ところがこうした福祉国民国家は大きく変容を遂げつつあるということが，1990年代以来現在に至るまで，われわれの眼前で生じていることである．このため福祉国民国家における市民権は，新たな挑戦を受けつつある．第1に，グローバル化（脱国民化）の進展によって，福祉国民国家の国民主義(ナショナリズム)が問われている．第2に，冒頭でもふれたように，市民社会の再生（脱国家化）によって，福祉国民国家の国家主義(エタティスム)が問われている．第3に，アイデンティティ問題の浮上（脱同化化）によって，福祉国民国家の同化主義が問われている．最後に，これらの点について瞥見しておこう．

国民主義の限界

現在のグローバル化は，第一義的には，国境を越えた資本の移動によって特徴づけられる．3章で検討したように，資本の移動は瞬時に行いうるのに対して，労働の移動は航空路の発達にもかかわらず容易には行えない．労働は資本に比べて移動の柔軟性を欠いており硬直的である．しかし資本の移動には劣るものの，近年，国境を越えた人の移動が顕著となってきているのも事実である．その結果，従来の国民主義的市民権は，(1)国民国家内部の外国人の市民権と，(2)国民国家を超えた地域主義(リージョナリズム)的な市民権，という2つの課題に直面することになった．

外国人は，国民主義的市民権の下では，本来，市民ではなかった．しかし定住外国人(デニズン)や移民の増加は，この点を曖昧にした．ブルベイカーは形式的市民権と実質的市民権を区別して，この点に言及する（Brubaker, ed., 1989；Brubaker, 1992）．彼によると，形式的市民権は「国民国家の成員資格」のことである．われわれはこれを端的に「国籍」と表現することができるだろう．また，実質的市民権は，市民権の獲得にともなって保障される生活チャンスのことだと考えることができる．かつて実質的市民権は形式的市民権から派生する傾向にあったが，定住外国人(デニズン)は，次第に，形式的市民権を欠いた

まま実質的市民権を獲得するようになった．これは一方で，定住外国人(デニズン)が帰化を嫌うからであるが，他方で，彼らの生活チャンスにとっては労働市場，住宅市場，教育市場への参入の方が重要だといった事情もある（久保山，1999）．社会保障給付の受給資格も国籍要件から居住要件へと次第に変化しつつあるというのが時代の流れである（社会保障研究所編，1991）．

　これは形式的市民権（国籍）の社会生活における意義が相対的に低下している徴候ととらえることができる．つまり国民の定義が，国籍から，国籍以外の居住，実質的な生活の場，国民経済への貢献……などへと変化してきていると見なすことも可能である．その意味で国民は健在であり，市民権の国民主義(ナショナリズム)的性格は変化していない，と解釈することも可能である．しかし他方で，国民の定義の仕方が変化してきたというよりは，そもそも国民に準拠するという市民権の定義の仕方が変更を迫られている，と解釈することもできる．

　外国人の市民権の問題は定住外国人(デニズン)だけにとどまらない．一時的な滞在者が社会的市民権において内国人と平等に扱われる場合もある．とりわけ医療サービスの場合に，そうした傾向が顕著であり，かつてのイギリスのNHSでは，一時的な滞在者に対しても医療サービスが提供された．もちろん一時的な滞在者に対する社会保障は，政府の政策の変更によって容易に撤廃しうるから，社会的市民権とは見なすことができないともいえる．しかしそれは程度の問題であり，内国人の社会的市民権であっても，政策変更によって事実上廃止されることがある．

　定住外国人(デニズン)も一時的滞在者も合法的な存在であるという点では共通である．しかし各国民国家の内部には，そうでない外国人もいる．通常，彼らの市民権が認められるということはない．しかしこれも程度問題である．彼ら彼女らの公的扶助の権利は多くの国で認められていない．しかし医療となると微妙である．さらに労働災害となると，雇用の事実があれば，それが非合法なものであっても，補償の対象となる場合が少なくない．納税の義務に関しては，不法滞在者であっても逃れられない．

地域主義的市民権

　福祉国民国家の市民権が直面するもう1つの重要な問題は，国民国家を超えた地域主義的な市民権の確立である．欧州統合の試行錯誤のなかで，ヨーロッパ市民権が生成された（安江，1992）．ローマ条約では労働者，財，サービス，資本の自由移動が認められた．労働者の自由移動は，労働に関連する社会権——それは労働基準，労働災害，失業，医療，年金などに及ぶ——の平等によってはじめて担保される．したがって労働者の自由移動は，社会的市民権を含意した．また労働者の権利は，労働者の家族にまで拡張された．さらに1992年に調印されたマーストリヒト条約では，人の自由移動，地方議会の選挙権・被選挙権，EU議会の選挙権・被選挙権などが，ヨーロッパ市民権として列挙されている．共通社会政策という言葉も生まれた（下平，1994）．共通社会政策といっても，その範囲は限定的であり，その主体が依然として国民国家であるという意味では，福祉国民国家の市民権の枠内にあるともいえる．しかしここで国民国家の主権が制約を受けるようになったという点に注意しなければならない．主権が何ものによっても制約を受けないという意味だとするならば，それは重大な修正である．

　国民主義の限界に直面するなかで，福祉国民国家の市民権は，一方で，国民を超えたところにまでその範囲を広げる，という開放的な側面を示してきた．これは以上で見たとおりである．しかし他方で，その開放性を相殺するかのように，閉鎖性の側面もあらわにしてきた．これは市民権のなかに含まれる2つの契機のうち，差異化原理を強化することによって行われている．

　外国人に対する市民権の場合，合法的な外国人に対しては内国人と平等な実質的な市民権が付与されることがある．そこでは同一化原理が作用する．しかしその場合，国境における出入国管理の強化をともなうのが普通である．なるほど国民国家の内部では内外人の平等が指向される．しかし，そのことが達成されるためには，そもそも外国人が国民国家の内部に入って来ないように国境を監視するということが，明示的か暗示的かは別として，重要な前提となる．

　地域主義的な市民権の場合も同様である．そこでは自由移動が鍵概念であり，EUは「国境のないヨーロッパ」を指向する．しかしそれは，あくまで

域内国境のことである。ヨーロッパ市民権は国民国家の広がりを超え，諸国民が共通の市民権の下で平等に遇される。しかしそれはあくまで欧州という1つの地域の内部でのことである。域外国境は手がつけられずに残るだけでなく，かえって巨大な要塞として強化される。このため巨大な「要塞国家ヨーロッパ」（Fortress Europe）が出現することになる（Cochrane and Clarke, eds., 1993: 16）。

　要するに，外国人の市民権の場合も，地域主義的な市民権の場合も，市民権は排除のメカニズムとして作用しているのである（排除する市民権！）。

6　国家主義と同化主義の限界

国家主義の限界

　市民社会の再生は，この半世紀の半ばに先進諸国を襲った「福祉国家の危機」との関連が深い。福祉国民国家は，その国家主義(エタティスム)を通じて，市民権，とりわけその社会的水準における市民権の護民官としての役割を果たしてきた。このため福祉国家の危機は，市民権の危機という位相において，とらえることができる。事実，多くの人びとが福祉国家の危機をそのようなものとして受け取った（Glennerster, ed., 1983; Klein and O'Higgins, eds., 1985; Bean, Ferris and Whynes, eds., 1985）。

　しかし福祉国民国家というヤヌスのもう1つの顔は，その国家主義(エタティスム)を通じて，市民権に抗するというものである。社会的市民権は国家主義を通じてはじめて実質的な保障を得ることができる。しかしそれには代償がともなう。そこでは福祉国家の目的（生の充溢）と手段（生の抑圧）の矛盾が露呈する（Habermas, 1985）。このため福祉に抗する市民権が問われることになる。

　国家主義(エタティスム)の代償の1つは，国家権力による生活世界への直接的な関与である。それは父性的(パターナル)な関与でもありうるし，母性的(マターナル)な関与でもありうる——多くの場合は前者であろう——が，いずれにせよそれは，不可侵の領域であったはずの生活世界への直接的な国家介入である。

　もう1つの代償は，そうした権力行為の有する硬直性(インフレキシビリティ)である。福祉国家の提供するサービスは，その性質からして，柔軟性(フレキシビリティ)をもちえない。それ

は福祉国家が説明責任を持つのが消費者＝利用者に対してではなく，有権者や納税者に対してであるからである．また福祉国家のサービスには生産者＝専門家＝官僚のトリアーデが含まれるからでもある．しかし，そうした硬直的で画一的なサービスは，大量生産大量消費のフォード主義の経済システムとも親和的であり，フォード主義の全盛時代には，むしろ人びとから歓迎された，という点も付け加えなければならないだろう（武川，1999a：chap. 4）．

　福祉国家の危機は，直接には，フォード主義の終焉にともなう資源調達能力の限界によって引き起こされた．しかし，それは同時に福祉国民国家のもつ国家主義(エタティスム)の限界をも露呈した．これは1980年代以降における市民社会の再生へとつながる．

　伝統社会における国家と市民社会（経済・社会）が未分化であったのに対し，一般に，近代は両者の分化とともに始まると考えられている．近代資本主義の発達によって，経済が国家から自立した独立の系として確立されるようになった，という事実がこうした認識の根拠となっている．したがって，当初，市民社会は自主独立の諸個人の交通(フェアケール)（交換と交流）の場であり，神の見えざる手によって導かれた調和の世界であった．しかしこうした市民社会観の転換を迫ったのが，ヘーゲルである．彼にとって，市民社会とは，私人たちが欲望とエゴを剥き出しにして登場する，敵対と分裂の場であった．こうした市民社会の無政府性は国家によって止揚されなければならない．ヘーゲルによって市民社会と国家との関係は転倒された．マルクスもヘーゲルの考えを受け継いだ．ヘーゲル＝マルクスによる転倒のあと，「外発」的な近代化をした諸国の人びとは別として，少なからぬ人びとから市民社会は貶められ続けた．ジョン・スチュアート・ミルは，政府ではなく「社会」の横暴に警告を発した（Mill, 1859）．ハンナ・アレントは，公的領域と私的領域のあいだに生まれた「社会」の画一性と統計性とを難じた（Arendt, 1958）．

　1980年代における福祉国家の危機は，こうした市民社会－国家関係が再度転倒されるきっかけとなった．世界中で新保守主義の政治的影響力が強まり，市場神話が生成された．それまで国家の管理の下におかれていた市場の力が，グローバル化とともに解き放たれ，国家は市場に服するようになった．

表終-2 市民社会の楕円的構造

	欲望の体系としての市民社会	必要の体系としての市民社会
関係性	市　場	ボランタリズム
個人的主体	経済的人間	社会(交)的人間
集合的主体	企業，株式会社	自発的結社，NGO／NPO
正当化の論理	コンシューマリズム	エンパワーメント
形象化	bürgerliche Gesellschaft	Zivilgesellschaft

　これは欲望の体系としての市民社会，すなわち bürgerliche Gesellschaft の復権である．また他方で，1960年代末における管理社会の危機を経て，旧西側世界では，新しい社会運動が醸成された（庄司，1977；1989）．さらにそれらは福祉社会の動きへとつながっていく（坪郷，1989）．旧東側世界でも，市民の自発的な諸組織の連合が遂に権威主義的国家を打ち砕き，東欧革命へと結実した（Habermas, 1990）．これは必要の体系としての市民社会，すなわち Zivilgesellschaft の再発見である（表終-2を参照）．
　福祉国民国家の市民権は，こうした欲望（需要）と必要という2つの中心をもつ楕円的構造としての市民社会の再生のなかで，国家主義(エタティスム)に代わる後ろ盾を見出すことを求められている．

同化主義の限界

　アイデンティティ問題の浮上も，福祉国民国家の市民権に対して現在突きつけられている問題である．
　福祉国民国家は，支配文化を共有する同質な国民＝市民から成り立つことを前提としていた．しかしそれが擬制であることは明らかだった．1つの福祉国民国家のなかには，ディズレーリとは異なる意味で，「2つの国民」が存在する．ケベック，バスク，ブルターニュ，……（馬場伸也，1980）．と同時に，一見「1つの国民」であると考えられている人口のなかには，多数の少数派(マイノリティ)が存在する．エスニシティ，ジェンダー，ディスアビリティ，セクシュアリティ，……（石川，1992）．
　福祉国民国家の市民権は，その普遍主義的性格のゆえに，これらの分裂を覆い隠す．テイラーの要約的表現を借りれば，「（平等な尊厳の原則は）人々

を，彼らにとって非本来的な，均質な鋳型へ押し込めることにより，アイデンティティを否定する」のであり，また「平等な尊厳をめぐる政治の，差異を顧慮しない中立的な一連の諸原則なるものは，実際には，ひとつの支配的な文化の反映である」．そして，こうした状況の下では，「少数派のあるいは抑圧された諸文化のみが，自己疎外の形態をとることを強制され」ることになる（Gutmann, ed., 1992: 60-61）．

　福祉国民国家は，その成功のゆえに，こうした擬制の終焉を導く．近代の資本主義の存立は，2つの開発＝搾取（エクスプロイテーション）に基づいていた．自然に対するものと人間に対するものである．自然の開発＝搾取の方は，自然の無限的性格ゆえに，20世紀末にいたるまで，システムの存立を脅かす問題には発展しなかった．しかるに人間の開発＝搾取は，ただちに限界に突き当たり，血腥い階級闘争を生みだした．資本主義はこの問題の本質的な解決にはすべて失敗したが，福祉国民国家の下で，これをシステム存立にとっての許容水準以下に抑えることには成功した．階級闘争は制度化され，民主化された（Dahrendorf, 1959；Korpi, 1983）．もはや万国のプロレタリアートが団結すべき条件は失われた．人びとの眼は，福祉国民国家の市民権が立脚する擬制の方へ向けられるようになる．封印は切られた．アイデンティティの問題が噴出する．逸脱の政治，アイデンティティ・ポリティクス，差異の政治学，承認の政治，多文化主義……（馬場伸也，1980；Honneth, 1992；Gutmann, ed., 1992；石川，1992；山森，1998；上野，2002）．アイデンティティ問題の噴出のなかで，福祉国民国家の市民権の同化主義が限界に突き当たり，それは承認を歪める市民権としての性格を有するとの非難を浴びつつある．

　福祉国民国家が成功のゆえに失敗したとはいえないかもしれない．しかし福祉国民国家は，その成功のゆえに，みずからを支える1つの柱を失った．そして福祉国民国家の市民権には，今日，歪められたアイデンティティを押しつけられた人びとに対する承認の問題が課されているのである．

Hic Rhodus, hic saltus!

表終-3 市民権の領域

	法 的	道徳的社会的
権 利	①	②
義 務	③	④

1) 権利と義務には法的なものと，法を超えた道徳的・社会的なものとがある．したがって，市民権における権利と義務について論じるときには，表終-3における①②③④を区別する必要がある．
2) スタイン・ロッカンは，日本では知られることの少ない政治学者であるが，欧米での影響力は大きい．ちなみに，フローラたちの西欧福祉国家に関する一連の精力的な研究は，ロッカンの影響の下に始まった（Flora, ed., 1986-: prefuce）．

文　献

Albert, M., 1991, *Capitalisme contre capitalisme*, Paris: Editions du Seuil.（小池はるひ訳，1996，『資本主義対資本主義』竹内書店新社）．

Althusser, L., 1970, "Idéologie et appareils idéologiques d'États: notes pour une recherché," *La pensée*, 151, juin.（西川長夫訳，1975，『国家とイデオロギー』福村出版）．

Althusser, L. and É. Balibar, 1965, *Lire le Capital*, I-II.（今村仁司訳，1996-1997，『資本論を読む』（上・中・下）筑摩書房）．

Anderson, B., 1991, *Imagined Communities*, Rev. ed., London: Verso.（白石さや・白石隆訳，1997，『想像の共同体』［増補］NTT出版）．

Arendt, H., 1958, *The Human Condition*.（志水速雄訳，1994，『人間の条件』筑摩書房）．

馬場啓之助，1980，『福祉社会の日本的形態』東洋経済新報社．

馬場伸也，1980，『アイデンティティの国際政治学』東京大学出版会．

Baker, J., 1979, "Social Conscience and Social Policy," *Journal of Social Policy*, 8 (2): 177-206.

Bean, P., J. Ferris and D. Whynes, eds., 1985, *In Defence of Welfare*, London: Tavistock.

Beck, U., 1986, *Risikogesellschaft: Auf Dem Weg in Eine Andere Moderne*, Frankfurt am Main: Suhrkamp Verlag.（東廉・伊藤美登里訳，1998，『危険社会』法政大学出版局）．

Beck, U., 2000, "Cosmopolitan Manifesto".（小井土彰宏訳，2002，「コスモポリタン社会とその敵」小倉充夫・梶田孝道編『国際社会5　グローバル化と社会変動』東京大学出版会，pp. 1-61）．

Bendix, R., 1964, *Nation-Building and Citizenship*, New York: John Wiley & Sons.（河合秀和訳，1981，『国民国家と市民的権利』（I・II）岩波書店）．

Blanc, O., 1989, *Une femme de la libertés: Olympe de Gouges*, Paris: Syros Editeurs.（辻村みよ子訳，1995，『女の人権宣言』岩波書店）．

Blau, P. M. and O. D. Duncan, 1967, *The American Occupational Structure*, New York: Free Press.

Bottomore, T., 1992, "Citizenship and Social Class, Forty Years On," T. H. Marshall and T. Bottomore, eds., *Citizenship and Social Class*, London: Pluto Press,

pp. 55-93.
Brooke, J., 2002, "South Korea Finds Fortune by Shunning Japanese Ways," *New York Times*, May 4.
Brubaker, W. R., 1992, *Citizenship and Nationhood in France and Germany*, Cambridge, Mass.: Harvard University Press.
Brubaker, W. R., ed., 1989, *Immigration and the Politics of Citizenship in Europe and North America*, Lanham, New York, London: University of America.
Bruce, M., 1968, *The Coming of the Welfare State*, London: Batsford.（秋田成就訳, 1984,『福祉国家への歩み』法政大学出版局）.
Bryson, L., 1992, *Welfare and the State*, Basingstoke, Hampshire: Macmillan.
Cameron, D. R., 1978, "The Expansion of the Public Economy," *The American Political Science Review*, 72(4): 1243-1261.
Castles, F. G., 1985, *The Working Class and Welfare*, London: Allen & Unwin.
チョ・ヨンフン, 2006,「混合モデル？」金淵明編『韓国福祉国家性格論争』流通経済大学出版会, pp. 219-224.
チョン・ムグォン, 2006,「『国民の政府』の社会政策」金淵明編『韓国福祉国家性格論争』流通経済大学出版会, pp. 1-45.
Cochrane, A. and J. Clarke, eds., 1993, *Comparing Welfare States*, London: Sage Publications.
Culpitt, I., 1992, *Welfare and Citizenship*, London: Sage Publications.
Dahrendorf, R., 1959, *Class and Class Conflict in Industrial Society*, Stanford, Calif.: Stanford University Press.（富永健一訳, 1964,『産業社会における階級および階級闘争』ダイヤモンド社）.
Deacon, B., 1983, *Social Policy and Socialism*, London: Pluto Press.
Deacon, B., 1993, "Developments in East European Social Policy," C. Jones, ed., *New Perspectives on the Welfare State in Europe*, London: Routledge, pp. 177-197.
Deacon, B., M. Hulse *et al.*, 1997, *Global Social Policy*, London: Thousand Oaks.
Dicey, A. V., 1905, *Lectures on the Relation between Law and Public Opinion in England during the Nineteenth Century*, London: Macmillan.（清水金二郎訳, 1972,『法律と世論』法律文化社）.
Durkheim, É., 1893, *De la division du travail social*.（田原音和訳, 1971,『社会分業論』青木書店）.
Durkheim, É., 1928, *Le socialisme*.（森博訳, 1977,『社会主義およびサンシモン』恒星社厚生閣）.
Esping-Andersen, G., 1990, *The Three Worlds of Welfare Capitalism*, Cambridge:

Polity Press.（岡沢憲芙・宮本太郎監訳，2001，『福祉資本主義の三つの世界』ミネルヴァ書房）.

Esping-Andersen, G., 1999, *Social Foundations of Postindustrial Economies*, Oxford: Oxford University Press.（渡辺雅男・渡辺景子訳，2000，『ポスト工業経済の社会的基礎』桜井書店）.

Esping-Andersen, G., ed., 1996, *Welfare States in Transition*, London: SAGE Publications.

Etzioni, A., 1996, *The New Golden Rule: Community and Morality in a Democratic Society*, New York: Basic Books.（永安幸正監訳，2001，『新しい黄金律』麗澤大学出版会）.

Fitzpatrick, T., 1999, *Freedom and Security*, New York: St. Martin's Press.（武川正吾・菊地英明訳，2005，『自由と保障』勁草書房）.

Flora, P., 1983, *State, Economy, and Society in Western Europe, 1815-1975*, Vol. 1, Frankfurt: Campus Verlag.（竹岡敬温監訳，1985，『ヨーロッパ歴史統計　国家・経済・社会』（上）原書房）.

Flora, P., 1985, "On the History and Current Problems of the Welfare State," S. N. Eisenstadt and O. Ahimeir, eds., *The Welfare State and its Aftermath*, London: Croom Helm, pp. 11-30.

Flora, P. and A. J. Heidenheimer, eds., 1981, *The Development of Welfare States in Europe and America*, New Brunswick, U.S.A.: Transaction Books.

Flora, P., ed., 1986- , *Growth to Limits*, 5 vols., Berlin and New York: Walter de Gruyter.

Foucault, M., 1975, *Surveiller et punir*, Paris: Gallimard.（田村俶訳，1977，『監獄の誕生』新潮社）.

Fraser, N., 1997, *Justice Interruptus*, New York: Routledge.（仲正昌樹監訳，2003，『中断された正義』御茶の水書房）.

藤村正之，1998，「福祉国家・中流階層・福祉社会」『社会学評論』49(3): 4-23.

藤村正之，1999，『福祉国家の再編成』東京大学出版会.

深澤和子，2003，『福祉国家とジェンダー・ポリティックス』東信堂.

福武直，1977，『現代日本社会論』[第二版]東京大学出版会.

福武直，1983，『社会保障論断章』東京大学出版会.

Galbraith, J. K., 1992, *The Culture of Contentment*, Boston: Houghton Mifflin.（中村達也訳，1993，『満足の文化』新潮社）.

Gerschenkron, A., 1962, *Economic Backwardness in Historical Perspective*, Cambridge, Mass.: Belknap Press of Harvard University Press.（絵所秀紀ほか訳，2005，『後発工業国の歴史』ミネルヴァ書房）.

Giddens, A., 1998, *The Third Way*, Cambridge: Polity Press. (佐和隆光訳, 1999, 『第三の道』日本経済新聞社).
Glennerster, H., ed., 1983, *The Future of the Welfare State*, London, Exeter, NH: Heinemann.
五石敬路, 2003, 「韓国における『生産的福祉』政策の特徴と矛盾」上村泰裕・末廣昭編『東アジアの福祉システム構築』東京大学社会科学研究所, pp. 41-58.
Goldthorpe, J. E., ed., 1984, *Order and Conflict in Contemporary Capitalism*, Oxford: Clarendon Press. (稲上毅ほか訳, 1987, 『収斂の終焉』有信堂高文社).
Goodin, R. E. and J. Le Grand with J. Dryzek, 1987, *Not Only the Poor*, London, Boston: Allen & Unwin.
Goodman, R. and I. Peng, 1996, "The East Asian Welfare States," G. Esping-Andersen, ed., *Welfare State in Transition*, London: Sage, pp. 192-224. (埋橋孝文監訳, 2003, 『転換期の福祉国家』早稲田大学出版部).
Goodman, R., G. White and H. Kwon, eds., 1998, *The East Asian Welfare Model*, London: Routledge.
Gutmann, A., ed., 1992, *Multiculturalism*, Princeton Univ. Press. (佐々木毅ほか訳, 1996, 『マルチカルチュラリズム』岩波書店).
Habermas, J., 1985, *Die Neue Unuersichtlichkeit*, Frankfurt am Main: Suhrkamp Verlag. (上村隆広ほか訳, 1995, 『新たなる不透明性』松籟社).
Habermas, J., 1990, *Strukturwandel der Öffentlichkeit*, Frankfurt am Main: Suhrkamp Verlag. (細谷貞雄・山田正行訳, 1994, 『公共性の構造転換』[第2版] 未來社).
服部民夫, 1988, 『韓国の経営発展』文眞堂.
服部民夫, 2005, 『開発の経済社会学』文眞堂.
林健久, 1992, 『福祉国家の財政学』有斐閣.
Hill, M., 1992, *Social Policy*, New York: Prentice Hall & Harvester Wheatsheaf.
平岡公一, 1987, 「社会保障発展の趨勢分析」『季刊社会保障研究』22(4): 389-403.
平岡公一, 2006, 「社会保障政策の展開と福祉国家体制の再編」藤村正之編『講座・社会変動9 福祉化と成熟社会』ミネルヴァ書房, pp. 123-148.
平田清明, 1969, 『市民社会と社会主義』岩波書店.
保母武彦, 2001, 『公共事業をどう変えるか』岩波書店.
Honneth, A., 1992, *Kampf um Anerkennung*, Frankfurt am Main: Suhrkamp. (山本啓・直江清隆訳, 2003, 『承認をめぐる闘争』法政大学出版局).
堀勝洋, 1994, 『社会保障法総論』東京大学出版会.
星野信也, 1988, 「米英のプライベタイゼーション」『季刊社会保障研究』24(3): 272-284.

伊田広行, 1995, 『性差別と資本制』啓文社.
石川准, 1992, 『アイデンティティ・ゲーム』新評論.
伊丹敬之, 2002, 「韓国経済の『復活力』に学べ」『プレジデント』40(24): 149-151.
伊藤整, 1973, 「逃亡奴隷と仮面紳士」『伊藤整全集 16　小説の方法他』新潮社, pp. 286-291 (初出 1948 年).
伊藤整, 1981, 『近代日本人の発想の諸形式　他四篇』岩波書店.
伊藤周平, 1996, 『福祉国家と市民権』法政大学出版局.
Jessop, B., 1994, "The Transition to Post-Fordism and the Schumpeterian Workfare State," R. Burrows and B. Loader, eds., *Towards a Post-Fordist Welfare State?*, London: Routledge, pp. 13-37.
Jessop, B., 2002, *The Future of the Capitalist State*, Cambridge: Polity. (中谷義和監訳, 2005, 『資本主義国家の未来』御茶の水書房).
自由民主党編, 1979, 『日本型福祉社会』自由民主党広報委員会出版局.
Johnson, N., 1987, *The Welfare State in Transition*, Brighton, Sussex: Wheatsheaf.
Jones, C., 1993, "The Pacific Challenge," C. Jones, ed., *New Perspectives on the Welfare State in Europe*, London: Routledge.
株本千鶴, 2005, 「経済危機と社会保障改革」『青丘学術論集』25：241-275.
貝塚啓明, 1985, 「福祉国家論」東京大学社会科学研究所編『福祉国家 3　福祉国家の展開 [2]』東京大学出版会, pp. 235-270.
梶田孝道, 1988, 『テクノクラシーと社会運動』東京大学出版会.
金子勝, 1989, 「労働党のオルターナティヴ喪失過程とサッチャリズムの成立」川上忠雄・増田寿男編『新保守主義の経済社会政策』法政大学出版局, pp. 303-351.
Kato, J., 2003, *Regressive Taxation and the Welfare State: Path Dependence and Policy Diffusion*, Cambridge: Cambridge University Press.
Keohane, R. O., 1984, "The World Political Economy and the Crisis of Embedded Liberalism," J. H. Goldthorpe, ed., *Order and Conflict in Contemporary Capitalism*, Oxford: Clarendon Press.
金正勲, 2003, 「韓国における日本的生産方式の導入」東京大学大学院人文社会系研究科修士学位論文.
金宗炫・大西健夫編, 1995, 『韓国の経済』早稲田大学出版部.
金成垣, 2002, 「民間営利企業の社会貢献活動」東京大学大学院人文社会系研究科修士学位論文.
金成垣, 2003, 「韓国の福祉国家性格論争」(未発表).
金成垣, 2004, 「新自由主義と福祉政策」『社会政策学会誌』11：215-237.
キム・ソンウォン, 2005, 「『生産的福祉』と韓国福祉国家性格論争」武川正吾／キ

244　文　献

ム・ヨンミョン編『韓国の福祉国家・日本の福祉国家』東信堂，pp. 32-53.
金成垣，2007,「福祉国家形成の韓国的経験」東京大学大学院人文社会系研究科博士論文.
Kim Yeon-Myung, 2001, "Welfare State or Social Safety Nets?" *Korea Journal*, 41 (2): 169-201.
キム・ヨンミョン，2005a,「韓国福祉国家の性格と類型」武川正吾／キム・ヨンミョン編『韓国の福祉国家・日本の福祉国家』東信堂，pp. 5-31.
キム・ヨンミョン，2005b,「韓国の福祉政治」武川正吾／キム・ヨンミョン編『韓国の福祉国家・日本の福祉国家』東信堂，pp. 128-156.
金淵明・金教誠，2004,「韓国の年金改革」新川敏光／ジュリアーノ・ボノーリ編『年金改革の比較政治学』ミネルヴァ書房：253-279.
金淵明編（韓国社会保障研究会訳），2006,『韓国福祉国家性格論争』流通経済大学出版会.
Klein, R. and M. O'Higgins, eds., 1985, *The Future of Welfare*, Oxford: Basil Blackwell.
河野真，2000,「日本型福祉国家へのアプローチ」『社会政策研究』1：51-73.
Korpi, W., 1983, *The Democratic Class Struggle*, London: Routledge & Kegan Paul.
厚東洋輔，1984,「市民社会論」北川隆吉監修『現代社会学辞典』有信堂高文社.
久保山亮，1999,「福祉国家における移民の統合と生存」(未定稿).
Kuhn, T. S., 1970, *The Structure of Scientific Revolutions*, Univ. of Chicago Press.（中山茂訳，1971,『科学革命の構造』みすず書房）.
Layton-Henry, Z., 1990, "The Challenge of Political Rights," Z. Layton-Henry, ed., *The Political Rights of Migrant Workers in Western Europe*, London: Sage Publications, pp. 1-26.
Le Grand, J., 1982, *The Strategy of Equality*, London: George Allen & Unwin.
李惠炅，2004,「金大中政府の『生産的福祉』」『社会政策学会誌』第11号：134-148.
イ・ヘギョン，2006,「韓国福祉国家性格論争の含意と研究方向」金淵明編『韓国福祉国家性格論争』流通経済大学出版会，pp. 312-339.
李旼珍，2000,『賃金決定制度の韓日比較』梓出版社.
イ・テス，2005,「健康保険制度の大改革と今後の課題」武川正吾／キム・ヨンミョン編『韓国の福祉国家・日本の福祉国家』東信堂，pp. 179-211.
Lewis, J., 1992, "Gender and the Development of Welfare Regimes," *Journal of European Social Policy*, 3: 159-173.
Lindert, P. H., 2005, "Growing Public: Is the Welfare State Mortal or Exportable?" *Working Paper*, No. 25, The American University of Paris.

Maddison, A., 1989, *The World Economy in 20th Century*, Paris: OECD. (金森久雄監訳, 1990, 『20世紀の世界経済』東洋経済新報社).

真木悠介, 1977, 『現代社会の存立構造』筑摩書房.

Mannheim, K., 1929, *Ideologie und Utopie*, Frankfurt am Main: G. Schulte-Bulmke. (徳永恂訳, 1971, 『イデオロギーとユートピア』中央公論社).

Marshall, T. H., 1972, "Value Problems of Welfare-Capitalism," *Journal of Social Policy*, 1(1): 15-32.

Marshall, T. H., 1992, "Citizenship and Social Class," T. H. Marshall and T. Bottomore, *Citizenship and Social Class*, London: Pluto Press. (岩崎信彦・中村健吾訳, 1993, 『シティズンシップと社会的階級』法律文化社).

Marshall, T. H. and T. Bottomore, 1992, *Citizenship and Social Class*, London: Pluto Press. (岩崎信彦・中村健吾訳, 1993, 『シティズンシップと社会的階級』法律文化社).

丸山真男, 1982, 『後衛の位置から』未來社.

正村公宏, 2000, 『福祉国家から福祉社会へ』筑摩書房.

Midgley, J., 1986, "Industrialisation and Welfare," *Social Policy and Administration*, 20(3): 225-238.

三重野卓, 1987, 「社会保障給付費の加速化と国際的格差」『季刊社会保障研究』22(4): 18-39.

Mill, J. S., 1848, *Principles of Political Economy*. (末永茂喜訳, 1959-1963, 『経済学原理』(全5巻) 岩波書店).

Mill, J. S., 1859, *On Liberty*. (塩尻公明・木村健康訳, 1971, 『自由論』岩波書店).

Mishra, R., 1999, *Globalization and the Welfare State*, Cheltenham: Edward Elgar Publishing.

見田宗介, 1979, 『現代社会の社会意識』弘文堂.

見田宗介, 1996, 『現代社会の理論』岩波書店.

Mitchell, D., 1991, *Income Transfers in Ten Welfare States*, Aldershot; Brookfield: Avebury. (埋橋孝文ほか訳, 1993, 『福祉国家の国際比較研究』啓文社).

宮本みち子・岩上真珠・山田昌弘, 1997, 『未婚化社会の親子関係』有斐閣.

宮本太郎, 1999, 『福祉国家という戦略』法律文化社.

宮本太郎, 2003, 「福祉レジーム論の展開と課題」埋橋孝文編著『講座・福祉国家のゆくえ2 比較のなかの福祉国家』ミネルヴァ書房, pp. 11-42.

宮本太郎編著, 2002, 『講座・福祉国家のゆくえ1 福祉国家再編の政治』ミネルヴァ書房.

宮本太郎／イト・ペング／埋橋孝文, 2003, 「日本型福祉国家の位置と動態」エスピン-アンデルセン編『転換期の福祉国家』早稲田大学出版部, pp. 295-336.

宮本太郎編, 2006, 『比較福祉政治』早稲田大学出版部.
宮崎義一, 1967, 『近代経済学の史的展開』有斐閣.
毛利健三, 1990, 『イギリス福祉国家の研究』東京大学出版会.
毛利健三, 2001, 「ネオリベラリズムと福祉国家」『土地制度史学』171: 58-67.
ムン・ジンヨン, 2005, 「国民基礎生活保障制度」武川正吾／キム・ヨンミョン編『韓国の福祉国家・日本の福祉国家』東信堂, pp. 159-178.
森重雄, 1993, 『モダンのアンスタンス』ハーベスト社.
森周子, 2007, 「ドイツ・社会的市場経済概念『刷新』論議の動向」『サービス経営学部研究紀要』10, 西武文理大学: 33-49.
森田桐郎編, 1987, 『国際労働力移動』東京大学出版会.
Myrdal, G., 1960, *Beyond the Welfare State*, Yale University Press. (北川一雄監訳, 1970, 『福祉国家を越えて』ダイヤモンド社).
二村一夫, 1998, 「日韓労使関係の比較史的検討」法政大学大原社会問題研究所編『現代の韓国労使関係』御茶の水書房, pp. 271-306.
西村豁通, 1980, 「福祉社会論と総合福祉政策の展開」『月刊労働問題』8: 44-50.
落合恵美子, 1994, 『21世紀家族へ』有斐閣.
OECD, 1981, The *Welfare State in Crisis*, Paris: OECD. (厚生省政策調査室・経済企画庁国民生活政策課・労働省国際労働課監訳, 1983, 『福祉国家の危機』ぎょうせい).
OECD, 2000, *Pushing Ahead with Reform in Korea*, Paris: OECD.
Offe, C., 1984, *Contradictions of the Welfare State*, London: Hutchinson.
小川喜一, 1980, 「『日本型福祉社会』構想によせて」『経済学雑誌』81(3・4): 21-36.
呉学殊, 2001, 「雇用慣行と労使関係の日韓比較」東京大学大学院人文社会系研究科博士論文.
岡田与好, 1984, 「『福祉国家』理念の形成」東京大学社会科学研究所編『福祉国家1 福祉国家の形成』東京大学出版会, pp. 31-86.
岡田与好, 1987, 『経済的自由主義』東京大学出版会.
岡沢憲芙・宮本太郎編, 1997, 『比較福祉国家論』法律文化社.
大河内一男, 1963, 『社会政策（総論）』有斐閣.
Orloff, A. S., 1993, "Gender and the Social Rights of Citizenship," *American Sociological Review*, 58: 303-328.
大沢真理, 1993, 『企業中心社会を超えて』時事通信社.
大沢真理, 1995, 「労働のジェンダー化」井上俊ほか編『岩波講座現代社会学11 ジェンダーの社会学』岩波書店, pp. 85-106.
大沢真理, 1999, 「社会保障政策」毛利健三編著『現代イギリス社会政策史』ミネルヴァ書房, pp. 89-153.

大沢真理, 2004,「福祉国家とジェンダー」大沢真理編『叢書現代の経済・社会とジェンダー4 福祉国家とジェンダー』明石書店, pp. 17-40.
大沢真理, 2007,『現代日本の生活保障システム』岩波書店.
大内力, 1970,『国家独占資本主義』東京大学出版会.
大塚久雄, 1955,『共同体の基礎理論』岩波書店.
大塚久雄, 1980,『国民経済』岩波書店.
Parsons, T. and N. J. Smelser, 1956, *Economy and Society*, London: Routledge and Kegan Paul.(富永健一訳, 1958,『経済と社会』(I・II) 岩波書店).
Pempel, T. J., 1989, "Japan's Creative Conservatism: Continuity Under Challenge," F. Castles, ed., *The Comparative History of Public Policy*, Cambridge: Polity Press.
Polanyi, K., 1957, *The Great Transformation*, Boston: Beacon Press.(吉沢英成ほか訳, 1975,『大転換』東洋経済新報社).
Rawls, J., 1971, *A Theory of Justice*, Cambridge, Mass.: Harvard University Press. (矢島鈞次監訳, 1979,『正義論』紀伊國屋書店).
Robson, W. A., 1976, *Welfare State and Welfare Society*, London: Allen and Unwin. (辻清明・星野信也訳, 1980,『福祉国家と福祉社会』東京大学出版会).
Room, G., 1979, *The Sociology of Welfare*, Oxford: Basil Blackwell.
Room, G., 2000, "Commodification and Decommodification," *Policy & Politcs*, 28 (3): 331-351.
Rose, R. and R. Shiratori, 1986, *The Welfare State East and West*, New York: Oxford Univ. Press.(木島賢・川口洋子訳, 1990,『世界の福祉国家』新評論).
Ruggie, J. G., 1983, "International Regimes, Transactions, and Change," S. D. Krasner, ed., *International Regimes*, Ithaca and London: Cornell University Press, pp. 195-231.
Ruggie, J. G., 2003, "Taking Embedded Liberalism Global," D. Held and M. Koenig-Archibugi, eds., *Taming Globalization*, Cambridge: Polity.(高嶋正晴訳, 2004,「埋め込まれた自由主義のグローバル化」中谷義和監訳『グローバル化をどうとらえるか』法律文化社, pp. 91-125).
Said, E. W., 1978, *Orientalism*, New York: Georges Borchardt Inc.(板垣雄三・杉田英明監修, 1993,『オリエンタリズム』(上・下) 平凡社).
Sainsbury, D., 1996, *Gender, Equality and Welfare States*, Cambridge: Cambridge University Press.
Sainsbury, D., ed., 1994, *Gendering Welfare States*, London: Sage.
Sainsbury, D., ed., 1999, *Gender and Welfare State Regimes*, Oxford: Oxford University Press.

桜井哲夫，1984，『「近代」の意味』日本放送出版協会．
笹本駿二・藤村信・緑川亨，1990，『ヨーロッパの地殻変動を語る』岩波書店．
Schumpeter, J. A., 1918, *Die Krise des Steuerstaats*.（木村元一・小谷義次訳，1983，『租税国家の危機』岩波書店）．
生命保険文化センター編，2002，『生活者の価値観に関する調査』生命保険文化センター．
社会保障研究所編，1991，『外国人労働者と社会保障』東京大学出版会．
社会政策学会編，2006，『東アジアにおける社会政策学の展開』法律文化社．
渋谷博史・井村進哉・中村隆編著，1997，『日米の福祉国家システム』日本評論社．
下平好博，1985，「産業化と福祉国家」社会保障研究所編『福祉政策の基本問題』東京大学出版会，pp. 57-94．
下平好博，1994，「マーストリヒト条約後の EC 社会政策」『季刊社会保障研究』30-2: 138-151．
下平好博，2001，「グローバリゼーション論争と福祉国家」『明星大学社会学研究紀要』21: 57-77．
新藤宗幸，1996，『福祉行政と官僚制』岩波書店．
新川敏光，1993，『日本型福祉の政治経済学』三一書房．
新川敏光，2000，「日本型福祉体制の特質と変容」『現代思想』28(4): 140-154．
新川敏光，2005，『日本型福祉レジームの発展と変容』ミネルヴァ書房．
新川敏光／ジュリアーノ・ボノーリ編著，2004，『年金改革の比較政治学』ミネルヴァ書房．
塩田咲子，2000，『日本の社会政策とジェンダー』日本評論社．
庄司興吉，1977，『現代化と現代社会の理論』東京大学出版会．
庄司興吉，1989，『人間再生の社会運動』東京大学出版会．
庄司興吉，1999，『地球社会と市民連携』有斐閣．
庄司興吉・矢澤修次郎・武川正吾編，1988，『リーディングス日本の社会学 17　体制と変動』東京大学出版会．
Siaroff, A., 1994, "Work, Welfare and Gender Equality," D. Sainsburry, ed., *Gendering Welfare States*, London: Sage Publications, pp. 82-100.
袖井孝子・朴春徳，1986，「韓国の老人福祉法」『社会老年学』24: 95-100．
Sokoloff, N. J., 1980, *Between Money and Love*, New York: Praeger.（江原由美子ほか訳，1987，『お金と愛情の間』勁草書房）．
Soskice, D., 1999, "Divergent Production Regimes: Coordinated and Uncoordinated Market Economies in the 1980s and 1990s," H. Kitschelt, P. Lange, G. Marks and J. D. Stephens, eds., *Continuity and Change in Contemporary Capitalism*, Cambridge: Cambridge University Press, pp. 101-134.

杉野昭博，2004，「福祉政策論の日本的展開」『福祉社会学研究』1: 50-62.
成垠樹，2003，「『民主化』以後の韓国社会政策」東京大学大学院人文社会系研究科修士論文．
Swank, D., 2002, *Global Capital, Political Institutions, and Policy Change in Developed Welfare State*, Cambridge: Cambridge University Press.
田端博邦，2003，「『福祉国家』と労使関係の理論」埋橋孝文編『講座・福祉国家のゆくえ2　比較のなかの福祉国家』ミネルヴァ書房，pp. 69-107.
橘木俊詔・金子能宏編，2003，『企業福祉の制度改革』東洋経済新報社．
田多英範，2004，「東アジア福祉国家論を考える」『週刊社会保障』2298: 50-53.
田口富久治編，1989，『ケインズ主義的福祉国家』青木書店．
髙島昌二，1982，「福祉国家と社会福祉政策」『京都府立大学学術報告　人文』34: 60-90.
武川正吾，1981，「社会政策と社会計画」『ソシオロゴス』5: 102-121.
武川正吾，1983，「大戦後イギリスにおける社会政策と不平等」『季刊社会保障研究』18(4): 463-477.
武川正吾，1990，「社会政策における〈Privatisation〉(上)」『季刊社会保障研究』26(2): 150-160.
武川正吾，1997，「福祉国家の行方」岡沢憲芙・宮本太郎編『比較福祉国家論』法律文化社，pp. 250-275.
武川正吾，1998，「福祉社会と社会保障」地主重美・堀勝洋編『社会保障読本』[第2版] 東洋経済新報社，pp. 3-31.
武川正吾，1999a，『社会政策のなかの現代』東京大学出版会．
武川正吾，1999b，『福祉社会の社会政策』法律文化社．
武川正吾，1999c，「私的年金と私的医療」武川正吾・塩野谷祐一編『先進諸国の社会保障1　イギリス』東京大学出版会，pp. 351-382.
武川正吾，1999d，「住宅政策」毛利健三編著『現代イギリス社会政策史』ミネルヴァ書房，pp. 225-282.
武川正吾，2001，『福祉社会』有斐閣．
武川正吾，2006a，『地域福祉の主流化』法律文化社．
武川正吾，2006b，「年金社会学の構想」武川正吾／イ・ヘギョン編『福祉レジームの日韓比較』東京大学出版会．
武川正吾・佐藤博樹編，2000，『企業保障と社会保障』東京大学出版会．
武川正吾／キム・ヨンミョン編，2005，『韓国の福祉国家・日本の福祉国家』東信堂．
武川正吾編，2006，『福祉社会の価値意識』東京大学出版会．
武川正吾／イ・ヘギョン編，2006，『福祉レジームの日韓比較』東京大学出版会．

Tanzi, V. and L. Schuknecht, 2000, *Public Spending in the 20th Century*, Cambridge: Cambridge University Press.
Tawney, R. H., 1926, *Religion and the Rise of Capitalism*.（出口勇蔵・越智武臣訳，1956-1959,『宗教と資本主義の興隆』（上・下）岩波書店）．
Thornhill, J., 2002, "Pupil Who Has Learned Enough to Turn Tutor," *Financial Times*, March 20, 12.
Titmuss, R. M., 1963, *Essays on 'the Welfare State'*, 2nd ed., London: George Allen and Unwin.（谷昌恒訳，1975,『福祉国家の理想と現実』東京大学出版会）．
Titmuss, R., 1974, *Social Policy*, London: Allen & Unwin.
徳永恂，1968,『社会哲学の復権』せりか書房．
富永健一編，1979,『日本の階層構造』東京大学出版会．
富岡次郎，1988,『現代イギリスの移民労働者』明石書店．
Townsend, P. and K. Donkor, 1996, *Global Restructuring and Social Policy*, Bristol: Policy Press.
坪郷實，1989,『新しい社会運動と緑の党』九州大学出版会．
内田義彦，1967,『日本資本主義の思想像』岩波書店．
上野千鶴子，1990,『家父長制と資本制』岩波書店．
上野千鶴子，2002,『差異の政治学』岩波書店．
United Nations Population Fund, 2006, *The State of World Population*, New York: United Nations Population Fund.（阿藤誠監修，2006,『世界人口白書 2006 希望への道』家族計画国際協力財団）．
宇野弘蔵，1950,『経済原論』（上巻）岩波書店．
埋橋孝文，1997,『現代福祉国家の国際比較』日本評論社．
Wallerstein, I., 1974, *The Modern World-System*, New York: Academic Press.（川北稔訳，1981,『近代世界システム』（I・II）岩波書店）．
Wallerstein, I., 1983, *Historical Capitalism*, London: Verso.（川北稔訳，1997,『史的システムとしての資本主義』岩波書店）．
Weber, M., 1916, "Zwischenbetrachtungen,"（徳永恂訳，1971,「宗教的現世拒否のさまざまな方向と段階の理論」『ウェーバー社会学論集』青木書店）．
Weber, M., 1956, Soziologie der Herrschaft, Wirtschaft und Gesellschaft, Kapitel IX.（世良晃志郎訳，1960-1962,『支配の社会学』（I・II）創文社）．
Wilensky, H. L., 1975, *The Welfare State and Equality*, Berkley: University of California Press.（下平好博訳，1984,『福祉国家と平等』木鐸社）．
Wilensky, H. L. and C. N. Lebeaux, 1965, *Industrial Society and Social Welfare*, New York: Free Press.
Wilson, E., 1983, "Feminism and Social Policy," M. Loney, D. Boswell and J. Clark,

eds., *Social Policy and Social Welfare*, Milton Keynes: Open University, pp. 33-45.（武川正吾訳，1995,「フェミニズムと社会政策」大山博ほか訳『イギリス社会政策論の新潮流』法律文化社，pp. 25-35).

山田昌弘，1994,『近代家族のゆくえ』新曜社．

山田晋，2000,「社会保障と構造調整」大山博ほか編『福祉国家への視座』ミネルヴァ書房，pp. 53-74.

山森亮，1998,「福祉国家の規範理論に向けて」『大原社会問題研究所雑誌』4月号．

山本克也，2001,「世界銀行の年金政策」『海外社会保障研究』137: 22-35.

ヤン・ジェジン，2006,「新自由主義的労働市場改革と韓国の福祉国家」武川正吾／イ・ヘギョン編『福祉レジームの日韓比較』東京大学出版会，pp. 207-227.

安江則子，1992,『ヨーロッパ市民権の誕生』丸善．

横山和彦，1988,「『福祉元年』以後の社会保障」東京大学社会科学研究所編『転換期の福祉国家』(下) 東京大学出版会，pp. 3-78.

あとがき

　1999年11月，私は『社会政策のなかの現代——福祉国家と福祉社会』という著作を世に問うた．その後に発表してきた（あるいは発表予定の）論文のうち福祉国家に関係するものを集めて出来上がったのが本書である．いま本書の校正を終えてつくづく思うのは，私の研究生活がきわめて他律的であったということである．執筆依頼を受けて快諾した章もあれば躊躇した章もあるのだが，いずれの章も編者からの強い励ましがなかったならば，現在のような形で陽の目を見ることはなかっただろう．ということは本書が出版されることもなかったということである．

　すべての作品がそうであるように，本書も多くの方々にその内容を負っている．以下の方々には，とくに名前をあげて感謝申し上げたい．

　梶田孝道氏には3章と4章を書くうえでお世話になった．とくに4章を書くことになる前に，『社会学評論』の編集委員であった同氏から個人化に関する特集号の相談を何度か受けたことを，つい昨日のことのように思い出す．最初は社会政策の分野で個人化に関する論文が成り立つかというようなことで意見を求められたにすぎなかったが，結局，話し合いを重ねるうちに私がその論文を書くことになってしまった．執筆には難渋したが，執筆の過程で，グローバル化だけでなく個人化もまた福祉国家にとっては不可避の論点であると確信するにいたって，氏の社会学的センスの良さに改めて感心した．この特集号から2年後，同氏が若くして病歿したことは重ね重ね悔やまれる．日本の社会学にとっての大きな損失であった．

　II部に収録された論文は，東アジア世界のなかで日本の社会政策を考えるようになって以来の研究成果であるが，その端緒は2002年12月にソウルで李惠炅氏，金淵明氏，文振榮氏など何人かの韓国人研究者と出会い，日韓の研究交流を進めていくことについての合意を取り交わしたことに始まる．その後，当時留学生だった金成垣氏（trilingual）や成琅樹氏（quatrelingual）の協力を得て，翌年から本格的な日韓交流が始まった．また2005年からは，

沈潔氏と鍾家新氏からの協力を得ての日中交流がこれに加わり，その結果，現在では東アジア3カ国の間で社会政策研究者のネットワークが形成されるようになった．2005年は中韓両国で反日の世論が高まったときであったが，研究者仲間の相互信頼によって容易にこの困難を乗り越えることができたことの嬉しさはこのうえない．

　終章はじつは本書のなかでは最初——おそらく1998年から1999年にかけて——に書いた論文であり，そのなかで私としてははじめて承認の問題について言及した．翌年この論点をもう少し詳しく展開したが（1章），その後，この点について考えることを中断してしまった．しかしまったく忘れてしまったわけではなくて，いつも頭の片隅にあった問題である．だからこそ本書のタイトルも現在の形となったのである．この承認という問題の存在を最初に私に教えてくれたのは，新進気鋭の山森亮氏であり，それは1997年の夏のことであった．京都から東京までたびたび訪ねてきてくれた同氏とは，考えに共通するところが多々あり，当時，意見交換する機会が多かったのである．

　このほかそれぞれの機会に本書に収録された各論文を書くきっかけを与えてくださった直井道子，平岡公一，庄司興吉，小倉充夫，矢澤修次郎，野口定久，大山博の各氏にも，この場を借りてお礼申し上げたい．東京大学出版会の宗司光治氏には，これまでの著作と同様に編集作業を担当していただき，感謝している．

　　2007年9月30日　降り続く夜雨のなかで

　　　　　　　　　　　　　　　　　　　　　　　　　武川正吾

人名索引

ア

アジェンデ, S. 94
アトリー, C. 190
アリストテレス 215
アルベール, M. 71, 130, 178
アレント, H. 235
アンダーソン, B. 223
イ・ヘギョン（李惠炅） 138, 144, 178, 202, 208
ウィレンスキー, H. L. 7, 12-13, 37-38, 54, 147, 170, 173, 182, 184
ウェッブ夫妻 36
上野千鶴子 31
ヴェーバー, M. 29, 221
ウォーラースティン, E. 223
埋橋孝文 161, 167
宇野弘蔵 11, 19, 171
エスピン＝アンデルセン, G. 12-13, 19, 21-23, 38-41, 56, 121-122, 141, 159, 168, 173-174, 208
エツィオーニ, A. 15
大河内一男 14, 19, 36
大沢真理 31, 118
大塚久雄 222-223
岡田与好 15, 118

カ

貝塚啓明 42
金子　勝 59
ギデンズ, A. 213
キム・ソンウォン（金成垣） 156
金大中 146, 161
金泳三 146, 206
キム・ヨンボム（金榮範） 168

キム・ヨンミョン（金淵明） 138, 156, 168, 208
キャラハン, J. 59
グージュ, O. 217
グッドマン, R. 157-158, 160
五石敬路 205

サ

サイード, E. W. 141, 159
サッチャー, M. 56-58, 66, 143
ジェソップ, B. 112, 204
下平好博 38, 93
シーロフ, A. 23, 141, 173
新川敏光 21, 118, 125, 161, 168, 178-179
新藤宗幸 119
杉野昭博 211
セインズベリー, D. 22-23, 31
ソスキス, D. 32, 172

タ

ダイシー, A. V. 97
タウンセント, P. 94
田端博邦 135
ダンカン, O. D. 37
チャーチル, W. 192
チョ・ヨンフン（曺永薫） 138, 168, 178, 208
チョン・ムグォン（鄭武權） 138, 208
ツィンメルン, A. 3, 29
ディズレーリ, B. 236
ティトマス, R. M. 4, 170
デフォウ, D. 223
デュルケム, E. 15, 95-96
テンプル僧正 4
徳永　恂 120

ナ

ナム・チャンソプ（南燦燮） 138
西村豁通 46

ハ

服部民夫 165
馬場啓之助 29
ハーバーマス, J. 215
林 健久 9
ピーコック, A. T. 9
ヒットラー, A. 191
平岡公一 168
福武 直 29, 43, 54
ブラウ, P. M. 37
フリードリッヒ大王 29
ブルース, M. 3, 29, 37
ブルベイカー, W. R. 231
ブレア, T. 58-59
フレイザー, N. 23
フローラ, P. 73, 186, 193, 201, 238
ベヴァリジ, W. 36
ヘーゲル, G. W. F. 213, 235
ベック, U. 94, 96-97, 213
ペング, I. 160-161
ベンディクス, R. 221
ポランニ, K. 11, 19, 171, 178

マ

マジソン, A. 193
マーシャル, G. C. 192
マーシャル, T. H. 14, 18, 214, 219, 221, 224-225, 228
マルクス, K. 19, 213, 235
丸山真男 177
マンハイム, K. 119
三重野 卓 9, 185
ミシュラ, R. 80-82, 94
見田宗介 120
ミッテラン, F. 56, 144
宮本太郎 161, 168
ミュルダール, G. 73, 230
ミル, J. S. 225, 235
メージャー, J. 58
毛利健三 225

ラ

ラギー, J. G. 183, 192
ルボー, C. N. 38, 170
ルーム, G. 22
レーガン, R. W. 143
ロストウ, W. W. 10
ロッカン, S. G. 221, 238
ロブソン, W. A. 44
ロールズ, J. 215

ワ

ワイズマン, J. 9

事項索引

ア

IMF 危機　144, 153
IMF 早期卒業　166, 207
アジア的生産様式　142
新しい労働党（ニューレーバー）　58
アムステルダム条約　65
アングロサクソン型資本主義　130
一国ケインズ主義　82
イデオロギー　119-120
EU モデル　64
インフレキシビリティ　47, 54
ウェルフェア　206, 208
　　──とワークフェアの同時追求　204
失われた 10 年　153
埋め込まれた自由主義　192-194, 203, 210
　　──の危機　197, 210
英米モデル　64, 67, 72
エスニシティ　31
エンパワーメント　48
欧州モデル　67, 160
欧州レジーム　160
遅れてきたもの　164
オリエンタリズム　137, 141, 159
　　東アジア礼賛型──　157
　　福祉──　138, 141, 151, 156, 158, 159, 162, 181, 211
　　ポスト──　177

カ

階級モデル　38
解雇規制　86
階層化　11, 21, 178
皆保険皆年金　105, 188
確定給付　94
確定拠出　94
家事労働　24
（男性）稼ぎ主モデル　22
加速化原理　10, 185
家族主義　168, 173, 198
家族賃金　104
家長個人主義　96
「活力ある福祉社会」論　54
家父長制　25, 28, 40, 172-173
　　──的家産制　29
　　──的資本制　31
雁行モデル　157
韓国に学べ　153, 166
韓国福祉国家性格論争　137-141, 148
韓国福祉国家の超高速拡大　144-146, 154
間接差別　149
完全民営化論　111
官僚制の政治学　174
規制構造　16-17, 28
規制国家　49, 51, 84, 105-106
擬制商品　19
規制撤廃（ディレギュレーション）　85
キャラハン＝ブレア時代　59
救済に値する貧民／値しない貧民　107
給付国家　49, 82, 129
行政革命　15
競争条件の均等化　30-31, 70
虚偽意識　120
局地的市場圏　222, 224
拒否点構造　182
グレシャムの法則　71-72
グローバリズム　87, 143, 206
　　──の社会政策　76, 82, 87-88
グローバル化　63
　　──の初期　67

258　事項索引

　　サブ・―― 69
グローバル・ガバナンス 73
グローバル資本主義 143-144
グローバルな社会問題 73,89
グローバル・ミニマム 91,94
ケア提供者対等モデル 23
経営家族主義 100
経済規制 130
経済人類学 38
経路依存 181-183
権力国家 4
コアビタシオン 165
公共事業 128
公共性 215
構造調整 87
衡平（エクイティ） 105
公民権 14,215,219
合理的討論 109
国際人権規約 89
国民経済 223
国民主義（ナショナリズム） 230-231
国民所得比例 91
国民生活基礎保障法 151
国民負担 50,125-126
　　――率 46
国民保健サービス（NHS） 78
個食化 99
個人化 95
　　家族の―― 98
コスモポリタニズム 76
　　――の社会政策 89-90,92
護送船団方式 130
国家主義（エタティスム） 230-231,235
国家責任拡大説 208
個別的労使関係 101
コーポラティズム 39
コミュニタリアン 15
雇用機会均等（EEO） 132
雇用なき成長 174
混合福祉 48-49
コンシューマリズム 48

サ

差異化原理 217
最小国家 224
再商品化 21,205
再生産レジーム 32,173,176
最低賃金制 86
差異の政治学 237
再分配 50
　　――効果 11
　　――構造 13,16-17,28,129
サッチャーなきサッチャー時代 58
サッチャー＝メージャー時代 59
サービス化 62
サンクション 17
参政権 219
ジェンダー 31
　　――政策レジーム 31
　　――秩序 172
　　――・ブラインド 172
ジェンダー化 12,26-27,30,32,105,112,173,176
　　脱―― 12,26-27,30,32,70,104,106,111-112,134,148,173,176
自活支援事業 205
自助 118
　　――努力 117
士大夫 163
資本制 28,40
資本の海外逃避（キャピタル・フライト） 80,133,144
市民権 77,214
　　義務としての―― 218-220
　　形式的―― 77,231
　　権利としての―― 218-220
　　国家社会主義的―― 229
　　実質的―― 77,231
　　前期国民国家的―― 228
　　前近代的―― 221,228
　　戦士共同体的―― 229
　　地域主義的―― 233-234

259

ヨーロッパ── 65
市民社会 45-46, 108, 213-214
　必要の体系としての── 236
　欲望の体系としての── 236
自民族中心主義（エスノセントリズム）
　142, 159-160
市民的諸義務 220
社会規制 6, 13, 16, 101, 131
社会給付 6, 16
社会権 14, 219
　──の市民権的包摂 225
社会支出 186
社会条項 89
社会的エスカレーター 94
社会的諸義務 220
社会的排除 102, 108
社会的ヨーロッパ 65
「社会的良心」説 36
社会的レッセフェール 132
社会による福祉 44-45
社会福祉協議会 151
社会保険の「浄化」 94
社会保障比率 7, 171
社会民主主義 123
　──レジーム 174, 210
借地借家法 136
自由移動 233
自由型市場経済（LMEs） 172
自由主義レジーム 174, 210
集団的労使関係 101
自由貿易協定 79
住民参加型福祉 109
収斂説 181-183
収斂の終焉 74
就労促進政策 107
就労不能貧民 205
儒教 177, 198
　──資本主義 142, 151
準市場 54, 111
シュンペーター型ワークフェア・ポスト国
　民的・レジーム 204

シュンペーター主義ワークフェア国家
　112
障害者差別 42
条件整備 110
承認 51-52, 106-107
　──の政治 237
　──を歪める市民権 237
　相互── 51
　歪められた── 51, 53
商品化 176
　脱── 11, 21, 31, 169, 171, 176, 178, 205,
　　209
女性差別撤廃条約 93
新ケインズ主義 56
新自由主義貫徹説 208
新制度学派 165
新保守主義 56
　──戦略 64
スイス・チランボール 94
スウェーデン中心主義 41-42, 141, 159
スタグフレーション 196
スピーナムランド 222
生産的福祉 144, 146, 152, 167, 202, 205
生産レジーム 172-173, 176
政治的諸義務 220
政治論 36-37
政労使体制 61
世界人権宣言 89
セクシュアリティ 52-53
セーフティネット 107
戦後経済の黄金時代 197, 210
戦争国家 29
選別主義 118, 211
総稼ぎ手モデル 23
総ケア提供者モデル 23
増税なき財政再建 197
想像の政治共同体 223
相対的剥奪 92
ソーシャル・インクルージョン 108, 114
ソーシャル・ダンピング 71
租税支出 83

タ

対外道徳／対内道徳　216
大競争　79, 81, 84
対抗的相補性　49
第3の道　29, 107, 183
多元主義モデル　38
脱家族化　173
脱家父長制化　31
脱共産主義化（ポストコミュニズム）　87
タックス・ヘイブン　82
脱政治化　125-126
多文化主義　48, 237
地域主義（リージョナリズム）　47
地域福祉計画　114
調整型市場経済（CMEs）　172
賃労働　24
T. H. マーシャル・テーゼ　228
定住外国人（デニズン）　47, 231
ディスアビリティ　52-53
底辺への競争　81-82, 93
転位効果　9, 187
同一化原理　216
同一価値労働同一賃金　106
同一労働同一賃金　106
同化主義　230
道義論　36-37
同姓同本不婚　163
特別な必要　128
トランスナショナルな社会政策　90

ナ

ナショナル・ミニマム　118
ニクソン・ショック　197
日本型福祉社会　42-43, 117-118, 205
　──論　45, 54, 199
日本株式会社　131
ニューライト　74
人間の顔をしたサッチャリズム　58-59
ネオ・コーポラティズム　57
　──戦略　61-64

年金分割　148

ハ

媒介原理　30
配給（ラショニング）　199
　普遍主義的な──　200
白髪の資本主義　94
パズル解き　37, 39, 161
パターナリズム　47, 54
発展段階をコントロールした比較　150
パフォーマンス　17-18
ハングル酔い　177
東アジア（福祉）モデル　157, 160, 168
東アジア・レジーム　142-143, 146, 160, 167
ビクトリア朝の妥協　31
表出的因果性　215
フェミニスト　23-24, 26, 172
フォーディズム　103, 184
　ポスト──　63, 103, 184
付加価値税　197
福祉依存　205
福祉元年　135, 152, 188, 195-196
福祉国民国家　47, 230-234, 236-237
福祉国家
　──から福祉社会へ　46
　──と福祉社会の協働　36
　──の黄金時代　73, 192-194, 201
　──の危機　35, 55, 194, 205
　──の規範社会学　2
　──の経験社会学　1
　──の存在概念　3, 6
　──の当為概念　3-4, 6
　──への離陸　10, 188
　家族主義型──　178
　規制国家としての──　2, 6, 16, 27, 30, 60
　給付国家としての──　2, 6, 13, 27, 30, 186, 189
　ケインズ型──　144
　ケインズ主義的──　184

国際―― 94
　　国家目標としての―― 2-3, 13, 27, 30
　　儒教―― 142, 158, 160
　　東アジア―― 160
　　ヨーロッパ―― 65
福祉コンシャスな社会 44
福祉資本主義 19, 35, 228
　　民主的―― 19
福祉社会 44-45
福祉聖域論 152
福祉政治 5-6, 13, 17, 27, 101
福祉世界 73, 230
福祉大国 29
福祉多元主義 48-49
福祉的な社会 44
福祉における含み資産 135
福祉レジーム 172, 175
　　――間のヘゲモニー競争 57, 74, 177
　　――論 161-162, 181
2つの国民 77
不払い労働（アンペイドワーク） 114
普遍主義 199, 211
フレキシキュリティ 108
フレキシビリティ 85
フレキシブル生産システム（FMS） 107
ブレトンウッズ協定 191
分割政府 165
ヘイトクライム 42
ベヴァリジ報告 4, 25, 191
ベーシックインカム 112
北米自由貿易協定（NAFTA） 69
保護主義 90
保守主義レジーム 174, 210
ボランタリズム 219
ボランタリー・ワーク 44
ボランティア元年 114

マ

マクロ経済スライド 158
マーストリヒト条約 65-66, 233
マルクス経済学 38
民生・児童委員 102

ヤ

両班 163
有償ボランティア 44
有能貧民 205
ゆたかな社会 103
ユートピア 120
ユーロランド 67
要塞国家ヨーロッパ 234
ヨーロッパ中心主義 41-42, 141, 157, 159-160

ラ

ライン型資本主義 130
リスク社会 88, 96
ル・シャプリエ法 230
連帯 50, 52, 106-107
労働者保護 14, 20
労働非商品原則 171
労働貧民 205
労働力の掌握 101
労働力の保全 20
ローカル・ガバナンス 109
路上生活者 102
ロックイン効果 182
ローマ条約 233

ワ

ワークフェア 107, 112, 146, 205-206, 208
ワークフェア国家 202

初出一覧

序章 「福祉国家の日本レジーム」直井道子・平岡公一編『講座社会学11 福祉』東京大学出版会, 近刊予定, の第2節をもとに大幅に書き直した.

1章 「福祉国家と福祉社会の協働」『社会政策研究』東信堂, 第1号, 2000年11月, 29-50頁.

2章 「福祉レジーム間のヘゲモニー競争——グローバル化と福祉国家の危機」武川正吾・山田信行編『現代社会学における歴史と批判(上) グローバル化の社会学』東信堂, 2003年3月, 211-235頁.

3章 「グローバル化と福祉国家——コスモポリタニズムの社会政策のために」小倉充夫・梶田孝道編『国際社会5 グローバル化と社会変動』東京大学出版会, 2002年9月, 121-150頁.

4章 「福祉国家と個人化」『社会学評論』54巻4号(2004年3月):322-340.

5章 「福祉国家の日本レジーム」(前掲)の第1節および "Japan's Welfare-State Regime: Welfare Politics, Provider and Regulator," *Development and Society*, Vol. 34, No. 2 (December 2005): 169-190.

6章 "오리엔털리즘의 종언: 한국복지국가성격논쟁의 교훈" (김성원 역)『상황과복지』제14호 2003년, pp.241-265.

7章 「福祉資本主義の三つの世界——福祉国家形成要因としての国際環境」野口定久編『福祉国家の形成・再編と社会福祉政策』(日本・韓国——福祉国家の再編と福祉社会の開発第1巻)中央法規出版, 2006年12月, 187-237頁.

8章 同上.

終章 「市民権の構造転換——一つの素描」大山博・炭谷茂・武川正吾・平岡公一編『福祉国家への視座——揺らぎから再構築へ』ミネルヴァ書房, 1999年12月, 119-147頁.

著者略歴
1955 年　東京都生まれ
1984 年　東京大学大学院社会学研究科博士課程単位取得
　　　　　退学
現　在　東京大学大学院人文社会系研究科教授

主要著書
『地域社会計画と住民生活』(1992 年，中央大学出版部)
『福祉国家と市民社会』(1992 年，法律文化社)
『福祉社会の社会政策』(1999 年，法律文化社)
『社会政策のなかの現代』(1999 年，東京大学出版会)
『福祉社会――社会政策とその考え方』(2001 年，有斐閣)
『地域福祉の主流化』(2006 年，法律文化社)
『社会政策の社会学』(2009 年，ミネルヴァ書房)

連帯と承認
グローバル化と個人化のなかの福祉国家

2007 年 11 月 20 日　初　版
2010 年 2 月 10 日　 3　刷

［検印廃止］

著　者　武川正吾
　　　　たけがわしょうご

発行所　財団法人　東京大学出版会

代表者　長谷川寿一

113-8654 東京都文京区本郷 7-3-1 東大構内
電話 03-3811-8814　FAX 03-3812-6958
振替 00160-6-59964

印刷所　株式会社精興社
製本所　矢嶋製本株式会社

Ⓒ 2007 Shogo Takegawa
ISBN 978-4-13-050169-9　Printed in Japan

Ⓡ〈日本複写権センター委託出版物〉
本書の全部または一部を無断で複写複製（コピー）することは，著作権法上での例外を除き，禁じられています．本書からの複写を希望される場合は，日本複写権センター（03-3401-2382）にご連絡ください．

武川正吾	社会政策のなかの現代	A5・4800円
武川正吾編	福祉社会の価値意識	A5・5000円
武川正吾編 イ・ヘギョン	福祉レジームの日韓比較	A5・5200円
武川正吾編 塩野谷祐一	先進諸国の社会保障1 イギリス	A5・5200円
武川正吾編 西平 直	死生学3 ライフサイクルと死	A5・2800円
小倉充夫編 梶田孝道	国際社会5 グローバル化と社会変動	46・2800円
藤村正之	福祉国家の再編成	A5・4600円
広井良典編 駒村康平	アジアの社会保障	A5・5400円

ここに表示された価格はすべて本体価格です．御購入の際には消費税が加算されますので御了承下さい．